U0923967

伟大的巴洛克文明群落

——从建筑和绘画到哲学和数理化

赵鑫珊 著

文匯出版社

图书在版编目（CIP）数据

伟大的巴洛克文明群落 / 赵鑫珊著. — 上海：文汇出版社，2011.10

ISBN 978-7-5496-0285-8

Ⅰ.①伟… Ⅱ.①赵… Ⅲ.①文化史—西方国家—17世纪 Ⅳ.①K103

中国版本图书馆CIP数据核字（2011）第201523号

伟大的巴洛克文明群落

著　　者 / 赵鑫珊
责任编辑 / 甘　棠
装帧设计 / 周夏萍

出版发行 / 文匯出版社
上海市威海路755号
（邮政编码200041）
经　　销 / 全国新华书店
照　　排 / 南京展望文化发展有限公司
印　　刷 / 上海译文印刷厂
版　　次 / 2011年10月第1版
印　　次 / 2011年10月第1次印刷
开　　本 / 787×960　1/16
字　　数 / 290千
印　　张 / 17.5

ISBN 978-7-5496-0285-8
定　　价 / 32.00元

目　录

巴洛克艺术编

巴洛克科学编

巴洛克哲学编

尾　声

建筑充当了巴洛克时代“领头羊”的符号
——献辞

意味深长的事实是：

文艺复兴和巴洛克运动的策源地都是意大利。一开始，它们的火炬都是从建筑艺术领域点燃的。

作为一个鲜明、有感召力的视觉符号，建筑艺术成了一场波澜壮阔文明运动一面高高飘扬、迎晓风、送夕阳的旗帜。

一句话，在整个人类文明领域，建筑风格及其符号语言往往会成为一个时代的“领头羊”。

三十三年我国改革开放以来的城市建筑新貌不也是这种性质的一个符号吗？

百年后，如果有历史学家写一部有关中国改革开放三十三年（1978—2011）的历史，他要选择一个表征时代精神的凸显符号，估计我国城乡千百万栋新屋便是他的首选。

三十三年前我国城乡的破败建筑作为一个符号同今

↓　巴黎，卢浮宫建成后的东立面，成了巴洛克建筑思潮的代表作之一。由双柱构成了蔚为壮观、气派和雄伟的柱廊（列柱或柱列），为法国巴洛克建筑风格之旅的一个里程碑。历史上西方建筑文明各种风格的源头多出自意大利和法国。这两大民族均善于教会石头说建筑语言，典雅深婉，曲道人思，千载有余情。

在大约两百年的巴洛克文明之旅中，他们再次表现了大海扬帆，乘风破浪，各显神通的艺术天才。

↑　法国卢浮宫东立面施工现场，建筑师有多个，贝劳（C. Perrault）为其一，1667—1679年。图片为木刻，黎克勒（S. Leclerc）。它的可贵是充当了照片。因为关于两百来年的巴洛克建筑世界，我们只能看到它建成的今日模样，而无法见到它建造的过程，包括施工现场的建筑工人、马车和机械设备。

这幅木刻（1677年）满足了我们的愿望。它准确、生动、逼真。

在法国巴洛克建筑艺术世界，巴黎的卢浮宫（尤其是东立面）占有重要地位。2004年9月的一天下午，我在它面前站了足足有半小时。对于我，它是巴洛克时代一个鲜明的符号或象征。巴洛克的代表性建筑可以充当看得见的巴洛克时代精神。

天中华蓝天白云底下、大地之上的壮丽、宏伟建筑形象是无法相提并论的！前后有天壤之别。

在本质上，我国改革开放也是一场运动，一场思想解放运动。千百万栋建筑作为一个人人都能见到的醒目符号，它成了这场运动的象征。

今天（2011年3月4日）我从国外媒体读到一篇报道，说中国房地产业的兴旺推动它首次取代了美国，成为全球建筑业的老大。——“这是建筑业史上的真正转折点”。

在未来10年，全球建筑业的投入将达到97.7万亿美元，中国将占其中的五分之一，而现在是14%。

我希望我国的建筑设计艺术水平也上一个台阶。伟大的时代呼唤中国本土的伟大建筑师。——是产生“伟大改革开放时代文明群落”的时候了！

这才是我撰写本书的最深层心理动机。我的整本书都是我的无声呼唤！

* * *

今天,我伏案握笔撰写这部书稿的另一个深层动机是献给21世纪我国青年一代读者。

实现中国的和平崛起是你们光荣的历史使命。今天我们要对西方世界说：

我们正在迎头赶上！全球最快的计算机和最快的火车都出在中国！

世界第一条铁路曾诞生在英国。2011年1月30日有消息从英国传来：中国正在说服英国大臣购买中国制造的高铁列车。因为中国可以制造出能同西方公司——阿尔斯通、西门子和庞巴迪——的高铁列车相媲美、但价格只有西方一半的产品!

为此,英国人很可能动心。据估计,到2020年,中国将生产8 000列高铁,在众多高铁线上飞驰。

哦,英国购买中国造的高铁列车！这变化是戏剧性的！世界原本就是一座舞台。The World as a Stage; World Theater——这是欧洲巴洛克时期的一句箴言。

作为大舞台的世界是不变的。但主角可以变动。

当代中国要真正赶上并超过西方(这是一场和平竞赛)是个复杂、全面的系统工程。提高中华民族的整体素质,使中国人具有世界眼光和心胸是核心部分。

回顾历史,作出东西方文明的比较,归根到底是东西方比较哲学。因为今天是昨天的今天。

17、18世纪的巴洛克欧洲是昨天的欧洲。正是大约这两百来年西方开始把中国甩在了后头,我们落后了!

今天我们要明白落后的综合原因。

18世纪的西方巴洛克鼎盛时期总体状况尤其值得我们关注。这是一种文明群落的立体现象。正是这个群落支撑着西方世界的崛起。今天我们中国人了解这个辉煌的群落是为了赶超西方,重铸我新的中华魂。

20世纪意大利历史哲学家和哲学美学家克罗齐有句名言：

“一切历史都是当代史。”

是的,这也是我撰写读者手中这本书的深层动机。它应成为我们和平崛起的一面镜子,历史之镜。

所以在本质上,本书稿是有关那段西方文明史的重写、重建。我努力争取做到批判性的、建设性的修正、重写和重建。

人,只有在自觉的世界历史意识中,才是清醒的,现实的,有根基和有明确大方向的。失去灯塔和没有罗盘的航船是盲目的，慌乱的，任何风都是逆风。

今天中国的年青一代，你们有福了！

你们是以有为之人，据有为之地，逢有为之时。用英文说出这句便是：

The Right Man in the Right Place at the Right Time.

* * *

最后我想说：

今年3月11日，日本发生9级大地震和海啸，顷刻间摧毁、卷走了千万栋屋，触目惊心，再次让我们懂得了屋于我们人类的哲学意义：

屋是人类生存本身，是人类生存于地球上的立脚点，就像海龟的硬壳对于龟这条生命。

我们的“壳”是脆弱的。地震、海啸、洪水、泥石流和大火会毁灭它。

当然，建筑是一个集合名词，住人的屋仅仅是建筑大家族的一个最主要成员。教堂、寺庙、剧场、校舍和空港便不住人。

按我的观点，屋一旦建成，便有了生命，并有种神性附着，弥漫。

在我的笔下，建筑有神性，即便是三两家茅舍：

细雨残钟荒驿梦，一生心事毕茅屋。

慢 阅 读

古今中外，历来有两种阅读的速度：

快；慢。

泛读为快，精读要慢。

快慢交叉为一个十字架，是俯而读仰而思的符号。

两种速度都需要，各有各的用途。

泛读是为了在单位时间获取最大量的信息；精读是为了重点咀嚼、体味、吃透。——的确有这样的书，或段落、句子，堪称经典。比如唐诗。没有一目十行的唐诗。用这种“快餐方式”怎能咀嚼、消化唐诗？

其实人生世界最伟大、叫你永生难忘的时刻是悠缓的节奏。月亮缓缓地从山岗背后爬上来，那凄清、悲凉的情景会让你哭：

平时不落泪，此时泣无穷！

西方巴洛克音乐最感人的地方正是慢板乐章！它才是揪心揪肺的美。

浙江金华周林东先生是我的文友。他精通英文，偏爱英文诗歌。每年他都要从原文译出十来首寄我。他和我纯粹是“奇文共欣赏，疑义相与析”的友情关系。2011年年初，他又寄我三首。其中一首的作者是英国诗人戴维斯（W. H. Davies, 1871—1940），主题或主脑是提倡慢节奏，学会用一种闲情心态去咀嚼、品味人生，利用闲暇对世界凝神默想。

周林东先生、我和诗人戴维斯成了三人行的同时代人。林东因为欣赏这首诗才从英文译出并寄我。我因为与它共鸣才把它放在这里，想告诉广大读者：

阅读、欣赏、品味和体认“巴洛克文明群落”（尤其是巴洛克数学、巴洛克物理和巴洛克化学，以及巴洛克自然哲学）务必要用缓慢或悠缓的速度，切勿“快餐”。巴洛克世界拒绝“快餐”！只有在悠缓的节奏中才能瞥见“巴洛克上帝”的身影；巴洛克的风车和马车正是悠缓。

21世纪已进入全面“快餐”或提速时代。全球计算机、高铁列车、上床（一夜情)、结婚和离婚……样样在提速。只有孩子“十月怀胎”是大自然原先的悠缓节奏,原汁原味,不慌不忙。

只有这种节奏才是人类生存本身的节奏。

请让我把“巴洛克自然哲学”的英、德文写在下面,你顿时便会觉得有种神圣、崇高和庄严的氛围迎面扑来!

仅仅这两个西方术语(表达的是同一种境界)即富有一种令人肃然起敬的宗教性质或品味:

The Baroque Natural Philosophy; Die Baroque Naturphilosophie.

在西方文献中,你找不到这两个术语。西方学者从没有把“巴洛克”和“自然哲学”写成一个词。这是我的杜撰,但不是胡来,不是出于任意性。我有我的充分理由或逻辑。(在本书第二编我会作些解释。老实说,这两个术语对我是一大鼓舞。它们提升了、拔高了我,给了我概括的鸟瞰和视野)

阅读“巴洛克自然哲学”只能有一种方式:

俯而读,仰而思。——这是人同巴洛克上帝密谈的姿势。

这恰如我们缓缓地走进哥特大教堂或大雄宝殿。谁能跑步进去又跑步出来呢?

在“巴洛克文明群落”的神殿里,读者要学会用闲暇的心境久久地站在那里去充分感觉、省悟和体认,并凝神默想,惊叹不已。

上帝是公平的:

你读得慢,收获便多;你快餐式地、一目十行地读,你得到的估计会很少很少。所以本书稿的重写、重建,也要求相应的重读。

下面是周林东先生的译文,我作了些修改,并把原文附上,同广大读者一道提高:

慢慢咀嚼人生之旅

那算什么日子,如果充满忧伤,
我们无暇直面世界凝神默想?

如果不能像牛羊那样
站在树荫下久久张望。

如果走进树林我们没有时间
偷看松鼠怎样在草丛里把胡桃深藏。

如果在大白天我们没有时间欣赏，
阳光在河面上闪烁，像夜晚的星星一样。

如果没有时间看看美人的眼睛，
注意她起舞的双脚是多么轻盈。

她双眼微笑令嘴唇更美，
我们却没有时间去体味。

那是贫困的日子，如果充满忧伤，
我们却无暇直面世界凝神默想。

LEISURE

What is this life if, full of care,
We have no time to stand and stare!

No time to stand beneath the boughs
And stare as long as sheep or cows.

No time to see, when woods we pass,
Where squirrels hide their nuts in grass,

No time to see, in broad daylight,
Streams full of stars, like skies at night.

No time to turn at Beauty's glance,
And watch her feet, how they can dance.

No time to wait till her mouth can
Enrich that smile her eyes began.

A poor life this if, full of care,
We have no time to stand and stare.

——W. H. Davies (1871—1940)

可见人生之旅的真谛在慢节奏,对沿途风景作静静欣赏。

"蝉噪林逾静,鸟鸣山更幽。"浮躁的心怎能进入这种诗境并与之共鸣?

1993年秋日我在德国南部幽深的树林便偷看过同我只有20米距离的松鼠正在暗藏坚果,包括胡桃,准备过冬……这一瞥的内外阅历有助于我感受和把握整个"巴洛克文明群落",包括法、德这两大民族的"巴洛克哲学"(The Baroque Philosophy)。比起"18世纪哲学"这种叫法,"巴洛克哲学"对我的吸引力会加倍。这恰如"木板胡同"对我是枯井不波,一旦改称"杨柳春胡同"或"草莓胡同",我对它便会有种亲和感。

对于我,"巴洛克"这个术语令我有"痛哭流涕长太息"之感。古人修辞立诚,下一字即关生死。

语言的界限,即我们所拥有的世界界限。反之亦然:我们所拥有的世界大小,正是我们语言所能达到的范围大小。

欧洲人用了大约两百来年(即十七和十八两个世纪)铸造了巴洛克文明群落,今天我们中国读者怎能用"快餐"方式去对待它?!

本书的由来

——序言

一、关于巴洛克

阅读欧洲建筑史和音乐史，我发现有两个重要术语：

巴洛克建筑（Baroque Architecture）；

巴洛克音乐（Baroque Music）。

两者都冠以“巴洛克”这个定语。一个是空间（造型或视觉）艺术，另一个是时间（听觉）艺术。

西方艺术史和哲学美学（The Philosophical Aesthetics）领域的专家还进行了分类：

早期巴洛克（The Early Baroque），成熟巴洛克（The Mature Baroque）。

这种分类适用于建筑和音乐这两大领域。这引起了我的注意。

成熟巴洛克即18世纪的巴洛克：装饰华丽的巴洛克鼎盛时期。（The flamboyant Era of high Baroque）——这个术语特别重要，因为它准确描述了这个时期的建筑和音乐风格，当然还有雕塑艺术、绘画和服饰。数学、物理、化学、地质学和生物学，以及自然哲学和人文哲学则不是华丽，而是简要，含蓄，给人“细听蝉翼寂，遥感雁来声”的况味。

欧洲学者把18世纪称之为“启蒙运动”和“理性时代”。当然18世纪的特征又是百科全书式的思想或旷阔有气的浩博广大。

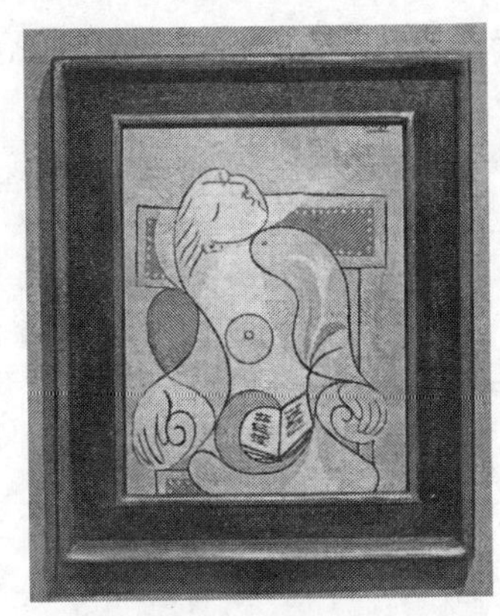

↑ 毕加索的作品《阅读》，在2011年2月8日伦敦拍卖会上拍出了4 020万美元的天价！我压根就不相信世上有值4千万美元的一幅画。

这是炒作、起哄的结果。该结果十分荒诞、病态。我的内心只有厌恶。这是绘画世界的“皇帝新装”现象。

画中，毕加索的情人兼模特瓦尔特在扶椅中睡着了。瓦尔特遇到毕加索时只有17岁。后来毕加索与她生了一个女儿。

于是才有了本书稿的副标题：从建筑和绘画到哲学和数理化。

只有这个副标题才能描述并概括巴洛克时代的风骨和万里之势的气魄。一部成功的学术著作理应以缩万里于咫尺为最高目标。——这也是我重构，或建设性、批判性重建这段西方文明史的标准。

所以在这种意义上不是我写《巴洛克文明群落》，是它拔高我，提升我，培养我，也铸造我。

通过这部书稿的写作，我等于进了一次东西方文明比较哲学博士班。因为我也要写写17—18世纪中国人的状况，当年的中国人在做什么？找出东西方的差距。

人类文明之旅有条最高原理：

每一代人都要继承前一代人的遗产，包括物质的和精神的。

巴洛克的“父亲”是文艺复兴运动。该运动只有通过巴洛克时代才能真正铸造近代欧洲资本主义文明。

20世纪刚过去。这个伟大但又多灾多难的世纪站在“四个巨人”的肩上：

文艺复兴运动、十七世纪、十八世纪和十九世纪的欧洲。

“巴洛克”这个术语和“巴洛克时期”原本来自建筑史和音乐史。时间大约从16世纪末和17世纪初，直到18世纪末才结束，即大约从1600—1800年。

准确的时间划分是不可能的，也不科学。

我在本书稿中试图把“巴洛克时期”接过来，引伸、扩展到整个这段西方文明史范畴，为的是从一团原始混乱中梳理出一点秩序，比较容易走近它，把握它，统观它。

今天我们的手机、电脑、电视基本观念的根便深深扎在巴洛克时期的数学、物理、化学和自然哲学（尤其是实验哲学）的土壤里。

自觉的历史意识是重要的。这部书稿的写作正是这种意识的清晰表达。

关于“巴洛克”这个术语，同意大利十七世纪著名建筑师波诺米尼（F. Borromini, 1599—1667）所创造的建筑曲线有关。他活了68岁，自杀而死。他出身雕塑家和工匠。他和另一位意大利天才雕塑家兼建筑师伯尼尼（G. L. Bernini, 1598—1680）是巴洛克风格的奠基人。

当然，在开始创业的时候并没有“巴洛克”这个术语。在这两位开拓者去世大约200年之后即19世纪末叶，欧洲的艺术史专家和哲学美学家才用这个术语去称呼这种艺术风格，不久便为世界所接受。

↑ 圣安得烈未完成教堂，波诺米尼设计，1653—1667年。

从中我们可以见出他一贯的语言符号：对称的美与和谐（The Beauty of Summetry and Harmony）；或者说是数学的绝对美（The Absolute Beauty of Mathematics）。在一件艺术作品中（包括工业技术产品），里面包含的好数学越多，它便越卓越、杰出，有种神性弥漫。当代轿车造型（几何语言）也是如此。甚至一块手表的造型亦如是。

← 罗马圣卡罗教堂立面几何语言，为波诺米尼的代表作，1664—1667年，竣工这年他便自杀，告别了人世。

它的椭圆形几何曲线符号是上帝亲吻过的，高度对称，怎能说是精神错乱的产物？！

巴洛克的特点是对称与高阶和谐，里面有数学的绝对美。这是文艺复兴建筑的继续和发扬光大。

← 这是由波诺米尼重新设计、改建后的一座教堂，1648—1649年。

整个建筑弥漫了高阶的、对称的、和谐的数学美。因为巴洛克建筑符号是从文艺复兴建筑脱胎而来的。巴洛克的建筑师谙熟上帝的语言即数学语言。

→ 罗马，圣约翰教堂立面，建于1733—1735年，典型的巴洛克风格，典雅，严气正性，堪称大手笔。

意大利是文艺复兴、巴洛克运动的发祥地。在西方文明之旅中，有四个国家必须提到：意大利、法国、英国和德国。它们各有千秋，取长补短，把巴洛克这台世界文明戏演绎得轰轰烈烈，高潮迭起。没有这四个主要演员，巴洛克运动便空了，不会有脍炙千古的戏。

↑ 小汽车造型的美是几何曲线和曲面的美。归根到底是数学绝对的美。

在本质上，小汽车是高速运动中的一栋优美、典丽的建筑。我欣赏小汽车的造型和赞叹巴洛克建筑是怀着同一种审美角度和统感。两者都属于视觉艺术符号。轿车设计师在本质上是建筑师。

至于巴洛克数学、物理学……以及巴洛克自然哲学和人文哲学纯粹是我的命名，我的扩张和引伸，借以重建或重构西方大约200年（17和18世纪）的文明体系，同东方传统文明拉开了一大段距离。没有这200年，今天的西方机器工业文明便是一句空话。当代人类文明的功与过，正是这200年的“巴洛克”时期奠定的基础。别忘了，英国工业革命正好落在“巴洛克时期”。我可以称它为“英国巴洛克工业革命”，它是“伟大的巴洛克文明群落”最重要、对后世影响最大的组成部分。没有“巴洛克工业革命”，何来西方的19世纪？没有19世纪，又何来20世纪的辉煌和歧途？（我指的是核武器和生化武器的出现）当然还有电脑、电视和手机。

手机最远最长最细的根系也扎在巴洛克时代的土壤里。手机尽善尽美吗？该符号道德吗？它浑身都是光明和便捷吗？这涉及对科技文明功与过的评估，属于当代技术哲学，说清楚不容易。

据近来观察，全球有数亿只蜜蜂死亡！这对世界农作物的产量是个大威胁。因为这种昆虫起着授粉作用。

死亡原因除农药、环境污染和气候变化外，还有手机的普遍使用。手机信号会让蜜蜂迷失方向，给蜜蜂的行为造成灾难性后果。如果在蜂巢附近放置一部手机，蜜蜂就不会回到家！——这还不严重吗？

当代人只知道自己快乐、便捷、爽，却在无意中伤害了上帝,归根到底是伤害了"巴洛克上帝":大自然的上帝或上帝的大自然。

"巴洛克实验室"要为此负责,承担历史责任吗?

今天我用整本书稿来回顾、重建西方的17、18世纪,归根到底是要落脚在当代世界,为了能比较清楚地看清今天人类的处境和状况。

司马迁之所以成了一位伟大的历史哲学家,是因为他摆脱了旧文人学者那种堆积史料的陋习,志在"究天人之际,通古今之变"的气魄。

任何重大历史事件(比如1991年苏联解体)只有等它过去了一两百年之后才能看得较透,见出它的全部含义。巴洛克运动也是如此。等到了19世纪末,西方艺术史家在回顾、梳理17世纪艺术史的时候才发觉波诺米尼的建筑形式(语言符号)如同"畸形的珍珠"一般。Baroque为葡萄牙语,意思是"不规则的造型",其建筑曲线、曲面给人变态的感觉印象。其实古今中外,天才艺术家们的创作在普通饮食男女看来都是神经质兮兮的不正常或变态。

我国宋代画竹大家文同(1018—1079)有句自白:

"竹如我,我如竹。"

他的意思是:竹子是我,我是竹子。

这是健康的"变竹妄想",同精神病院内的"变兽妄想"是"同门异户"、"一梯两户"的关系。"变异妄想"病人确信自己已变成某种动物,如猪、狗、猫,并有相应的异常行为,如吃草,在地上爬。

艺术史家推测波诺米尼的内心非常复杂,且不正常、变态,最后才导致自杀。

19世纪末,意大利作家米利齐亚(F. Milizia)把波诺米尼的巴洛克建筑形式描述为"奇形怪状的夸张表述,或者说是荒唐到了极至。"

当然这只是米利齐亚个人的感觉印象复合。因为19世纪末和20世纪初奥地利伟大的物理思想家兼哲学家马赫有句名言:"世界是我的感觉复合。"——说得很到位。

不过艺术审美标准会随时代变化而变化,非常复杂。比如,在"十年文革"的中国,若有人穿条牛仔裤走在北京、上海、重庆、成都或四川某座县城的大街上,那会是什么反应呢?准是奇装异服,当场遭批斗。

今天我看不出巴洛克建筑曲线语言的怪诞。我只见出它的奇美。历代有创造力的艺术家都是企图用独特的艺术符号(技巧)使对象(比如建筑的一扇门或窗)陌生化,即使得本来非常熟悉的对象(门或窗)变得陌生起来,延长人们审美

↑ 《文身》,罗滕伯格,1979年,丙烯酸布画1.70 m×2.62 m。

这才是“皇帝的新装”,纯粹的扯谈!这叫“画鬼容易,画人难。”这种绘画语言是对巴洛克绘画的背叛。

画中没有一丝数学的美。如果有数学,那也是劣等、反逻辑和无序的杂乱数学。画家把数学解构了,结果便是绘画结构的混乱。

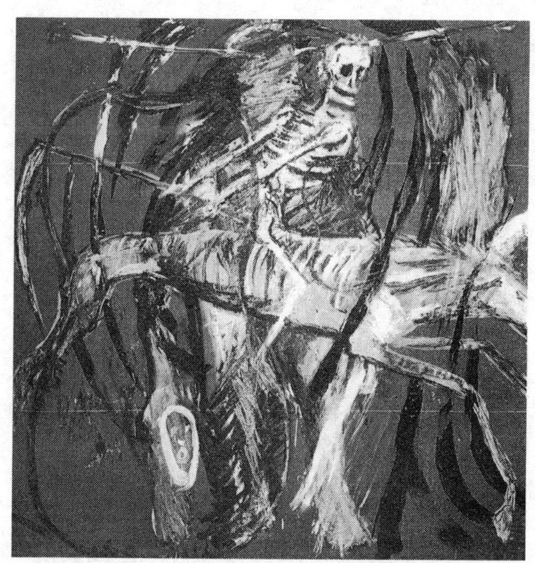

↑ 《死亡的节日》,施纳贝尔,1981年,丝绒油画,2.29 m×2.14 m。

这才是标准的“画鬼容易,画人难”。这种艺术风格是对巴洛克伟大风格的背离或背叛,也是西方绘画艺术走到20世纪的彻底堕落!荒诞的是,这类作品在艺术品拍卖会上居然可以炒作到数百万、上千万美元,挺邪乎,让我看不懂!

的过程或加深审美感受。

我本人是巴洛克艺术、科学和哲学(文明群落)的粉丝,而对20世纪的毕加索等人风格则无论如何也看不惯,认定为“皇帝的新装”,不屑一顾!

比如1981年施纳贝尔的后现代主义的新表现派《死亡的节日》便是扯淡。再就是1979年罗滕伯格的《文身》。我把它看成是西方艺术的堕落!

17、18世纪的巴洛克建筑、绘画、雕塑和音乐则是健康的。堕落的艺术是病理性质的妄想症。在精神病中,可以找到相应的术语。

椭圆几何形是巴洛克的经典形状或几何语言。我看不出它的荒诞或怪诞。在欧洲建筑史上它早就用过。波诺米尼在圣卡罗教堂(San Carlo)内把一个基本上是椭圆形平面的四个象限向内凹曲,形成了波形墙,然后在檐板上采用半圆形拱,让墙脊呈椭圆形,饰有藻井的圆顶由此而拱起,给人自建筑师胸中流出的印象,引出了有参化工之妙、灵感之句的感叹。

二、什么是“群落”

“群落”是个植物地理学术语,是我从这门学科借来的,为的是走近巴洛克现象并整理它,把握它,吃透它,重建它。

在自然界,任何植物都极少或者说根本就不可能单独地、封闭地、孤零零地生长在蓝天底下、大地之上,而是多种植物聚集成群地生长在一起,组成一个确定的格局或大结构单位。——这便是“植物群落”。

或者说，在某个自然地理环境内，不同种类的植物构成了一个有规律的组合整体。它们在群落内各自占有不同的空间位置，起着不同的作用，彼此发生一定的相互关系，形成了植物和动物群落内部一定的结构和功能。

在欧洲平原不可能发现以耐寒的高山型、还兼具耐旱特性的植物。因为高山稀疏垫状植被、高山草甸植被带是西藏高原特有的植被，它由高寒生态环境所决定。

在欧洲平原，你不可能发现高山嵩草和喜马拉雅嵩草！这是违反大自然规律的。因为欧罗巴平原不是高寒荒漠或荒凉的自然地理景象。

同样，人类文明也有类似的群落现象，有群落结构，有“文明群落生态学”，建筑、雕塑、绘画和音乐彼此间也存在着一定的、内在的相互关联。也许巴洛克艺术世界同巴洛克科学世界（数学、物理、化学，以及自然哲学）之间同样存在着某种隐蔽的联系。因为都在同一个“群落”里生存着。

比如候鸟同丛林里的野鸡看起来毫无关系。其实不然，大批候鸟飞来越冬，把这年的流感病毒也一起带来，结果千百只野鸡被传染发病致死。

我们同样有理由相信，巴洛克建筑的几何对称美与数学的高阶和谐会培养好几代数学诗人的气质或胸襟。

“我善养吾数学诗人的浩然之气”，怎能同巴洛克建筑所具有的“数学绝对美”（The Absolute Beauty of Mathematics）的多年薰陶、感染全然无关呢？

建筑场（The Architectural Field）是强迫我们每个人都要接受的。巴洛克建筑场便弥漫着“数学的绝对美”。

在漫长的巴洛克时期，欧洲巴洛克建筑场对一些杰出数学家、物理学家、化学家、生物学家、地质学家以及自然哲学家的心胸和素质会有一种潜在的塑造，至少是感染。——这便是我所说的“领头羊”的涵义。

至于说到巴洛克艺术和哲学这两大“物种”的相互关系便更微妙、紧密。最好、最有成果的状态是如同一杯均匀、香浓的巴西牛奶咖啡。人们分不清哪里是艺术，哪里是哲学？恰如要把咖啡和牛奶分开是办不到的！

巴洛克艺术和巴洛克哲学在整个巴洛克文明群落中正是这种性质的关系。

巴洛克是艘时代的航船，艺术创作是鼓鼓的帆，提供热情和动力；哲学思考是冷静的舵，把握理性和大方向。

巴洛克百科全书式的、理性主义运动是条健全的好航船，因为它有帆同时又有舵。

↑ 罗马城市一广场典型的巴洛克风格建筑和方尖碑，包括雕塑群。

在巴洛克艺术世界或群落里，建筑和雕塑（在广场，常矗立着来自古埃及文物的方尖碑）是相互依托，彼此支撑、协奏的。在艺术史和哲学史上，常常是艺术创作刺激哲学思考；也许更多的情形是哲学观念鼓励、煽动艺术创造活动。最高境界是艺术和哲学同时到场不分离。因为艺术的极至是哲学；哲学的极玄之域是诗意的朦胧或惆怅。

概括起来，大约两百来年的“巴洛克文明群落”是由17、18世纪欧洲五大秩序合在一起铸成的，拧成一股绳拉动的：

自然秩序、政治秩序、经济秩序、社会秩序和人的内界（精神）秩序。

总起来便是“巴洛克时代精神”。

运笔到此，我自然会追问一句：

17、18世纪我们中国的时代精神是什么？在这大约两百年内，我们中国人（尤其是知识界的精英）在做什么？

若是没有这一句紧迫的历史哲学追问并加以回答，本书稿便缺了一块。把同一时期东方和西方的文明状况作一哲学性质的比较是有意义的，尤其是当我们今天成了世界第二大经济体的时候……

在多个失眠的雨夜，我常想起“第二大经济体”这件事，想起一个民族要常拿起“历史之镜”来照照，反省领悟。巴洛克正是这样一面镜子。——这才是我伏案握笔撰写本书稿的深层动机。

历史哲学要追问的是：

在东西方文明之旅的进程中，存在客观的运动规则吗？

今天，我们如何评估“巴洛克文明群落”的历史作用和地位？如果说有“功过”问题，只能涉及“巴洛克实验室”。它带给我们的并不全是幸福、安康和光明。麻烦不少。21世纪的危机和困惑都是“巴洛克实验室”埋下的！于是我要重建、重构巴洛克。庄子有言：“安危相易，祸福相生。”

巴洛克时代精神来自三大根源

> 用英文把“巴洛克时代精神”写出来会更凸显，更清晰，引起读者的关注：The Spirit of the Baroque Era.

这个术语是重建巴洛克的关键词，它是“一以贯之”的。没有它，没有这个核心观念，整本书便会轰隆一下散架，解构，就像一个元代瓷瓶摔在地上，成了上百个碎片，不再是有价值的文物。——可见“巴洛克时代精神”对这部书稿写作的重要性。

它是我的立脚点，是纲，“纲举目张”。

可见，哲学的魅力归根到底是语言（文字）符号所表达的理性的魅力。

一、西欧扩张的后果

我们只有从以下链接才能走近、把握巴洛克时代精神，尤其是建筑艺术的崛起，因为任何一种建筑风格都不是凭空从天上掉在地上或从某几个建筑设计师的头脑里冒出来的：

西欧的扩张（1500—1763）→巴洛克时代精神→巴洛克文明群落（其中建筑为领头羊）

是的，扩张（Expansion）是个关键词，而且是西欧扩张才结出了“巴洛克时代精神”或“18世纪欧洲精神”这个果。东欧（俄罗斯）也扩张，但“巴洛克时代精神”同它没有多大关系。

我更没有笼统、含糊地说“欧洲的扩张”（The Europe's Expansion）。只有“西欧扩张”才同“巴洛克时代精神”构成了因果关联。

整个欧洲用了大约四个世纪（1500—1900）才建立起了世界范围的统治。

其中有两个世纪正是“巴洛克时期”(The Baroque Period)。

许多年,我一直以敬佩的心情谈论16世纪伊比利亚半岛两个国家的海外冒险精神和开拓勇气:

葡萄牙和西班牙。

葡国大航海家伽马率船队向东方作伟大航行的1497年正是该国国王曼努埃尔一世(1469—1521)继承王位的第三年。当时这位国王年仅26岁,活了52岁,在位掌权26年。我为什么要提到这位有作为、雄才大略的国王呢?

因为正是他动用了国家的力量组织了去东方冒险的船队,发现了印度航线。黑格尔有言:

“在世界历史上,只有形成了一个国家的那些民族才能引起我们的注意。”

亚里士多德的政治哲学是:国家是人类生存所必需的东西。国家的最高目的是实现最高的善。

归根到底,17和18世纪“巴洛克文明群落”是西欧君主国家行为创造出来的硕果。即便是18世纪俄国圣彼得堡引进的巴洛克建筑风格和城市整体规划,即“巴洛克城市规划”(Baroque City Planning),同样是国家行为或国家意志的产物。

没有当年西欧君主制的“国家意志”便不会有大航海壮举,不会有新世界的发现,当然也就不会有“巴洛克时代精神”的形成。

该精神(Spirit)归根到底是黑格尔崇拜得五体投地的“国家精神”。

关于葡萄牙国王曼努埃尔一世向海洋拓展的心胸和眼光,我想起黑格尔的另一句名言:

“国家人格只有作为一个人,作为君主才是现实的。”(自1978年以来中国改革开放精神不也是这样吗?该精神是“国家精神”。邓小平提出的“发展是硬道理”体现的正是这精神)

18世纪英国巴洛克经济学家兼思想家亚当·斯密说:

“美洲的发现,经由好望角前往东印度群岛航道的发现,是人类历史上所记载的最伟大、最重要的事件。”

的确,它可以同20世纪后半叶人类的太空之旅相提并论。其后果是直接启导了“巴洛克时代精神”的到来。

西欧的海外扩张(葡萄牙人、西班牙人、荷兰人、意大利人、法国人和英国人作为海洋性格的民族成了海洋的主人),形成了直面全球广阔的视野。

葡萄牙人通过在皇家海军中雇用意大利船长和领航员获得了丰富的航海和地理学方面的知识，在当时所有欧洲人当中，这个民族占据了领先地位。令我惊叹的是，当年葡国的总人口只有大约200万！注意，第一艘抵达中国的葡萄牙航船驶进了广州港是在1513年。

↑ 葡萄牙人、西班牙人和荷兰人的远洋航船是一个向海外扩张、发现新世界的一个凸显的、胸襟博大的符号。

正是先有了帆这个符号，才营构、铸造了17和18世纪"巴洛克时代精神"这个气雄感深、格高声响的抽象符号。

不久，西班牙人便迎头赶上，开始同葡萄牙人共同瓜分新发现的世界。1494年这两个国家签订了平分秋色、划定势力范围的条约。当年西班牙国王弗兰西斯一世有句豪言壮语便刻画了这种情况：

"我希望看到亚当的遗嘱。在遗嘱中，他把地球划分给了西班牙和葡萄牙。"

请读者注意：

我中华民族按本性（精神构造）不属于海洋性格。我们从来就是背朝大海、面向广大中原大地的大陆民族。

不论是明末还是清代皇帝都没有海上霸权的国家意志、国家意识和国家欲望。但西欧人有，所以才构筑了"巴洛克时代精神"。到了16世纪，西欧社会便发生了巨变，随着意大利文艺复兴运动波澜壮阔的涌动，西方文明（科学、艺术和哲学）开始登上了一个新台阶，紧接着便把"接力棒"交给了新秀"巴洛克"。——这便是"西人事事翻新"的精神状态或心理风貌。

有一个基本事实值得注意：

16世纪初，西欧出现了一批新的职业海上探险家，在骨子里（精神构造）他们是以一个大写人直面茫茫无际、浩瀚的大洋，而忠于自己本民族的意识并不太强。就是说，他们愿意为任何资助他们的西欧君主去进行探险。

他们好像是为了探索海洋未知领域而去进行探险。——

探险、冒险本身带来的刺激成了他们的目的。

海上冒险过程最为刺激。他们来到世上走这么一遭就是为了寻找这刺激。今天的攀岩职业家也在找刺激。在他们身上流淌着这种DNA。——这些人多半是意大利人、葡萄牙人和西班牙人。最杰出的有哥伦布和麦哲伦。

他们为西班牙和英国去冒险。——他们的狭隘民族意识很淡，欧洲集体意识很强，恰如国与国的界线非常模糊。

我认为，这才是欧洲精神的要害或精华。正是因为有了它，才会形成"巴洛克时代精神"。建筑、雕塑、绘画、音乐、文学、数学、物理、化学、生物以及自然哲学符号语言系统才会以大统一的方式在西方传播开来。

1600至1763年这一个半世纪，西北欧强国荷兰、法国和英国赶上并超过葡萄牙和西班牙对整个欧洲文明之旅和18世纪的巴洛克时代具有重要意义。因为正是这一个半世纪，近代资本主义诞生了！

巴洛克时代精神只有到了18世纪，伴随近代资本主义的诞生，才达到了它的顶峰，这体现在艺术、科学和哲学三大领域，即巴洛克艺术、巴洛克科学和巴洛克哲学。恩格斯甚至还说：

"18世纪以前根本就没有科学；对大自然的认识只是在18世纪（某些部门或者早几年）才取得了科学的形式。"（《马克思恩格斯全集》，第一卷，第657页）

请注意，恩格斯所说的"科学形式"，按我今天的理解，即上升到了富有三大特点的层面：

1. 实验仪器加上数学（定量）语言；2. 符号化即莱布尼茨所追求的代数式的、普遍通用的宇宙语言（The Universal Language）；3. 公理化思维或公理化体系。

我称呼18世纪的欧洲自然科学为"巴洛克科学"（The Baroque Sciences）。——这个术语又是我的杜撰，为的是刻画"巴洛克时代精神"。

"巴洛克科学"富有上述三大特色的萌芽。这才是要害。（后面我还会讲到）

进入18世纪，其标志是荷兰的海上霸权（黄金时期）让位于英国和法国。这两大海洋性格的民族在全世界（北美、非洲和印度）进行面对面的竞争。

这一争夺世界领导权的斗争以1763年英国发展为世界占统治地位的殖民强国而告终。有的世界史专家把1770年看成是英国工业革命崛起的时间，这时的中国正是清代乾隆时期。

所以“巴洛克时代精神”还是世界历史两大重要事件的标志或抽象：近代资本主义的崛起；英国工业革命拉开了序幕。

* * *

西班牙诗人卡蒂龙创作了剧本“世界是座大剧场”，1645年首演。他把人生世界看成是一出戏（Life as a Play）。——这种观点、视野是西欧海外扩张在诗人和文学艺术家头脑里的反映。

这恰如今天的“地球村”观念是21世纪时空感——波音客机、电视、手机和网络时代——造成的必然结果。

农耕文明小生产和今天的工业化大生产，以及相应的生活、工作节奏是个关键因素，不可不察。

“世界是一座舞台”（The World as a Stage）在17世纪成了一句响彻巴洛克上空的箴言，也是时代精神的最强音。

其实莎士比亚（1564—1616）早就说过，“全世界是座舞台，所有的男人女人都不过是演员。”（自莎翁的《皆大欢喜》）

“All the World’s a Stage”(全世界是座舞台)——这是一句口气、气魄、视野、眼界和心胸很广大、辽阔的说法。它来自何处?

它不是凭空从天上掉下来的。它只能是从1500年拉开序幕的西欧海外扩张获得了世界大格局的反映。

西欧人开始形成了一种前所未有的新的世界视野或叫世界观。

严格来说，莎翁是站在文艺复兴和巴洛克时期交接点上的巨人。

巴洛克时代精神就是去创造一种完美的秩序井然的世界理念。（To Create the Ideal of a Perfectly Ordered World）

该精神渗透到了一切领域，从建筑、雕塑、绘画、音乐和文学，再到政治经济学、数理化和哲学。所以18世纪的巴洛克又叫百科全书式的运动，它席卷了所有领域，颇有知经天地日月星，亘万古而弥光的浩博气势。

至于欧洲学者把这场运动中的艺术风格称之为“巴洛克艺术”（Baroque Art），并没有严格的逻辑规定。它只是1880年法国建筑家和艺术史专家古利特在研究中给出的一个术语罢了。

至于今天到了我手中，我则把“巴洛克”作了进一步推广和拓疆，于是便有了“巴洛克数学”、“巴洛克实验哲学仪器”、“巴洛克自然哲学”……

“巴洛克文明群落”是我对所有领域关联的概括，也是我的学术研究（Academic Research）的一点省悟和收获。今天我试图用一部书稿的形式把它表述出来。

西欧海外扩张在西方文明史上是件大事。它铸造了西欧人的世界眼光和胸怀。这便是孟子所强调的“我善养吾浩然之气”:

求天下奇闻壮观,以知世界之广大,才营构了巴洛克时代精神。

请细心读者注意,在本书稿中,我一再使用“巴洛克文明”这个术语(或概念),而拒绝用“巴洛克文化”。

为什么?

因为按我的理解和解释,文化层面较低,文明层面较高;文化是个较小圆圈,文明的圆圈较大;文化不包括生产方式和生产力,文明则包括。——可见,文明包括文化,因为大圆圈包括小圆圈。

比如,风车就不是文化,而是文明。17—18世纪的风车在西欧的乡野已经很普遍,而且是一道亮丽的田园牧歌风景。当然还有马车。——风车和马车合在一起可以作为“巴洛克时代”鲜明、独特的符号。因为在这之前(中世纪和文艺复兴时期),这个符号很弱很淡,还够不成表征时代的符号。该符号另一个重要涵义是描述、刻画了巴洛克时代的节奏。

←↓ 大约从1600年至1800年这两百年的西欧、中欧和南欧,风车和马车(包括公共马车)合在一起便成了表征巴洛克时代节奏的一个凸显符号。

在荷兰,风车是排灌主要动力。风车总是同绿色牧场和花白乳牛构成了一首田园风光的牧歌。

若是把马车抹掉,巴洛克时代便玩不转,巴洛克时代精神便要落空。马车远不止是重要的巴洛克交通工具。在巴洛克建筑工地上,同样少不了运输建材的马车。

→　有风车磨坊的风景，16世纪荷兰著名画家勃鲁盖尔（P.Brueghel，1525—1607）的油画，35×50厘米，大约完成于1607年。（?）

这幅作品预示荷兰（低地国家）巴洛克风景画的到来。画面上有几大主角：天（绚丽的云彩）；大地上的风车（共两座，远处一座很模糊）；人和马车。

风车和马车是荷兰巴洛克时代的动力。当时没有能源危机。在巴洛克风景画中，大地上的风车和天上变幻的彩云是一对主角。

当然，风车和马车还具有另一个普遍的意义。这就是巴洛克时代的节奏。

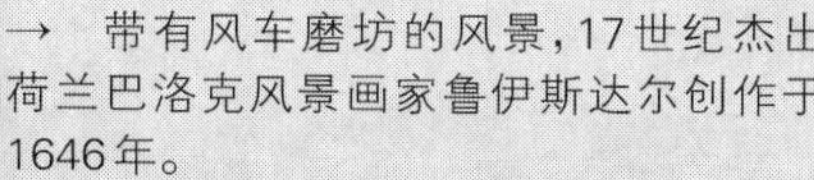

→　带有风车磨坊的风景，17世纪杰出荷兰巴洛克风景画家鲁伊斯达尔创作于1646年。

天空变幻的云彩、乡野大地上的风车磨坊、人和池塘，当然还有树木成了大舞台上的演员。

只有巴洛克绘画才把风车磨坊推到了主角地位，为我欣赏。

→　鲁伊斯达尔又一幅以风车磨坊为主题的巴洛克荷兰风景画。

在我看来，高高的风车指向天空，不断地旋转，比大教堂的屋顶十字架更富有神性，更通神。

人通过风车同上帝沟通、交谈。这是巴洛克上帝”。

二、基督教精神

这是巴洛克精神的第二大根源，而且很深层。其实基督教精神也积极推动、参与了西欧的海外扩张。

请注意一个最基本的事实：

伟大的巴洛克文明群落发生在全盛的基督教国家。或者说，繁荣的巴洛克文明群落都发生在发达、巩固的基督教诸国。

基督教的上帝进入17世纪巴洛克时代被深化了，丰富了，成了“巴洛克上帝”(The Baroque God)。在牛顿、莱布尼茨、笛卡尔、巴赫、亨德尔和斯宾诺莎的理解、解释中，“巴洛克上帝”不仅变得可信，而且可爱。一个既可信又可爱的上帝才是好上帝，满足人性要求的上帝。这样的上帝进入巴洛克的自然哲学才促成了巴洛克实验室的建立。

巴洛克文明群落归根到底是国家强力意志的表现；是基督教国家行为。——指出这点很重要。

三、继承遗产

我指的是古希腊罗马和文艺复兴伟大遗产。当然其中还有中世纪哲学、哥特建筑和手工艺作坊。巴洛克科学仪器制造没有这些作坊作为先导，便是不可能，特别是温度计、气压计、望远镜和显微镜的出现。

没有这些科学仪器(尽管很原始、粗糙、简陋)，巴洛克实验室便是一句空话。

在整个西方近现代科学史上，科学理论(特别是理论物理)同实验哲学的关系永远是两个轮子的关系：

没有理论，实验是盲目的；没有实验，理论是空洞的。

巴洛克文明或时代精神从古希腊人那里继承了一样最根本性的东西：

数学和公理化思想(或叫公理化方法、公理化理论)。

西方近现代科学的公理化理论(The Axiomatic Theory)萌芽于巴洛克时期，但它的根却深深扎在古希腊的欧几里得几何。该几何的公理化思维成了西方科学思维的样板或灵魂。

古希腊人强调数(Number)支配、统治宇宙，上帝是最伟大的几何学家或最伟大的建筑师这些观念，塑造了“巴洛克上帝”，对巴洛克建筑也产生了间接影响。

所以说，古希腊文明是后来西方文明的源头。古罗马文明是古希腊文明的继承，其中建筑语言直接影响了巴洛克。这里又有一个中间环节——文艺复兴时代的建筑实践和理论。没有这一链接，便不会有巴洛克建筑风格。

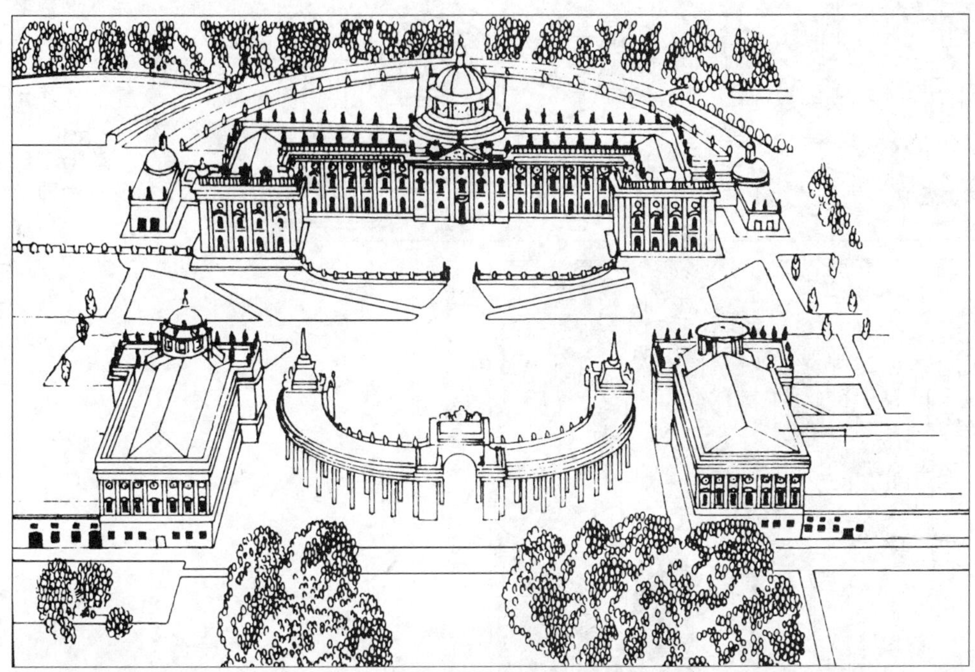

↑　德国波茨坦宫殿，盛期巴洛克，建于1763—1769年，建筑师为布宁和康塔尔德。图片是二战被毁前的原貌。在第二次世界大战中，德国巴洛克建筑受损最严重。

↑　德国波茨坦宫殿，二战中被毁了80%，这是残存部分。2004年9月，我经过柏林，特意去造访、踏察了这些幸存的部分。从中（特别是那些高大的科林斯柱式）我们还能感受到18世纪德国巴洛克宫殿建筑的壮丽。柱身留有黑色是轰炸时燃烧弹造成的。在巴洛克美学中，壮丽的层次高于美丽，也高于秀丽。壮丽等同于壮美。柱身上的黑色痕迹成了悲壮。

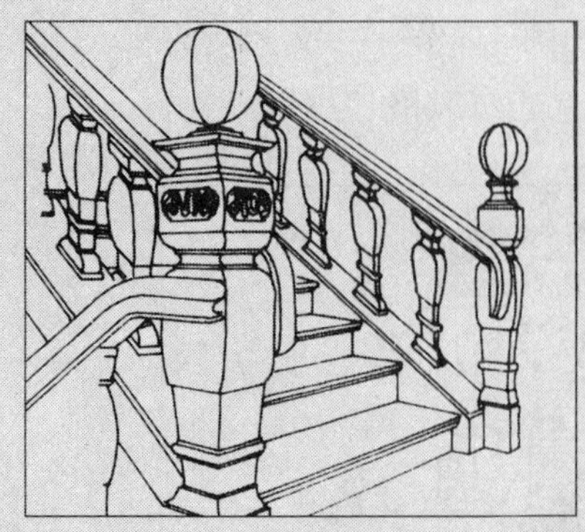

← 德国德累斯顿一栋典型的巴洛克盛期建筑，建于1770—1776年，建筑师为克鲁萨西乌斯。

他追求“数学的绝对美”。这是个至善的建筑符号。

“绝对”和“至善”只能是巴洛克上帝的代名词。

→ 德国波茨坦宫殿内一座中国式茶亭，建于1754—1756年。布宁受国王腓特烈二世委托设计了这个中国风味的茶亭，并纳入18世纪德国巴洛克建筑语言符号体系。

当时通过来华传教士的沟通，中华文明对欧洲已产生了影响。当然，欧洲建筑语言符号系统也传播到了中国。圆明园就有巴洛克很深的影子。青年时代我常走出北大成府后门，再走五六百米便来到圆明园西洋楼废墟。

今天我伏案握笔写作此书，便有忆旧的动机和意图。

巴洛克是我上的西方建筑第一课，时1957—1961年。

→ 奥地利一座宫殿建筑，建于1718年，巴洛克风格，各个部件充满了几何对称的美与和谐。部件与部件的关系是协奏的关系。——本质上，这是一首建筑协奏曲。

作为建筑符号，它体现了几何精神。而柏拉图最推崇几何。在他的哲学学园大门口便挂有一块牌子，上面写有："不懂几何学的人，请勿入内！"

今天这块牌子还有效。不过要加上这句：

"不懂生态学的人，请勿入内！"

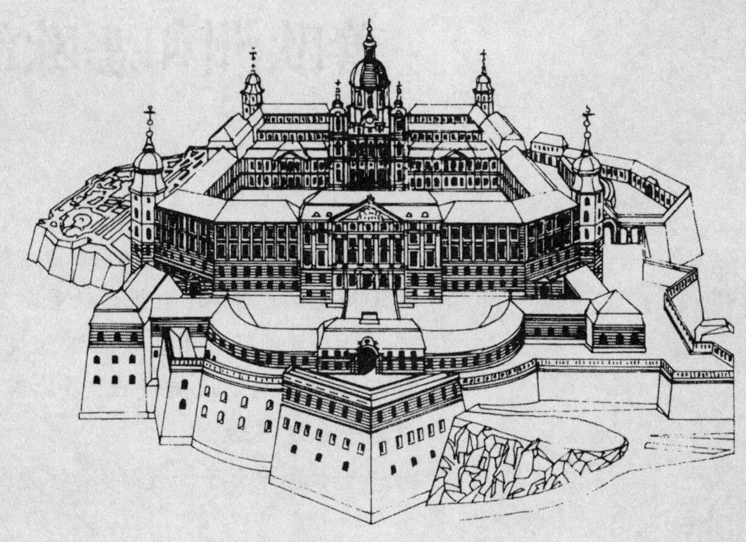

← 西欧一栋典型的巴洛克盛期建筑内部空间对称布局。建于1750年，建筑设计师是意大利人贝托尼（G. Petoni），给人庄重、气派和肃穆感，宛如一件大型雕塑作品。

本来，巴洛克建筑和巴洛克雕塑是相通的。两种视觉艺术符号实质上是同一个，是一枚金币的两个面。

→ 德国斯图加特路德维希堡一座宫殿，巴洛克风格，由纳特和佛里索尼设计，1717—1726年。在这之后莫扎特和贝多芬才分别于1756年和1770年诞生、问世。可见，巴洛克建筑在先，德国古典音乐后到。

两者一前一后，均为一吐胸中之块垒或高撞自由之钟。这才是巴洛克艺术（The Baroque Art）的本质所在，也是巴洛克建筑和巴洛克音乐的深层关系。

善欧洲和恶欧洲

时代和文明也像人，也会有双重或多重人格。

2011年5月国际货币基金组织总裁卡恩因受到性骚扰指控而宣布辞职。他是风流成性，多次召妓。在声明中，卡恩说他爱妻子胜过一切。

同一个卡恩爱妻子和爱嫖妓，便是双重人格。

——2011年5月24日

善欧洲是经线，恶欧洲是纬线。一经一纬才编织了“巴洛克时代精神”。

人是天使和魔鬼的混合。欧洲人便有典型的表现。他们在世界舞台上的表演可谓淋漓尽致，无以复加！

学术界习惯把欧洲18世纪称之为“莫扎特世纪”、“康德世纪”、“卢梭世纪”或“伏尔泰世纪”。当然还有“欧拉世纪”。（欧拉是18世纪伟大数学家）

莫扎特音乐还不是善的音响符号吗？

欧拉（Euler）创造的数学符号和他的数学理论却是人类性灵最神圣、最崇高的披露。——它符合柏拉图哲学的“善”。

巴洛克建筑风格作为一种视觉艺术符号同样最有资格称之为“善”。——这是柏拉图哲学体系中的“善”，即“至善”，比英语中的“Good”和汉语中的“善”字有更广、更深的内涵。

柏拉图的“善理念”不仅有道德伦理上的含义，更有认识上的深意。它既是柏拉图整个哲学体系的出发点，也是它的终结。

善理念是理性认识的终极最高对象、最高真理和绝对真理。——这正是巴洛克建筑艺术符号所要表达的境界。它和“数学的绝对美”（The Absolute Beauty of Mathematics）是相通的。柏拉图认为，只有纯粹数学才能把人引向“至善”。

只有这样,巴洛克建筑艺术才能在"巴洛克文明群落"中有资格成为"领头羊":抒己意以示人,宣己意以达神。

* * *

欧洲的恶在两百年的向海外扩张时期表现得同样深重!这不论是西欧还是东欧(主要是俄罗斯)都是很血腥的,残酷的。

殖民主义者对非洲、亚洲、美洲和澳洲原住民的伤害是太深太深。殖民帝国(西班牙、葡萄牙、荷兰、法国和英国)也是巴洛克文明群落的主要创造者。——这便是善恶集于一身了。今天的21世纪人类文明不也是这样吗?

再就是极不人道的奴隶贸易。1969年柯丁(P. D. Curtin)写了一部专著《大西洋的奴隶贸易》(The Atlantic Slave Trade,美国威斯康星大学出版社),给了我深刻印象。那也是巴洛克时代的一个面——巨大的负面或阴影、黑暗面。

据柯丁统计,从1451—1870年,输入英属北美洲的黑奴数为39万9千人;输入西(班牙)属美洲则更多:155万;输入加勒比海地区(英、法、荷、丹殖民地)约380万;输入巴西的奴隶约365万。总计约940万!

在整个人类文明历史上,这也是很黑暗的一章!

这就是人性中的恶。它也镶嵌在"巴洛克时代精神"里头!今天我们回顾历史的时候,不应回避当年的罪恶。还是青年马克思这句告诫:

"人类要洗清自己的罪恶,就只有说出这些罪恶的真相!"

当年奴隶船在大西洋、印度洋和太平洋横渡的日子,船舱底下的奴隶因闷热、营养不良、传染病和虐待,死去多少!最后葬身于海底。

前两年,我读到一条消息,美国有座海港城市正式向黑人道歉。因为两百多年前他们的祖先正是从这里登上北美大陆的!

17和18世纪欧洲社会的罪恶还表现在贫富的巨大差距上。

没有劳苦大众的血汗、悲惨和穷困,近代资本主义怎能崛起?!一栋宏伟教堂和辉煌宫殿的矗立,正是靠千万间简陋、寒酸、破败屋子的支撑。

这些残破的贫民窟也叫"巴洛克"。

17和18世纪的巴洛克时代,恶欧洲的根源正在于:

法律的运用(执行)比法律本身还要不人道得多!

或者说,法律压迫穷人,富人管理法律。(Law grinds the poor and rich men rule the Law)

还有一句在当年广为流传的名言：

对于穷人是一条法律，对于富人是另外一条。（There is one Law for the poor and another for the rich）

以上便是巴洛克时代的黑暗面、罪恶面。

总起来看，正因为有了巴洛克风起云涌的时代精神，才构筑、铸造了伟大的巴洛克文明群落。

巴洛克教育制度功不可没

巴洛克时代精神自然也渗透进了教育领域。

因为教育制度是一个时代的无形基础。该制度是为了满足时代的要求和兴趣而存在的。

时代有双无形的手，它布置、安排、设计了课堂的一切，包括教材的内容。

在这里我想有必要提到17世纪杰出巴洛克教育家夸美纽斯（J. A. Comenius, 1592—1670），他是中欧捷克作家兼教育家，曾在德国海得堡大学攻读，深受德国新教和英国大哲人培根的影响。1628年他先后流亡波兰、英国、瑞典、东普鲁士和荷兰，最后死于阿姆斯特丹。

他一生的经历表明，欧洲各国的国界是不严格的，可以自由出入，这便形成了整个欧洲思想、观念的频繁交流和汇合——“杂交优势”是它的伟大成果。

这也是“巴洛克时代精神”得以形成的重要大背景。比如意大利的新建筑语言符号系统一出现，很快便会传播到英国和西班牙；牛顿力学刚在英国诞生，马上就会波及到法国、荷兰和德国。——“精神财富共享”是欧洲精神一个重要内涵。这在巴洛克时代便有典型的表现。至于到了19世纪和20世纪更是如此。（很遗憾，在这种意义上并没有“亚洲精神”）

夸美纽斯（又叫考门斯基，即Komensky）曾应聘赴英国创办国际科学院，试图用统一的世界语言在各国推广教育。——这便是“巴洛克教育”。（当然这个术语又是我的杜撰，它是组成“巴洛克时代精神”的一个部分，而且很基础）

他认为人的认识由感觉印象、理性活动和上帝的启示这三者统一得来。他最早提倡幼儿教育，对学生提倡启发和引导。他特别重视课堂提问。——在西方教育史上，这便是“夸美纽斯提问”。

↓ 当年夸美纽斯编写的学校课本封面，印有拉丁文、英文和德文。德文标题是"可见世界是最好的世界"。

他的教育制度是让孩子从6岁发蒙，母语学校从7岁到12岁；拉丁文学校从13岁至18岁。高等教育则从19岁至24岁。

除语言外，有关世界知识是必修课，为的是培养青年一代的世界意识和直面世界的胸襟，更重要的是使学生有独立思考能力。——这才是支撑"巴洛克文明群落"的坚实基础。夸美纽斯的教育制度的优点正好是17世纪我国传统教育的弱点。所以我国产生不了伟大的"巴洛克文明群落"，这是一个原因。

伟大的文明靠伟大的教育支撑着。历来如此。

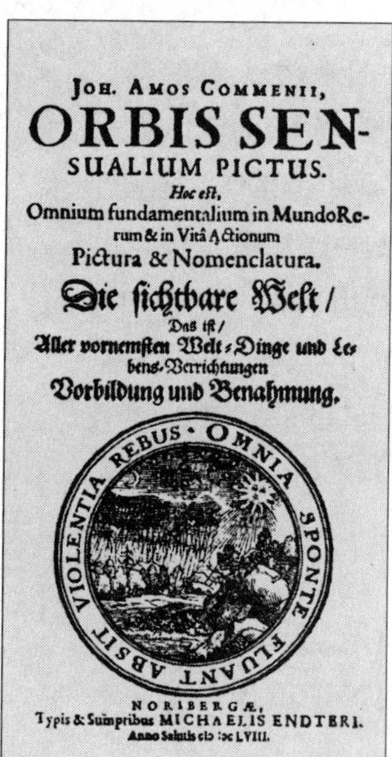

他的教育哲学思想是：

先从感觉印象的获得开始，再经过思考，最后导向宗教信仰。所以我才说，巴洛克时代是信仰的时代。

我把这个"教育过程"称之为"巴洛克教育"。这是"巴洛克文明群落"诞生的最肥沃土壤。于是便涌现出了一批精英：自然哲学家、人文哲学家、政治经济学家、数学家、物理学家、建筑师、音乐家和画家……

巴洛克的教育过程最高境界是"向上帝走去"（Hinzu Gott）。20世纪初，量子论和相对论的创立同样是遵循这个崇高目标。三百多年不变。今天也应该不变。失去这个目标是倒退。

2011年5月18日我应复旦大学物理系的邀请向将近400名学生（其中有不少研究生）发表题为"物理学与哲学"的讲演。我特别强调了物理科学的研究本质是"朝巴洛克上帝走去"，是"朝圣"。

只有虔诚地走在这条道路上，才有希望获得诺贝尔奖。当然得奖不是目的，见出上帝建造世界的总方针，最后深感惊讶和敬畏才是"天道酬劳"。

丧失了这个统一的大方向，既不会有伟大的巴洛克文明群落，也不会有更加伟大的西方19和20世纪。

夸美纽斯把整个世界看成是人的一座大学校。人的一生应该学到老学到死，学无止境。

他主张教育面对实际，打破性别、冲决门阀观念，一视同仁，颇有孔子的"有教无类"的理想。他的主要著作有《光明之路》《幼儿教育手册》《画中世界》《语言学入门》和《大教学论》。他的教育思想在当时17世纪中叶具有广泛的国际影响，为"巴洛克文明群落"的形成作出过应有贡献。

没有"巴洛克教育"，何来"伟大的巴洛克文明群落"？教育永远是人类文明的基础。

天才吗？在很大程度上，天才是教育的产物，尽管天才是上帝的恩赐。因为巴洛克天才只需接触外部广大世界很小一个部分，他便足以发现大千世界其他更浩瀚、更深层和更离奇的层面。《韩非子》有言："欲知亿万，则审一二。"《荀子》也说："以近知远，以一知万，以微知明。"可见东西方教育哲学思想在最高层面是相通的。这是人类体内有相同的基因造成的。

至于巴洛克一批伟大的艺术家最后成为"人类的教导者、人生痛苦的安慰者、罪恶的惩罚者和有德行的酬劳者"（狄德罗语）也是这两者的编织物：

天才＋教育的结果

* * *

可见，参与"巴洛克时代精神"和"文明群落"的塑造有多个分力的协作。教育思想和制度是其中一个。17世纪我国的教育制度还是千年不变的老一套：

仅仅是为了培养一批墨守成规的奴仆，把全部精力花在提高文字的功夫上。文字代表了一切，科学没有丝毫地位。中国传统教育重视继承，忽视创造。

卓越的教育制度支撑着先进、伟大的文明。历来如此。

谁要谈论伟大的巴洛克文明群落，他就不能闭口不谈卓越的巴洛克教育思想和教育制度。

巴洛克教育思想和实践功不可没！

← 罗马，意大利文艺复兴运动最杰出建筑之一圣彼得大教堂，完成于1593年，作为天主教信仰最著名的符号（Symbol）。

有一批伟大建筑师前后参与了设计，其中便有波诺米尼所崇敬的大师米开朗琪罗。

可见巴洛克建筑艺术是站在十二位伟人肩上的巨人。

今天的电脑作为一位巨人同样是这样。这就是我强调的自觉的历史意识。巴洛克文明群落的伟大来自历史的厚重和高度。巴洛克为自己时代的纵横巨人，它抒己意以示人，宣己意以达神。

巴洛克艺术编

站在伟人们肩上的巴洛克建筑

> 任何一种伟大的创新都是双脚站在十二个伟人肩上的巨人。——这便是自觉的历史意识。
> 自觉地继承传统中那些闪闪发光的东西是巴洛克时代精神一个重要组成部分。
>
> ——2011年早春

名师出高徒。

巴洛克继承了古希腊罗马艺术，更直接传承了文艺复兴的伟大和不朽。古希腊罗马是文艺复兴的老师，文艺复兴又是巴洛克的老师。

我说过，人类文明之旅有条最高的哲学原理：

每一代都从自己的前辈那里继承遗产，然后再进行创新，“主题变奏”。只是20世纪后半叶的西方建筑语言符号系统远离了古希腊罗马和文艺复兴，离自己的原点很远很远，几乎认不得回家的路，比如后现代建筑（The Post-mordern Architecture），尤其是挺邪乎的“解构主义”。

巴洛克建筑语言没有脱离古希腊罗马、中世纪和文艺复兴建筑语言符号体系的框架。该框架的精神或要害只一句话：

“高贵的单纯和静穆的伟大。”

这是德国18世纪杰出巴洛克艺术史家、考古学家和哲学美学家温克尔曼（J. J. Winckelmann，1717—1768）对古希腊雕塑艺术的一句总结性评价。

我在这里把它接过来，用在巴洛克建筑身上。事实上，巴洛克建筑风格的奠基人正是意大利雕塑家兼建筑师波诺米尼和伯尼尼。他们设计的建筑在本质上只是放大了许多倍的雕塑作品。所以从中透露出“高贵的单纯和静穆的伟大”气韵或氛围、风骨是符合逻辑的。

我国有些古诗也有这种氛围或气韵，我在这里把它指出来，有助于我们中国人感受、体认、把握巴洛克建筑和雕塑的本质：

↑ 古希腊神殿建筑语言符号：圆厅和柱廊式圆厅。

巴洛克建筑风格奠基人之一波诺米尼说，他向古代学习，拜古代为师，指的正是古希腊罗马建筑的几何学。几何精神才是古希腊罗马建筑的灵魂。

“浮云起高山，悲风激深谷。”（汉代诗人秦嘉）

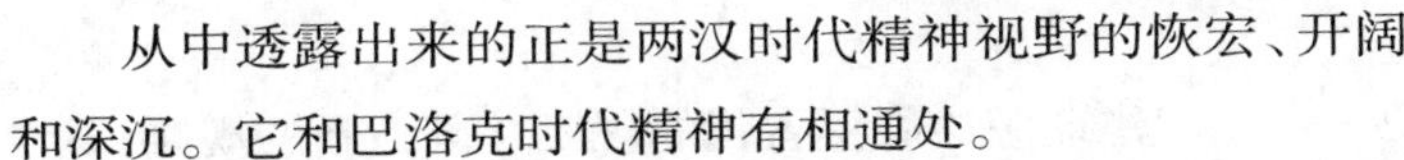

从中透露出来的正是两汉时代精神视野的恢宏、开阔和深沉。它和巴洛克时代精神有相通处。

巴洛克建筑语言符号体系从古希腊罗马、中世纪哥特风格和文艺复兴建筑继承并发扬光大的正是几何学的对称美以及数学高阶和谐，归根到底是这种气魄：

与天地合其德，与日月合其明，与四时合其序。——这是中国传统哲学追求的最高境界。

巴洛克建筑符号能达到这种境界，至矣，尽矣！

只有我国两汉时代精神才能同巴洛克时代精神的包裹天地、陶冶万物、浩浩瀚瀚的气势相抗衡、媲美和比肩或遥相呼应。

关于巴洛克的继承和创新精神，我想引用波诺米尼一句名言：

“我只效法三位老师：大自然、古代和米开朗琪罗。”

← 古希腊阿菲雅神殿，建于公元前500年左右。C为内殿；Pt为环廊大厅；Pd为环廊面积；Ps为柱圈。

整个建筑充满了几何对称的绝对美与高阶的数学和谐。别忘了，古希腊文明伟大成就之一是欧几里得几何学。它在建筑学中有杰出应用是件很自然的事。巴洛克最推崇椭圆几何曲线美。这种曲线是上帝说的语言。

伯尼尼则说：

“一个不偶尔破坏规则的人，就永远不能超越它。”

另一位卓越、有创新精神的意大利巴洛克建筑师加里尼(G. Guarini, 1624—1683)也吐露出了一句豪言壮语：

“建筑应该修正古代的规则并创造新的规则。”

这是很勇敢的开拓精神，他的所作所为的确要有勇气。——这才是巴洛克时代精神的披露。

西方建筑文明之旅生机勃勃靠的正是这种“人不敢道，我则道之；人不敢为，我则为之”的创新勇气。我想起晚清来华西方传教士的“中西文化比较观”(它是有启发性的)：

“西人事事翻新，华人事事袭旧。”华人的崇古心理来自儒家的保守性：孔夫子教导人以信古、复古和效法古人为最高宗旨。儒家最恨舍旧图新、见异思迁者。一切与古不合的创新、新法、新意者，均为大逆不道的行为。

于是我国的建筑语言符号体系(建筑风格)、绘画和雕塑便永远是千年不变的一副老气横秋面孔。

17世纪欧洲建筑师和雕塑家并不甘心躺在中世纪和15—16世纪文艺复兴运动丰厚遗产上吃老本，而是立志创新，另辟蹊径，开拓出一大片巴洛克新天地。相反，17世纪我国建筑师、雕塑家和画家(当然还有哲学家)则习惯、偏爱炳古人之烛，以为荣光。

所以17、18世纪的中国大环境和土壤生不出像欧洲那样伟大的“巴洛克文明群落”。

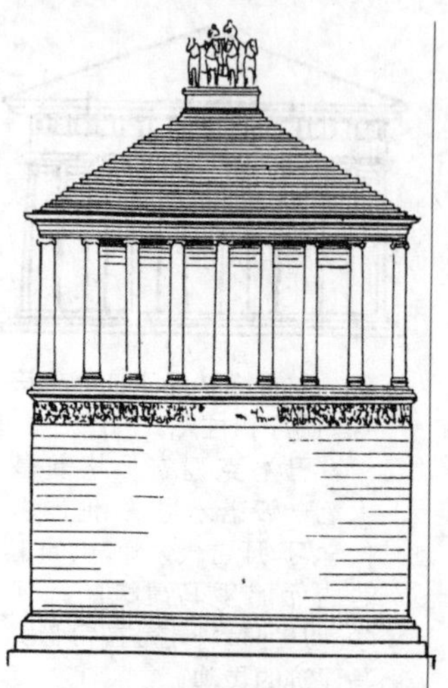

↑ 古希腊陵寝墓碑纪念性建筑哈利卡纳索斯，33米×39米，约公元前350年。

在浮雕的基座上为爱奥尼克列柱大厅。台阶屋顶上有四马双轮战车雕塑。

巴洛克建筑师把这些符号看成是浑朴、敦雅和疏简的神品而将它们继承了下来，再去进行有创新的“主题变奏”，自成面貌。

↑ 古希腊钱币上的浮雕：四马双轮战车。由此可见古希腊人是多么偏爱这个主题，这个符号！

↑　柏林，著名的布兰登堡大门，建于德国巴洛克鼎盛时期的1788—1791年。

两个凸显的特点：有古希腊带凹槽的多立克柱支撑着；顶冠为四马双轮战车这个雕塑符号。

可见，古希腊文明（包括建筑语言符号系统）是近代西方文明的源头。

谁要谈论巴洛克建筑，我们就要回到古希腊罗马。这有点像我们要议论中国古诗，便务必要回向“汉魏六朝”的诗作。令我们惊讶的是，从东西方两处披露出来的是意悲壮而广远、深远和幽远，惊心动魄。

↑　罗马城的提图斯凯旋门，公元70年罗马帝国为征服犹太人而建。综合式柱子支撑着柱顶盘，顶冠为四马双轮战车，作为胜利象征。后来的巴洛克建筑艺术世界也把这个符号继承了下来。

→　古希腊，帕加蒙，宙斯祭坛，公元前166—前156年，有典型的爱奥尼克列柱大厅。

作为符号的列柱，它有永恒的美学价值。巴洛克建筑师把该符号继承了下来。——这正是波诺米尼所说的向“古代”学习的内容。

← 古希腊，阿希诺神殿，公元前289—前281年。长廊围墙外圈是多立克壁柱，内圈是爱奥尼克半柱。

巴洛克建筑传承了古希腊柱式这些神圣、典丽和优雅的符号。因为它们是经上帝亲吻过的。

→ 佩特拉(Petra)，约旦，为基督诞生而建，属于古希腊亚历山大大帝的帝国范围。

该建筑座落在通往罗马的古驿道上，曾作为驿馆，有来往的骆驼商队落脚，是丝绸之路上必经的一个驿站。后作为修道院。

建筑的特色是从整块岩石凿成两层楼，古希腊罗马风格，尤其是它的立面及其柱式符号。从该石头建筑(今天为世界文化遗产)我们可以很明显地看出它是17世纪波诺米尼代表作“圣卡罗教堂”的先声。该教堂的椭圆形曲线只是佩特拉立面的“主题变奏”。

前年我从电视看到过有关佩特拉的记录片，印象更深。

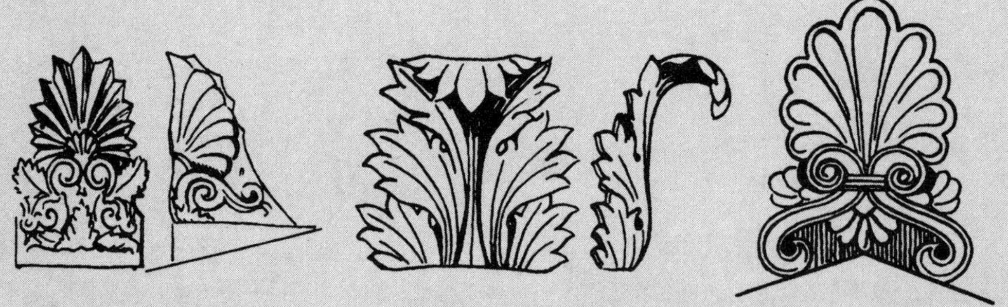

↑ 古希腊建筑的山墙顶饰。(受贝壳和植物叶子造形影响)巴洛克建筑风格作为后起之秀，注重老师的细节魅力是自己创新的基础和一个重要环节。

建筑风格的永久价值是所有细节魅力之和。拿掉一个个细节，建筑美便会落空！

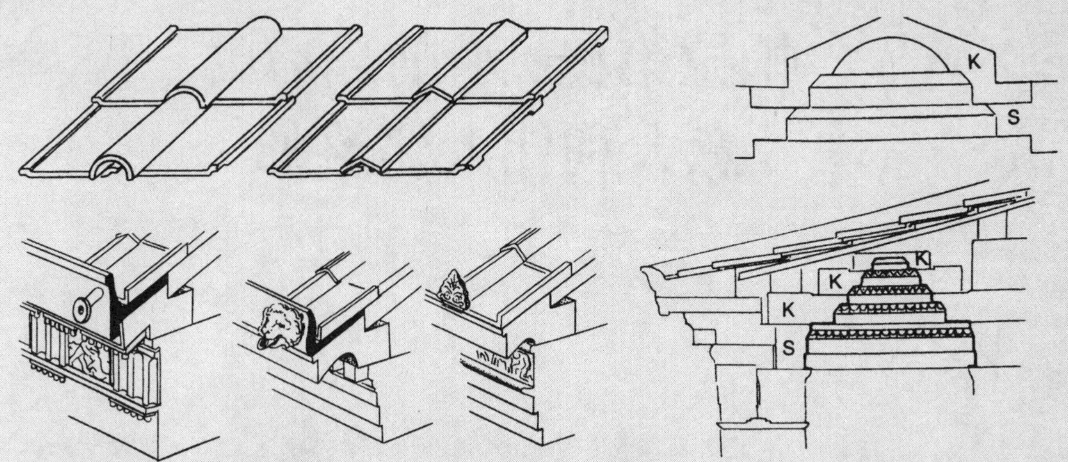

↑　古希腊建筑的屋瓦和天花格板，以及承溜（出雨水）口和无板饰檐砖等细节示意图。K为瓦盖，S为平屋瓦。

建筑语言符号系统是首大型几何空间协奏曲，它由大小部件所构成，一个也不能少！

17世纪巴洛克建筑师对古代建筑每个部件都有研究，不放过其中任何一个细节，然后再根据新的时代精神去创新，发出时代最强音。

↓→　罗马圣彼得大教堂内部空间给人雄浑、壮丽和骨惊神悚之感。所以17世纪巴洛克建筑风格在罗马诞生便是“以有为之人、逢有为之时、据有为之地”的逻辑必然。

只有这种浑朴、敦雅瑰丽的建筑空间设计才有资格作为伟大的巴洛克文明群落一个代表性符号，一面旗帜，引导巴洛克这条时代的航船，扬帆起航，写下欧洲文明之旅一段辉煌的历史。

帕拉第奥：承前启后的意大利伟大建筑师

——从石匠到建筑设计巨匠

> 意大利人既善于航海，又擅长教会各种大理石娓娓动听地说建筑语言，铸成一个个具有永恒价值的建筑符号，同地中海的万里波涛和涌浪相映生辉。
>
> ——2011年早春

一、个人与时代

意大利天才帕拉第奥（A. Palladio, 1508—1580）是位承前启后、继往开来、介乎于文艺复兴和巴洛克之间的伟大建筑师（The Great Architect Between the Renaissance and Baroque）。这从他的生卒年便可看出来，相当于我国明末时期。一个人无法超越自己的时代。空间和时间是每个人受到的最基本限制。黑格尔有段名言：

> **“个人作为时代的产儿，不是站在他的时代以外。他是在他自己的特殊形式下表现这时代的实质——这也就是他自己的本质。没有人能够真正地超出他的时代，正如没有人能够超出他的皮肤。”（《哲学史讲演录》）**

黑格尔这段话很深刻，用来刻画巴洛克各路精英们的杰出贡献同自己所处时代的关系是非常恰当的。归根到底还是下面这个立体坐标轴交于空间的M点：以有为之人，逢有为之时，据有为之地。三者缺一不可！

下面立体几何图示上的M点，不仅可以表征帕拉第奥，而且也是巴洛克文明群落中的一切豪杰或领军人物：

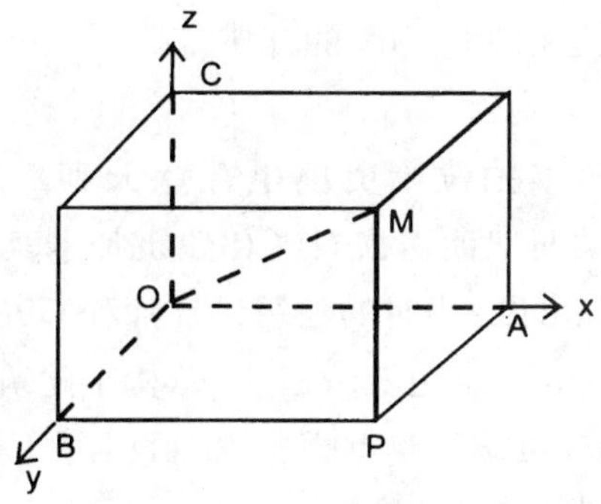

↓ 帕拉第奥（A. Palladio，1508—1580），活了72岁，是意大利承前启后的伟大建筑师。建筑史家称赞他创立的风格为“帕拉第奥主义”（Palladianism），由此可见他对西方建筑语言符号系统的影响既广大又深远。

巴洛克时代是需要伟人也创造了伟人的时代。我国两汉也是这样的时代。这叫“天下同归而殊途，一致而百虑。”

帕拉第奥的“特殊形式”（即群落大结构中的“物种”）是建筑语言符号系统。他用该符号表征他所处的时代实质，也是他自己的本质。因为人的本质是在他所追求的符号上面披露无遗的。你的一生同什么符号生生死死地捆绑在一起，你就是什么人，你的本质就是什么。

比如农民同土地这个符号在一起，渔夫同渔网在一起，演员同舞台在一起，乡村小学老师同黑板和农家孩子在一起。

每个领域的杰出人物都要用自己的“特殊形式”去表征他所处的时代精神。所以巴洛克时代才流传、响彻着这句格言：

世界是一座大舞台，所有的男女都是演员……

这话说得很到位。

人生的意义恰在尽情尽心尽力尽性去演好自己的角色。时间一到，便要下台，走路，踏上归程，回老家。人不能久演不归。

关于帕拉第奥，艺术史家很难一口咬定他究竟是属于意大利文艺复兴时代，还是意大利巴洛克时期？准确来说，他的左右脚分别踏在这前后两个时代。

这种现象并不少见。贝多芬也是这种承前启后的伟人。他既是巴洛克音乐的集大成者，又是欧洲浪漫派运动的旗手或急先锋。爱因斯坦既是牛顿（经典）力学的集大成者，也是相对论力学的开拓者。

1508年帕拉第奥出生在意大利。父亲在他13岁的时候便把他送去石匠和建筑师卡瓦扎的作坊学徒。——可见，当时的建筑设计师和石匠手工工艺是合而为一的。这也就铸造了、营构了建筑语言符号系统的粗犷、沉雄和厚重感。我国的木质（木构）建筑便无法达到这种美学境界。

可以说，帕拉第奥作为建筑大师的起点和深厚功底是石匠的干活。他谙熟各种石头的品质、个性、性格和作为建材的独特语言，包括本地产的黑白大理石。（白色大理石有“白色黄金”之称）

优质的大理石是造物主恩赐给意大利人的最好礼物之一。但教会大理石说意大利不同建筑风格的语言，成为有意义、有特色的符号，则是一批天才建筑师和石匠们的协作成就。当然，在这条链接中，第一个环节是采石场的艰辛劳作。

↓ 谁要赞叹巴洛克建筑艺术世界，他就首先要从赞美采石场的艰辛、精巧劳作开始。因为它是巴洛克石头建筑的第一个环节。

没有加工过的、蛮荒状态中的大理石、花岗岩、砂岩和石灰岩，哪来巴洛克宫殿、教堂和豪宅的壮丽？

人们首先要在采石场把石块用铁制楔子从原始的岩体中开采出来。地球上的岩体是上帝一次性给定的，之后其他的一切都是石匠和建筑师手脑并用的劳作。——这便是我给建筑文明（包括巴洛克建筑）下的定义。

谈论巴洛克建筑，闭口不谈巴洛克采石场和大理石（包括色彩和肌理）是有缺陷的，不到位的，也欠缺社会分工的公正。

帕拉第奥是从石匠走向建筑设计大师的。他的建筑是他同石头对话、交谈的伟大记录。他和一堆石头心心相印。石头听他摆布。他使用石头的时候可谓得心应手。他是用石头写诗的建筑诗人，恰如汉代诗人用方块汉字写出豪迈、沉雄的诗句：

"秋风起兮白云飞，草木黄落兮雁南飞。"（刘彻，前156—前87，《秋风辞》）

即便是今天，两汉时代精神气息从诗句中也会迎面扑来，叫我们感受到了一种慷慨悲歌，犹有暗呜叱咤之气！

1795年12月30日，大诗人歌德游览了意大利，在写给友人迈尔的信中，他谈到帕拉第奥的建筑给他的印象：

"一个人越是琢磨帕拉第奥，就越觉得他是一位无法穿透的天才。我指的是他的谙熟程度、丰富性、多面手和典雅。"

只有天才才能真正理解、欣赏和赞美天才。

二、帕拉第奥眼中的古希腊罗马柱式

1570年，62岁的帕拉第奥对古希腊罗马四种经典的柱式语言符号发表了自己的见解，值得我们重视，这对我们走近、把握巴洛克建筑风格是一把金钥匙。因为拿掉这些柱式符号，巴洛克建筑世界便会轰隆一声塌陷、坍塌：

1. "多立克柱式（The Doric Order of Columns）源自希腊的多立克部族，由此而得名。这个部族先前生活在小亚细亚……古时候，这种柱式是没有柱脚的，但今天的建筑师却加了柱脚……该柱式原本没有自己的基底，这就是为什么在许多座建筑没有基底的缘故，像罗马的马塞鲁斯剧场，以及紧靠该剧场的皮塔第斯神庙；再就是威森查剧场和其他别的地方。不过雅典式的柱基座还是时常用上的，这看起来要优美得多……"（帕拉第奥论"多立克柱"，1570年）

这是这位大师眼中的"多立克"。有两点值得注意：

古希腊柱式语言符号深受东方（古埃及和美索不达米亚建筑文明）的影响。东西方文明的相互交流或杂交是件大好事。——这便是杂交优势。

任何建筑风格都是变化的，没有一成不变的东西。多立克柱式的基底同样在变化。最后定型，不再变动，正是在巴洛克的晚期，即18世纪末，也就是巴洛克盛期（The High Baroque）。

← 从公元前6世纪至前5世纪（相当于孔子时代），多立克柱式语言成了古希腊最重要的建筑符号。

木料被石料代替。这便是“石化”过程。该过程决定了西方建筑文明之旅的走向、格调、风骨和品质。很遗憾，我国建筑文明之旅从没有出现“石化”过程：

木料→石料

我们的建筑基本上是几根木料走到底。我们中国人基本上没有教会石头说建筑语言。所以公元前的中国建筑遗产今天留下来的少之又少。而西方则不然。这差距很大。

↑ 古希腊神庙的多立克柱式符号。注意，柱身有凹槽。槽的数目有规定。

该符号的量度是定量化的，用数字（in Number）来表示。比如：

A. 柱间（即柱心到柱心的距离）为柱底直径的2.5倍。

B. 柱的高度为柱底直径的5—6倍。

C. 收分为柱底直径的1/4倍。

可见，古希腊人把数学（Mathematics）的最高权威和绝对美贯彻在建筑艺术世界中，且一丝不苟。这里有人生易逝，数学永存的价值观。这也是我国两汉士人的精神追求和最后归宿：在“道”面前，一切荣辱、富贵、甚至生死都可以抛弃。不过“道”是定性的，不是定量。

→ 古希腊神殿柱子与整个高度的比例是有法则和规律的，符合黄金分割，令人的视觉舒适，即赏心悦目。

古希腊人推崇数（Number）。毕达哥拉斯数学和哲学学派认为，宇宙万物皆由数支配、管理和统治。这种观点也影响了古希腊建筑学（理论和实践）。

古希腊罗马建筑艺术世界（包括各种柱式）都是经过几何化和数学化了的，经过数学的神圣洗礼，所以既可信又可爱。

后来巴洛克时期的各路英雄豪杰从中吸取了养料，再创辉煌，便是符合逻辑的。探讨巴洛克，理应追溯它的历史根源古希腊罗马。

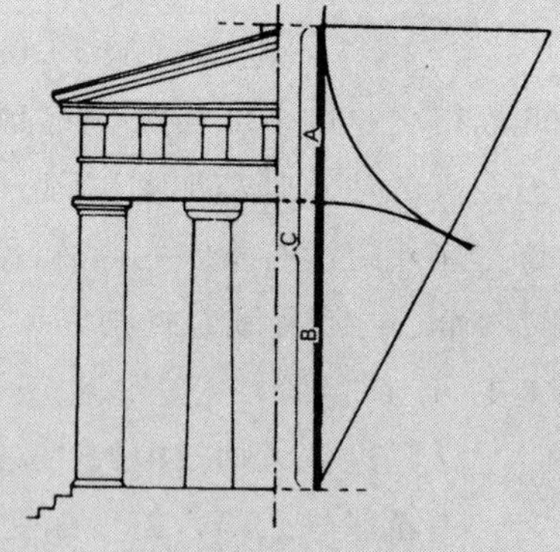

← 古希腊圆厅，以多立克列柱环绕的圆形建筑恒给人庄重、动天地、感鬼神的感觉。

这才是感荡心灵的建筑之诗。帕拉第奥用石匠的杰出悟性和灵气将这种诗意接过手，把它贯彻到巴洛克建筑风格，成为时代的最强音。（注意，多立克柱身上有凹槽）

↖↑　古希腊柱式有男女性别之分。

多立克柱式表征了男性荷尔蒙的粗犷、野性和慓悍的雄风四起。它既可承重，又有男性力度的美。巴洛克建筑牢记了这种传统，并视其为独绝，百世之楷模。巴洛克美学审视过这种美。

←　在欧洲城市的老城区，你到处都能见到古希腊罗马柱这个凸显的建筑符号。图片是塔什干柱式，粗壮，墩实，承重。

它是一代代传递下来的。其中中世纪哥特、文艺复兴和巴洛克风格是三个重要驿站或中间环节。欧洲人同这种符号在一起便有种回到家的感觉：踏实，安稳，自由自如自在。

在整栋屋的系统中，柱、窗和屋顶是三个关键性要素。它们会开口跟你说。

重要的是你能听懂。

↑ 古希腊神殿的科林斯柱式(双排列柱符号,共108根,多么气派啊!),柱高17.2米。

这座纪念性神殿是公元前175—前164年在奥林匹亚遗址(前6世纪)上兴建的,直到公元124年罗马皇帝哈德良(相当于我国东汉时期)才建成。

科林斯柱式出现在希腊古典化年代末期和罗马帝国时期。柱头四周饰以锯齿状叶片,一方面可以避免常遇到的爱奥尼克式角柱问题,即爱奥尼克柱子只适合从前面看的弊病,另一方面又表现出对精细、华贵的追求。因为古罗马帝国追求奢华风气的审美观已十分普遍。

为什么定了型,便不再变?因为它达到了数学(几何比例)的绝对美与和谐。动一下,减一点或加一丝一毫,都会破坏绝对的整体或整体的绝对。当上帝最后亲吻了它,便算是最后定了型,人的视觉才感到最舒服。

一切由人的视觉说了算。建筑是视觉艺术。巴洛克柱式语言符号有巴洛克哲学美学(The Philosophical Aesthetics)。它既是巴洛克艺术实践的总结,也是巴洛克艺术实践的指导原理。双方是互动的。——这点很重要,是本书稿的重点之一。

2. 关于“科林斯柱”(On the Corinthian Order),帕拉第奥说:

“这种柱式第一次在培勒旁纳色著名城市科林斯(Corinth)出现,故而得名。在所有柱式中,数它的装饰最讲究,也最典丽或秀丽。其柱身如同爱奥尼克柱(The Ionic Order)。如果它是带沟槽的,其沟槽数便是24条。沟槽之间的空间宽度应是沟槽自身宽度的三分之一。……这种柱式有雅典式柱基座(Attic Bases),但有别于多立克柱式。”

柱的直径是重要参数,所以决定因素归根到底是数(in Number)。

古希腊哲学家认为,万物皆数。数统治、管理、支配宇宙万事万物。——这种观点对巴洛克建筑艺

→ “奥林匹克剧场”,帕拉第奥的“天鹅之歌”,时间是1580年,这年他告别了尘世。

正是这座华贵、典雅、富有音乐神韵的建筑拉开了巴洛克建筑风格时代的序幕。其中有两个很凸显的特点:

1. 用了科林斯列柱。这是古希腊三种柱式的第三种,也是最晚的一种,这种纯装饰性的柱头符号是由希腊雕塑家卡利马休斯设计的,仿效了“少女的纤柔”身材。

2. 列柱上方是一排雕像。这样,建筑空间语言便同雕塑符号融为一体,彼此不分离,就像牛奶和咖啡均匀地搅拌在了一起,这是巴洛克建筑风格的精髓。

雕塑和建筑的关系如同小提琴同钢琴伴奏的关系。

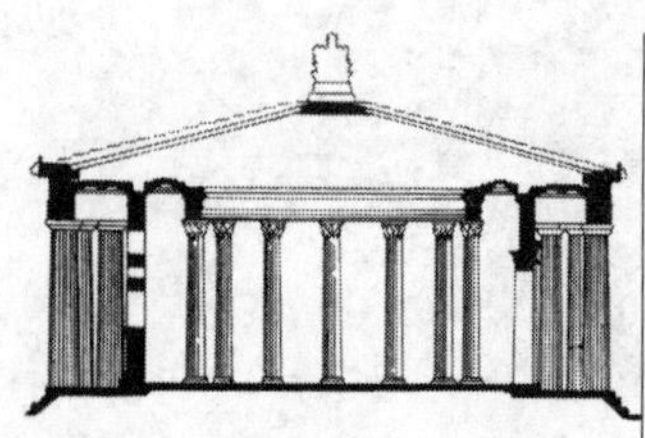

↑ 这是约建于公元前370年的一座神殿，作为祭祀广场。外侧有26根多立克柱式，内侧是14根科林斯柱式。两种柱式并用的现象是很普遍的。

帕拉第奥不仅继承了这种传统语言符号系统，而且将它发扬光大，为的是表征新的时代精神。

↓ 古希腊科林斯柱廊，成了西方文明一个凸显的建筑符号。按性别，它是女性的，身材纤细，高挑，修长，婀娜多姿，风情万种。

本质上，该柱式是件雕塑作品。在创作它的胎观胎动时刻，女子的美好体态触动了艺术家的灵感，于是便有了科林斯，包括柱头装饰。要知道，人体也呈建筑结构。

术世界有决定性的影响。我国传统哲学对宇宙的认识始终没有上升到凸出数的崇高地位，这是一大憾事。不错，老子指出过："道生一，一生二，二生三，三生万物。"道为万物之本根，老子为了提出他的创世记，才用到一、二、三，但这数，仅仅是一丁点萌芽，一个火星，不久便熄灭了。因为后人没有把它接过来，传下去，点燃，发扬光大。即便到了西汉和东汉，我国思想家也没有在数学上狠下功夫。中西方的思维差别在这里显示了出来，渐渐分道扬镳，各走各的路。

在我国改革开放的三十三年（1978—2011），城镇千百万座建筑拔地而起，其规模和气势在世界建筑史上也是绝无仅有、史无前例的。成就是主流。但问题不少。比如，有些西式建筑在使用古希腊罗马柱式这个符号时，因没有严格遵守几何尺寸和数的比例，少了或多了，结果不是原汁原味，给人不伦不类的感觉印象。有不少是乱弹琴的胡来，结果成了假冒伪劣。

相反，20世纪二三十年代上海滩的西式建筑在古希腊罗马柱式这个细节上便很到位，符合尺寸和比例。比如符合"黄金分割法则"。

不允许乱改乱动才叫"黄金法则"。比如：

$C=2\pi R$

也是条"黄金法则"。你若是把其中的2随心所欲地改成1.8或2.2，那圆周长便会走样！

巴洛克建筑世界充满了"数学的绝对美"（The Absolute Beauty of Mathematics）。

所谓"绝对"，只能是"上帝"。用英文说便是：

The Absolute must be called God.——这便是"巴洛克上帝"，是本书稿的关键词，也是巴洛克时代精神的灵魂。正是根据它，我才能重构。

帕拉第奥作为承前启后的关键性人物，他在62岁这年（即1570年）专门论述了古希腊柱式——西方建筑文明最有代表性的符号——便具有宣言的况味。

他扯起的是一面高高飘扬的旗帜，宣称巴洛克建筑风格的即将到来，继承古希腊罗马和文艺复兴的伟大传统，并将其推陈出新，踏着先辈的尸体前进。

3. 还是1570年，帕拉第奥对爱奥尼克柱式发表了看法（On the Ionic Order）：

"爱奥尼克柱式（The Ionic Order of Columns）诞生在小亚细亚的爱奥尼亚（Ionia）省；据记载，伊菲苏斯戴安娜神庙便用了爱奥尼克柱式构建……在多座古建筑中都使用了这种柱式作为雅典式柱基座（As Attic Bases）……在爱奥尼克柱廊或回廊的转角处，常加有装饰柱头（柱帽），它的涡卷饰不仅在立面，同样也在侧面现身。因此这些装饰柱头被分成两边。这便是柱头转角的处理。在我的论述神庙的专著中，我会说明怎么去做好这些……"

↑ 科林斯的柱头装饰。

看得出，帕拉第奥在发扬光大古希腊罗马传统柱式语言符号系统的创造性活动过程中，他是既有理论，又重实践。作为石匠出身的伟大建筑师，他把理论和实践看成是相辅相成的双向链接：

没有理论，实践是盲目的；
没有实践，理论是空洞的。

这条最高原理有意识地贯穿在整个巴洛克文明群落的创造性活动中：

实践←→理论

其最高目的地是朝上帝走去……

整个巴洛克文明群落所追求的最高境界是把人的愿望禀报给上帝，再把上帝的要求和指示传达给人。

巴洛克文明群落生成或存在的过硬理由是在人与神之间架设起一座金色的桥梁，令人一览而会其

↓ 帕拉第奥为维桑查城的一骑士设计的府邸。

底层为塔什干列柱；上层为爱奥尼克列柱。

帕拉第奥继承了古希腊双层叠式柱廊的建筑美学。底层多为多立克或塔什干列柱，上层则为爱奥尼克列柱。因为多立克为男性，承重。所以帕氏为巴洛克的柱式定下了基调，低昂互节，若前有浮声，则后须切响。一简之内，神韵尽殊。巴洛克建筑柱式更讲究音乐感和节奏美。

意。巴洛克群落拥有多个侧面，色彩斑斓：

有庙乐典重，军歌高昂；或写哀凄厉，言情芬芳。

古希腊罗马建筑文明最凸显的特色（包括雅典和罗马的城市规划或布局）便是将人、大自然和神（Man. Nature. God）有机地结合为一体。

这个神圣、崇高和庄严的“三为一体”贯穿在整个后来的巴洛克文明群落的各个部门。它成了“吾道一以贯之”的红线。

本书稿的最高使命正是揭示这个伟大的“三为一体”，其中建筑艺术作为巴洛克时代的一个凝固符号是“带头羊”，而多种柱式又是最生动的巴洛克符号：

它既庄重、深沉，又典雅、秀丽。不同柱式表征了男人的粗犷和健壮，以及慓悍和男性荷尔蒙的力度，或者是富有女人的柔情、温文尔雅和婀娜多姿。

巴洛克建筑师们紧紧抓住柱式这个符号，把文章做足做透，当成一件雕塑品来精益求精，尺尺寸寸，一丝不苟。

在这里我想提到帕氏的代表作之一“皮利卡第府邸”。皮利卡第是维桑查城的一位骑士和贵族。43岁的帕氏于1551年为他设计了一栋两层的屋。19年后的1570年，帕氏回忆起有关这座府邸的设计思路。他谈到附近有条河流过，再就是“地上的楼层有两层，为的是获得宽广的视野”。

底层的列柱为塔什干（为的是承重，给人一种男性的力度感）；上层为爱奥尼克柱式（柱头有凸显的涡卷饰）。——这是帕氏一贯的安排。

把塔什干列柱放在上层，爱奥尼克列柱放在下层，行吗？

不，不妥。

→ 这是帕拉第奥设计的一座底邸平面图。

纵向部分和横向部分(包括柱座、柱顶盘和柱子)均按严格数字(in Number)和比例建造,目的是成为神品。巴洛克建筑精神就是追求高阶和谐与数学绝对美。

图片上的屋分上下两层。下层为塔什干柱式,上层为爱奥尼克柱式。上下不可颠倒。

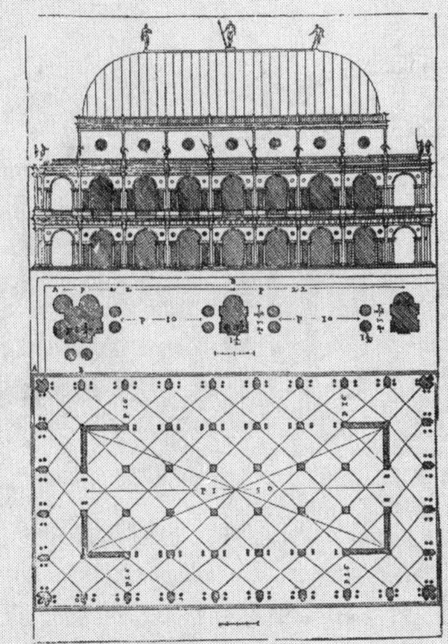

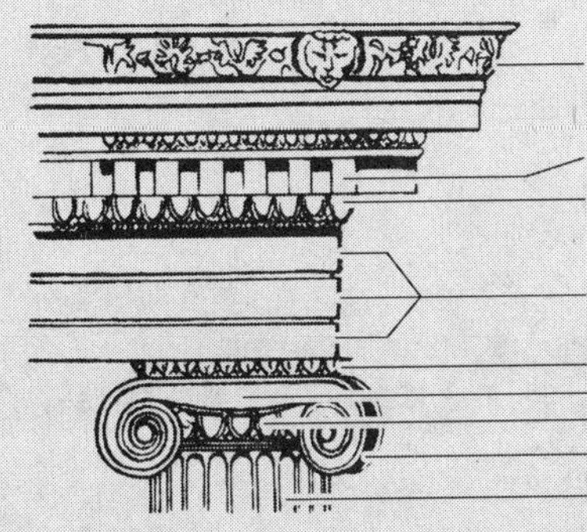

← 爱奥尼克柱式构成示意图。

它又叫小亚细亚的爱奥尼克柱式。

柱身比多立克纤细,并且有浮雕装饰。柱身的凹槽大多在梁板之间,上下凿出24条凹槽。

注意,是24条,不可多也不可少,否则便不是原汁原味,人的视觉会感到有些不对劲。——这便是数字(Number)在暗地里起支配作用。

巴洛克建筑讲究数字(in Number)到位。只有数字和比例到位,建筑才能达到骨气端翔、音情顿挫、光英朗练、有金石声久久回荡于耳……

↑ 爱奥尼克柱式柱头涡卷饰。

其“主题变奏”非常丰富,包括卵形花边、棕榈叶、莲花辫交织或用莨苕叶饰覆盖。

从一开始,人类创造各种艺术符号的本质便是饱暖之后的“游戏”,一直玩得心跳,主要是刺激人的视觉和听觉。一代人接着一代人,不断玩下去。

继古希腊罗马、中世纪和文艺复兴之后,巴洛克再接着玩。每一代总要在遗产的基础上玩出一点新花样,否则便是白到世上走一趟。这是人体内的基因参与了这种行为。行为背后有DNA的基础。

↑ 关于古希腊的Tholos（圆形或部分圆形建筑，也就是蜂窝形建筑），内外都有列柱，但柱式往往有别。

本图便是这种建筑的示意，外墙由爱奥尼克柱式围成圆形厅，而内墙则由9根科林斯式半圆柱隔开。

不错，世界许多民族的建筑风格都少不了柱式语言符号。柱式是重要建筑要素之一，但流传到世界各大洲的，当推古希腊罗马柱为最有生机，生命力最强。——这种现象值得我们研究。

巴洛克建筑的功绩正是借助西方资本主义的扩张把古希腊罗马柱式推向了世界。该柱式和基督教十字架合在一起，成了西方文明统一的符号。

↓ 古希腊柱式的柱头，拉丁文、英文和德文分别叫Capitellum、Capital和Kapitell。

图片左为多立克柱头，右为爱奥尼克柱头。

G为棱边，St为腹板。

柱头是细节。巴洛克注重细节的魅力。忽视细节的巴洛克也就不存在，至少它是不合格的巴洛克。

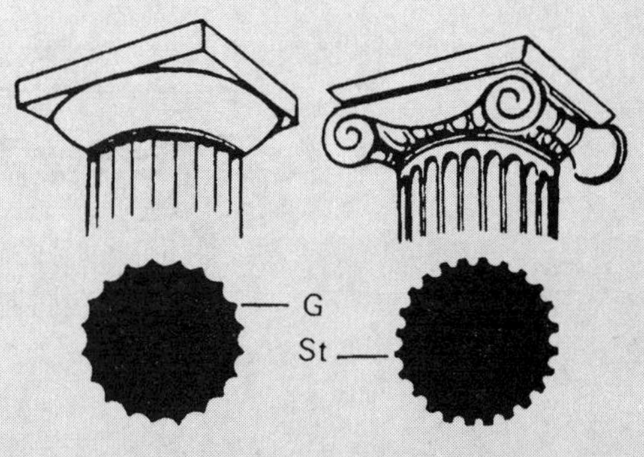

↑ 帕氏设计的爱奥尼克柱式和主楼层立面有装饰的窗。在窗的龙门板撑和柱子之间有拉毛粉饰的花冠。

这些建筑符号和我国传统建筑语言符号是多么不同！其差别就像意大利语和汉语之间的差异。世界建筑语言呈多样性是件大好事。大自然生物多样性则是人类的幸事。

这就好比冰上芭蕾舞，女子在下面托起男子。

即便力学上行得通，但人的视觉却受不了，觉得不对劲。别忘了，建筑归根到底是一门视觉艺术。

4. 关于塔什干柱式，它起源于意大利人杰地灵的一个行政大区塔什干（Tuscany），因而得名。

公元前27年（相当于我国东汉光武帝时期），在经历了一场内战后，奥古斯都开始执政，并开创了一个持续两百年之久的“和平繁荣时期”，鼓励富人和房地产商投资城市（主要是京城罗马）建设，比如著名的马尔切鲁斯剧场。

所以在人类文明历史上，“和平繁荣时期”总是同兴旺的建筑创造活动紧紧捆绑在了一起。我国改革开放的这三十多年不正是这样吗？这是规律。

帕拉第奥继承并发扬光大了罗马帝国的光辉遗产塔什干柱式（The Tuscan Order）。他保持了它的起源时的本色，不加任何装饰，结果比起其他别的柱式给人深刻、可爱的印象。何况塔什干柱式还有一个优点：

费用不大。

经济原理在人类建筑活动中永远占主导地方。帕拉第奥之所以偏爱使用该柱式，除了审美外，这是主要原因。

← 古希腊三大柱式符号示意图。

自左向右：多立克、爱奥尼克和科林斯。

古罗马人继承了这三个符号并对它稍作了修改，成了塔什干柱式。本质上这是多立克和爱奥尼克的混合柱式。

后来的文艺复兴和巴洛克时期，再把这种符号加以丰富，使其更富有音乐的律动感和神韵，比如壁柱的应用，对建筑物的立面塑造起到重要作用。

相比之下，我国传统的柱式就少有变化，而且是木柱，变化有限。我们的民族特性也不追求变化。

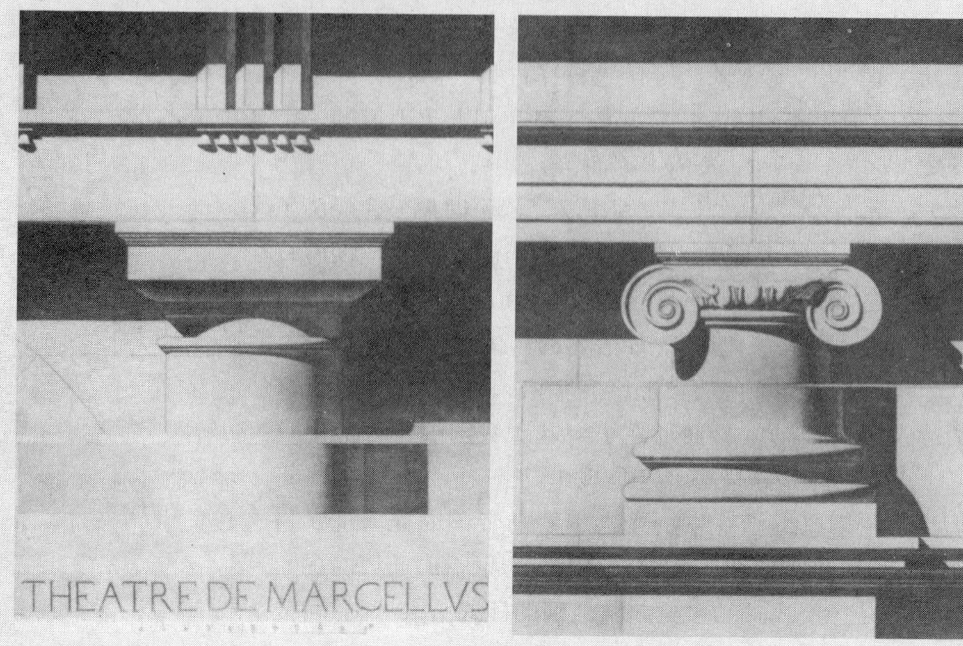

↑　古罗马著名的马尔切鲁斯剧场是规模最大的拱与柱式相结合的一座建筑。古罗马人把古希腊建筑遗产发扬光大了。

今天剧场只保留了两层：上层为爱奥尼克柱式（右图），下层为塔什干柱式（左图）。按性别，塔什干为男性，承重；爱奥尼克为女性，多柔情。

帕拉第奥自然注意到了这种差异和上下的布局。

↑　塔什干柱式（The Tuscan Order），是古罗马人从古希腊柱式符号中推陈出新创造出来的。帕拉第奥把它接了过来，活学活用。

塔什干柱式的特点是无凹槽，无装饰，非常简洁，也有男性荷尔蒙的力度，但少了古希腊多立克柱的粗犷、野性和慓悍，有了一点男人的温存和柔情，是一种刚中有柔的美。要知道，一个硬梆梆的举重运动员并不讨女人喜欢。注意，多立克有凹槽，塔什干没有。这是重大区别。

↑　古罗马人把古希腊的多立克柱式简化之后便得到塔什干。这是“主题变奏”，是推陈出新。原先多立克没有基座，塔什干有了。这便是变奏。建筑世界因有了变奏才丰富了起来。

所以他说：

"这种柱式在别墅建筑中有广泛使用……因为费用不大。"

所以在帕氏设计的府邸和别墅中，塔什干柱式便成了他的一个得心应手的符号。他偏爱这个简洁的符号，也许同他的个性有关。帕氏把塔什干柱式作为一件雕塑来做，来追求，为的是寻找自己的灵有寄，魂有托。

这个建筑符号是他吟唱的一首建筑诗。这才是神心独悟，暗语之当，吹无韵之律。

今天我们激赏巴洛克建筑，与其共鸣，成为听和声而流涕者，归根到底是巴洛克美学效应。

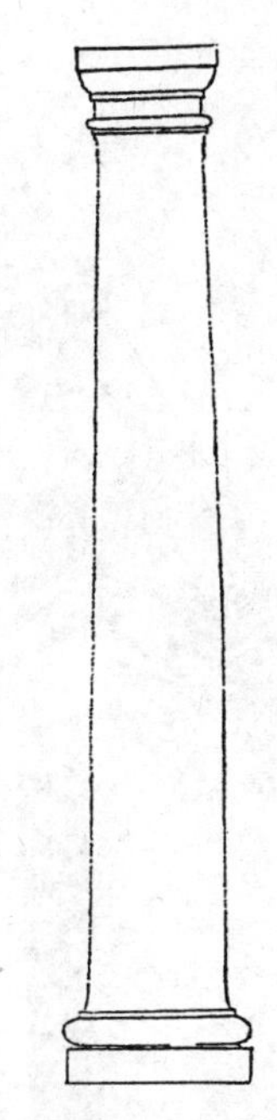

↑ 这是古罗马人创造的建筑符号塔什干。

帕拉第奥偏爱它，并把它引向、导入巴洛克时期，成为时代"强力意志"的符号。

这个建筑符号不是给人悠扬宛转的统感或通觉，而是心正、志正和声正感。我国古人有言："诗者，心之言，志之声也。心不正，则言不正；志不正，则声不正。心志不正，则诗亦不正。"

说得很到位。它完全适合揭示巴洛克建筑（石头）诗的本质。

← 帕氏代表作之一"皮利卡第府邸"。43岁的作品。

该建筑的要害在两层不同的列柱。底层为塔什干，承重，富有男性荷尔蒙的力度；上层为爱奥尼克柱式。两者的上下位置不可颠倒。

这是芭蕾舞王子用双手轻轻托起公主的一幅图象。

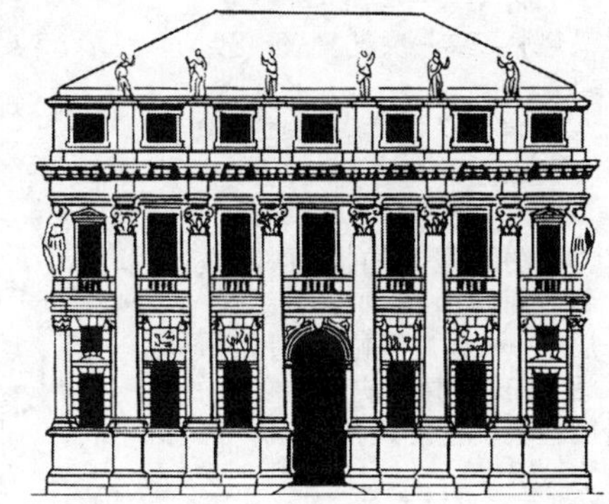

→ 意大利维桑查（Vicenza）的法马拉纳府邸，设计师为帕拉第奥，这年他58岁，非常成熟。该建筑于1566年竣工。

巨石柱科林斯将一楼和二楼结合在了一起。他的绝活是"玩"巨石柱式。在他手里，巨石柱式是件大型雕塑作品。在他的美学理论中，柱子是通天接地的符号，从中披露出了"崇高"观念。

在后来的巴洛克美学中，"崇高"是个非常重要的哲学美学观念。

"崇高"为天地之气，尽宇宙之内，无处不充塞。

屋隅用雕像来装饰，因为帕氏是石匠出身。

↑ “埃莫别墅”，帕氏代表作之一。

这是它的立面：单纯的高贵，本质上是一件大型雕塑作品。在众多柱式中，帕氏选择了塔什干。

在西方建筑文明之旅中，该别墅仅仅是一个重要驿站的代表：

古希腊→古罗马→罗马风→哥特→文艺复兴→巴洛克……

帕氏从古罗马和文艺复兴拿过了“接力棒”，去开启巴洛克时代的大门。

图片显示的立面有古希腊神庙立面的品格和气质。——这成了帕氏惯用的语言符号，建筑史家称它为帕拉第奥主义风格，影响广大深远……

* * *

帕拉第奥的另一件代表作是“埃莫别墅”（Villa Emo），用了大约10个春秋（1555—1565）的时间建成。埃莫是个家族。

原先埃莫想把这栋屋作为从事农业的庄园来使用，但后来随着他在这一带从事土地开发，财富越来越雄厚，他才决定建栋适合家族身份的别墅。

从这栋别墅建筑我们可以见出帕氏风格的如下几个特点：

1. 用简洁的形式营造出庄重的氛围和贵族派。

这样，业主埃莫家族的要求和目的便达到了：屋是建筑符号，表征屋主人的经济和社会地位。

这种符号观点贯穿了整个人类（东西方）建筑文明之旅的历史。

帕氏除了为教堂和剧场设计，便是为富豪设计府邸和别墅。社会底层的栖身之所，遮风避雨的简陋农舍，不会成为帕氏的设计对象。

若用40多年前我国阶级斗争的历史观来审视一部东西方人类建筑文明史，几乎绝大多数建筑师和他们的杰作（包括故宫、颐和园）都在批判、打倒、放把火烧毁之列。

如果这样做了，那么，千年的东西方建筑杰作今天还能剩下多少？我国历代农民起义便是这样干的。幸好北京故宫保存了下来，回归了人民，也回归了人类。

好几千年，富人的屋和穷人的屋作为建筑符号是两码事，有天壤之别。在德国，我有幸造访、踏察过18世纪多位选侯王或爵爷的府邸以及尚有极少数几栋平民的屋和农舍保留至今，我有幸走进去过。

从我国的古诗中，我们也能看出这两种建筑符号的差异：

“回望高城落晓河，长亭窗户压微波。”

“樵歌牧唱，牛眼草径，犬吠柴门。”

2. 帕氏在“埃莫别墅”的正门用了四根正宗、符合尺寸和比例的塔什干柱式。左右两翼为“遮阳拱形结构”(The Shadowy Arch)的走廊，给人这种视觉印象：

从庄园(农庄)走向别墅，并将两者合而为一，把双方的优点都拿到手。这样，业主也满意了。这叫两全俱美。——这是帕氏的全局考虑。应该承认，帕拉第奥启开了日后两百年的巴洛克建筑风格。帕氏既是意大利文艺复兴建筑思潮的最后一位大师，也是巴洛克建筑运动开始第一个领跑者，火炬手。

帕氏风格包容在巴洛克建筑风格之内，而不在它之外。帕氏建筑语言符号系统或叫帕拉第奥主义是巴洛克建筑语言符号大体系中的一个子系统，也是第一个环节，是序幕，也是第一个驿站。

“埃莫别墅”在本质上是两者衔接的创作：

巴洛克风格同文艺复兴风格的交接。正是这座建筑和其他别的建筑设计“咯吱”一下悄悄启开了巴洛克的大门……

↓ “埃莫别墅”立面和它的右翼“遮阳拱形结构”走廊，成了帕拉第奥主义风格，为巴洛克建筑时代的到来拉开了序幕，翻开了西方建筑史上新的篇章。

← “埃莫别墅”的室内装饰也很讲究。有一间房叫“艺术之房”（The Room of the Arts），指的是各种艺术门类的综合，包括音乐。

这表明意大利人和其他欧洲人对艺术世界的理解总是广义的。这也预示了巴洛克音乐即将到来。

没有巴洛克音乐的巴洛克建筑空间是寂寞的！它们属于同一个伟大的文明群落，相互激励，互相启发和支撑。图片是房间里挂的一幅画，属于意大利文艺复兴晚期。

巴洛克同文艺复兴的交接线是平滑的。——这点很重要。

↑ 上下均为帕拉第奥主题（Palladio-Motive）的威尼斯窗，属于帕拉第奥风格主义的一个重要组成部分。该风格主义的德文术语叫Palladianismus，其根系紧紧同古罗马建筑传统相连。

我们只有从历史链接的视野才能把握帕拉第奥风格主义。它在欧洲和世界各地的传播是巴洛克现象。它在巴洛克范围内，而不在它的势力范围之外，这点务必要强调。（图中下部为著名的帕拉第奥式窗户）

↓ 1549年，41岁的帕拉第奥接受了委托，为维桑查老市政厅作骨架外墙的包层和贴面等改建工程项目。

底层用了塔什干柱式，一层为爱奥尼克。于是帕拉第奥窗式在一层出现，有凯旋拱门，又叫凯旋门（The Triumphal Arch），它由双根爱奥尼克柱式支撑着，左右各一对。大约一百年后，帕拉第奥窗式这个词汇便在西欧广泛传播开来。

↑ 这便是帕拉第奥式窗(Palladian Windows)的示意图,又叫威尼斯窗,由一个中间呈拱形的孔和两旁一对较小点的矩形孔共同构成,其高度取决于笔直的门窗套以及门窗套和券脚等部位的高。——这里又要讲比例。

从这窗的构成中,也透露了一种音乐的神韵。所以说,巴洛克建筑是凝固的巴洛克音乐。

巴洛克建筑和音乐合在一起成为一种统一的语言,成为时代最强音,最高目的都在追求天地之运会、人世之景物、新新不停、生生相续的境界。——这才是人类文明之旅的精髓。2011年3月11日在日本发生的大地震和海啸卷走、摧毁了千万栋屋,让我们更加懂得了屋于我们人类正是生存本身,是人类生存于地球上的立脚点。

→ 布雷冈兹府邸,帕拉第奥设计,晚年作品,未完成,但他的帕拉第奥风格主义已形成,作为巴洛克风格的主力军渐渐传遍了世界。

↑ 西欧一座建筑的立面,建于18世纪。

帕拉第奥风格主义正是说着这种语言符号在世界许多地方"安家落户"的。

它成了近代西方文明一个凸显符号,也是近代资本主义的一种象征,比如18—19世纪北美或南美某国的总督府立面。

← 荷兰,海牙,莫里斯之家,坎彭设计,1633—1644年,属于帕拉第奥主义风格,但归根到底是巴洛克建筑大范围。两种叫法不矛盾。打个比方:

巴洛克是个集团军,帕拉第奥主义风格是先头部队,是一个意大利装甲师,有自己的特色,适宜山地作战。

莫里斯之家为砖砌,用明亮、挺拔、壮丽的爱奥尼克壁柱做成巨石柱式。三角形山墙作为正门三角楣和窗户的顶盖。花饰彩带,两侧是露天台阶。——这一切都是帕拉第奥的惯用语。

若从建筑语言进化树的系统去寻根,定可发现古希腊罗马、中世纪和文艺复兴的历史遗产或DNA。

↑ 巴黎，苏利府邸（左）；法国布卢瓦城堡内部府邸（右）。

法国建筑史专家把它说成是路易十三风格，这当然没有错。但从广义建筑语言符号系统来观照，它们属于法国巴洛克风格，其中便有帕拉第奥主义的影响。建筑历史的遗传是错综复杂的一件编织物。

图中的建筑有诗的意境。推其所至，始得神韵兴味，为无以复加的止境，令人沉溺、陶醉其中。

尤其是帕氏的晚期设计，开启了欧洲整个巴洛克的领域，表现在许多不同方面，色彩斑斓，其中便有巴洛克音乐。

“埃莫别墅”成了业主炫耀的两个看得见的醒目符号（Two Visible Symbols）：

A. 神圣的农业（农业是神圣的）。因为土地是天下第一位的财富。这是业主埃莫家族的价值观；

B. 高贵气派的别墅象征屋主人在社会上的尊严。

在后来的巴洛克漫长时期，这两者都有充分的表现。

三、 英国的新帕拉第奥主义风格

在18世纪巴洛克鼎盛时期的英国，人们为了倡导正宗、严谨的古典主义建筑语言符号系统，或古典复兴，特别推崇帕拉第奥的建筑哲学和建筑美学论著《建筑四书》以及他的创作实践，包括柱式，以及毛石砌、楔石、隅石的墙体处理和窗户这个重要词汇。

英国人称呼“帕拉第奥风格”为“帕拉第奥主义”（Palladianism）。——这个术语不仅在巴洛克时期很重要，就是在整个西方建筑文明之旅的历史上也是不可或缺的一个“驿站”或环节。

其中有几个关键性英国建筑师。

琼斯（Ingo Jones, 1573—1652）是第一个把帕拉第奥主义介绍到英国来的人。当年的英国还是哥特建筑的一统天下。

琼斯联合多位著名英国建筑师掀起了一个大转折，包括从中央部位古典立面有巨石柱式（或壁柱）和三角形山墙着手改良，再到屋顶、屋顶老虎窗和帐篷式塔顶，进而推动整个进化，发出新时代强力意志的声音。

↑ 英国肯特一栋建于巴洛克时期（1664年）的长方形别墅，楼上是寝室。它使人想起帕拉第奥设计的“埃莫别墅”。事实上，有的建筑史专家对这栋英国别墅有两种叫法：英国巴洛克风格，或英国的新帕拉第奥主义。

巴洛克建筑也可以充当时代精神的声音符号。

↑ 英国女王行宫，琼斯设计，1616—1635年。

1616—1635年琼斯设计了英国女王行宫。事实上他对帕氏的理论著作《建筑四书》有过深入研究，而且是活学活用，用到实践上。这座行宫便是第一个实例。

琼斯以帕氏精品为样板，在立面柱式、窗户与敞廊、敞廊与建筑整体之间的比例关系上，还有毛石砌、隅石和楔石排列组合构成的墙体语言符号，他都非常讲究，尺尺寸寸，一丝不苟，颇有“两句三年得，一吟双泪流；知音倘不赏，归卧故山秋”的况味。因为建筑的精品是“石头诗”。用石头写诗的人才是巴洛克建筑诗人。

英国富有新帕拉第奥风格的府邸偏爱用重块（蛮石）石墙面，同巨柱式的柱子和壁柱，共同构成起伏剧烈的轮廓，沉雄的体积，给人盛气凌人和霸道感，体现了西欧向海外扩张的时代精神。

伦敦，怀特霍尔宴会厅，也是琼斯的设计，建于1619—1622年，属于英国早期巴洛克风格。

英国的建筑语言符号系统一直受意大利的支配，当然

↑ 伦敦，怀特霍尔宴会厅，1619—1622年，属于英国巴洛克早期风格。当年的设计师琼斯是46岁。

世界因为有了“主题变奏”才多彩多姿，色彩斑斓。其实地球上的生物多样性在本质上也是生命永恒主题DNA的变奏。（注意图片柱子和砖石的排列，从中透露出了音乐的律动和神韵，这里有早期巴洛克音乐的凝固）

它也有自己的特色。毕竟17、18世纪的英语不是意大利语。英国的巴洛克或新的帕拉第奥主义有别于意大利的巴洛克或帕拉第奥建筑风格。

伯林顿勋爵（Burlington Lord）也是一位重要建筑师。奇斯维克府邸（Chiswick House）是他的代表作。他受帕拉第奥和琼斯的影响很深。该府邸便是一例。

他以帕氏在维桑查（Vicenza）的那座圆形建筑为蓝本，并作了全新的演绎。

英国建筑史专家和建筑美学家偏爱管它叫“帕拉第奥风格主义”，而不是泛泛的什么英国巴洛克风格。

伯林顿勋爵的作品还有“威德将军府邸”，其中帕氏式窗户这个词汇在整个西欧巴洛克建筑艺术世界也是一个非常有诗意、有魅力的细节。

巴洛克建筑艺术世界的高格、典丽和风情耿耿，若是把所有细节都去掉了，它的魅力还能剩下多少？

→ 伦敦，奇斯维克府邸（Chiswick House），建筑设计师为伯林顿勋爵（Burlington Lord），始建于1727年。

↑ “威德将军”府邸帕拉第奥式窗的特写镜头。笔者也偏爱这个词汇，很有情调，造语精致，颇有独超千古的况味。

这才是巴洛克细节的魅力。

↑ 伦敦，“威德将军”府邸，建于1723年，由伯林顿勋爵设计，他本人也是建筑师，并偏爱帕拉第奥奥式窗。

18世纪的英国建筑已进入巴洛克思潮的鼎盛时期。

← 英国约克郡会议厅，建筑设计师为伯林顿，深受帕拉第奥的罗马浴室影响，包括正门入口和半圆式房间。帕氏的方案（富丽堂皇的罗马浴室）成了伯林顿的创作灵感源泉。

↑ 伯林顿研读了帕氏的《建筑四书》,指导了他的设计思路。帕氏认为礼堂长度应与古代巴西利卡教堂长度相等。故伯林顿使用了18根科林斯柱列,表征了该会议厅的长度。

↓ 伦敦,伯林顿府邸,建于18世纪,坎贝尔设计。

伯林顿勋爵自1715年从意大利回到英国,便委托建筑师坎伯尔为他造栋公馆。(勋爵本人也是建筑师)

坎贝尔也是一位理论家,有专著《英国式维特鲁威风格》问世(由此可见维特鲁威的影响之大)。在设计思路上,坎贝尔受帕拉第奥一些府邸建筑的影响,尤其是大型"帕拉第奥式窗"这个词汇。

所以有的建筑史专家把帕拉第奥风格主义从巴洛克大范围抽出来,独立出来,成为一个"独立团",也有道理。

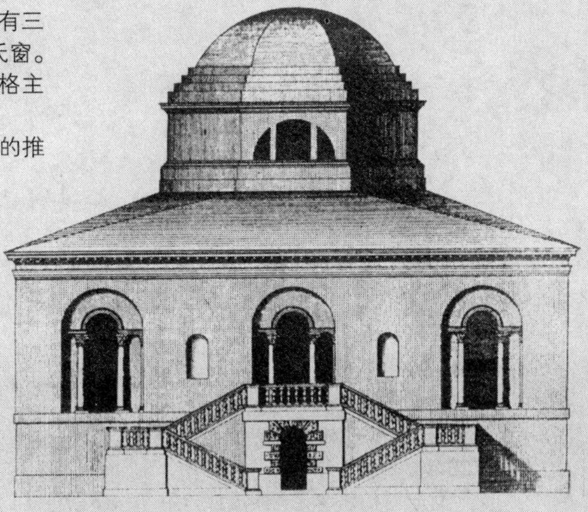

→ 这是18世纪初英国一栋建筑，其凸显特点是有三扇帕拉第奥式窗户。说得完整些是：浮雕拱门帕氏窗。

有些建筑史专家把它纳入“英国帕拉第奥风格主义”。按我的广义分类则为西欧巴洛克建筑。

由于当年一大批从意大利回国的英国建筑师的推动和鼓吹，帕拉第奥主义在英国很热门。

← 伯林顿府邸大门，坎贝尔设计。

设计师用了四根较大间距的镶边柱子（塔什干柱式的主题变奏）支撑着巴洛克式的檐部。——本质上这是孩子在玩搭积木游戏，是这种游戏的继续。

从精神分析的视角来看，巴洛克建筑师们是一群长不大的孩子。今天的建筑师又何尝不是呢？

有的建筑史专家把坎贝尔设计的伦敦这座贵族气派十足的府邸归属于“18世纪英国的帕拉第奥风格主义”。

→ 伦敦银库，肯特设计，1734年。

中央开间有一扇帕拉第奥式窗，又叫威尼斯式窗。

↑　伦敦，圣约翰教堂的外观和室内，设计师为阿克谢（Th. Archer, 1668—1743），建于1714—1728年。

有一对伯洛米尼风格的塔，用了科林斯柱。门廊的柱列为塔什干式，支柱排列变化节奏和韵律（律动）为P–P–S–S–P–P。

这高阶和谐的神韵是整个巴洛克建筑风格的一大特色，这叫海边霜气凉，秋声落遥野。

↑　伦敦，野地圣马丁教堂的外观和室内，设计者为吉布斯（J. Gibbs, 1682—1754），建于1722—1726年。

古希腊罗马柱式（包括列柱门廊和壁柱排列）是最凸显的符号。吉布斯自觉地和同时代英国建筑师们（比如阿克谢、伯林顿和霍克斯摩尔等人）建立一种新的帕拉第奥风格主义。

的确，把英国的巴洛克叫做“新帕拉第奥主义”（The Neo–Palladianism）是合情合理的。英国的巴洛克自有属于自己的特色：典丽、庄重，有语不惊人死不休的况味。我爱英国的巴洛克。英国一大批伟人便是从英国巴洛克建筑场（The Architectural Field of Baroque of Britain）走出来，走向世界，震惊世界的。

四、英国人把新帕拉第奥主义风格带到了北美新大陆

18世纪，英国人把新帕拉第奥主义带到了北美。于是便有了美国和加拿大的帕拉第奥风格。——广义而言，这是巴洛克建筑语言符号系统漂洋过海、远涉重洋的传播或扩张。

优秀、卓越的建筑语言会乘着歌声的翅膀，传遍世界：

身影隐约见，钟声两岸闻。

当时的建筑师多为业余爱好者。美国的第三任总统杰弗逊便是。他有一个专门收藏英国建筑论文的图书馆，其中便有帕拉第奥的《建筑四书》。

帕氏的别墅风格，以及伯林顿和坎贝尔的建筑语言对18世纪美国的大学、府邸、教堂和住宅等设计都有直接的影响，比如在建筑主体上的门廊有个如神庙几何形体的立面，还有帕氏窗户等构件。

美国建筑进化（The Evolution of American Architecture）对我是个极有吸引力的课题。过两年我就打算动手写部专著。我的总思路是：

欧洲建筑发展轨迹会深深反映到美国建筑进化史中来。

一般来说，如果古希腊罗马的古典主义建筑语言风格代表高古和公正，罗马风代表粗犷，哥特代表虔诚，文艺复兴代表典雅，那么，巴洛克便代表新贵气派的典丽。

任何一种建筑风格的崛起都是受五大秩序合力支配的结果：大自然秩序、政治秩序、经济秩序、社会秩序和人的内界（精神）秩序。

抗8级地震、防潮湿等便受自然秩序的支配。

建筑材料、结构和施工方法发生变化，即会引起建筑风格的变异。

木结构能营构出古罗马帝国的建筑风格吗？

大约两百多年（1640—1890）美国建筑文明之旅的轨迹可以大致折射出整个美国的历史。

19世纪的美国建筑从欧洲巴洛克脱胎而来，就从来没有摆脱过英国的新帕拉第奥主义和法国的伟大巴洛克传统。

有个重要术语能刻划17世纪初的美国建筑语言：“A kind of Palladian Renaissance Architecture”（一种帕拉第奥式的文艺复兴建筑）。但这种叫法不够准确，也不够全面。更全面的刻划是：

一种帕拉第奥式的文艺复兴和早期帕氏巴洛克建筑语言符号系统的交接、编织和混合。

一开始，即17世纪前叶，殖民建筑为英国、荷兰、西班牙和北欧移民所造。这些新英格兰的居民们把欧洲中世纪晚期的建筑（包括住宅和哥特教堂）一起带进了他们的居住区。

进入18世纪是个重要时期。一些受过良好教育的移民开始把帕拉第奥主义带进了北美。由于英国一批著名建筑师的诠释，原先的意大利帕拉第奥建筑语言符号系统已经发生了一些变异，成了新帕拉第奥风格。当它被新移民带进北美，由于自然地理（气候）环境、经济和社会状况发生了变化，于是便在美国本土出现了一种新的建筑风格。

弗吉尼亚州的主流正是英国的新帕拉第奥式府邸。纽约的前身新阿姆斯特丹简直就是一座荷兰式的巴洛克红砖城。荷兰巴洛克建筑（Baroque Architecture in the Netherlands）的凸显符号是红砖屋。费城也是一个充满了荷兰巴洛克式红砖屋的城市。

这是“后期殖民地式”（Late-Colonial or Post-Colonial Style）。

* * *

谁要探讨一部美国建筑史，他就务必要从北美原住民的屋和早期殖民住宅说起。

关于The Georgian Architecture（乔治式建筑），我想说：

在实质上，它是一种混合风格，也是一种殖民建筑（The Colonial Architecture）。乔治风格（The Georgian Style）在18世纪的美国占了主导地位。

其中有三大元素：欧洲的文艺复兴、英国的新帕拉第奥风格和新的词汇。（在新移民中，不乏能工巧匠，包括木匠、细木工、石匠、泥瓦匠等）

可以说，“乔治风格”是美国试图站在新大陆的大地上对欧洲建筑作出新的诠释。其中当然有新的语法和词汇

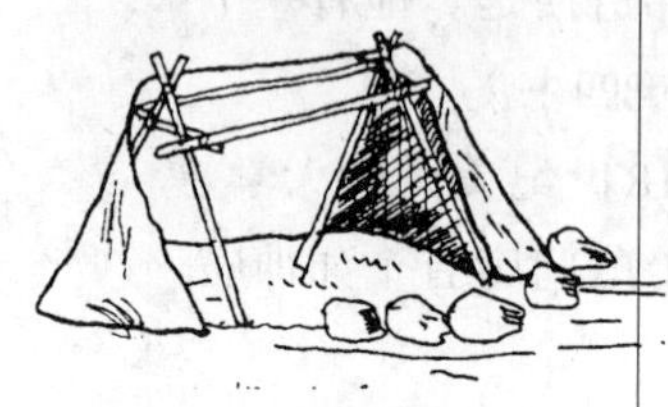

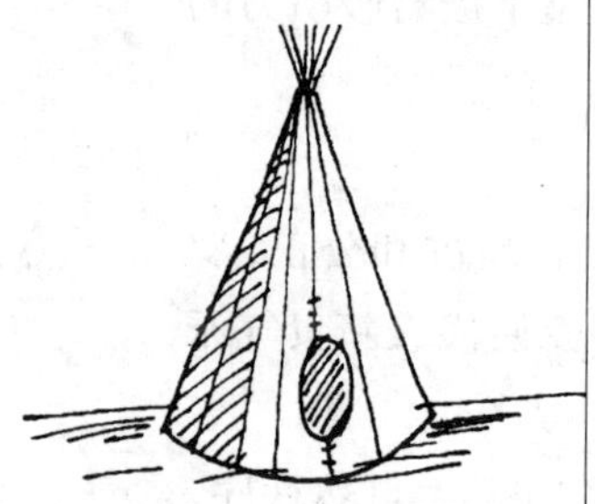

↑ 北美原住民的住宅。从上至下：

爱斯基摩人的冰屋；支架棚（这是东西方建筑文明的共同原点，也是史前远古建筑）作为一个符号，我特别看重它；第三个是印第安人锥形帐篷，也是人类建筑文明之旅的原点。地震后的灾区便会出现这个生存根基的符号。

谁要论述美国建筑史，就不可跳过、绕过原住民的这三个建筑原点。它是人类生于天地间的立脚点。在论述巴洛克建筑时提到它，也不是多余的话。时时回向原点，建筑哲学才能厚重、扎实、深沉，不会浅薄。

加进去，就像今天的美式英语同英国正宗英语发生了差异。建筑语言的进化也是这个道理。

那么，我们能说美国18世纪的“乔治风格”是欧洲巴洛克建筑思潮的延续或变种吗？

的确可以。美国的一切怎能独立于母体欧洲呢？

后来，“乔治风格”便渐渐演变、进化为一种联邦式（A Federal Style）。

这种建筑语言把独立的时代符号化了。（It Symbolized the Era of Independence）

我确信，建筑语言符号系统有这种功能。揭示这种功能正是读者手中这部书稿的主题或主脑。

↑ 罗顿达别墅（The Villa Rotonda），帕拉第奥代表作之一，在他的理论著作《建筑四书》中，帕氏谈到了该别墅同四周优美自然风光的相映生辉、相得益彰或相辅相成的关系。

他歌颂了山坡起伏的典雅，从别墅的四面八方都能获得清诗秀句的视野。——这为日后巴洛克建筑看重四周自然环境奠定了一条重要原理。

英国建筑师推崇罗顿达别墅的建筑美学和它同四周自然山川的相互关系，并成了英国新帕拉第奥主义的重要内涵，之后英国人再把它带到新大陆，对17—18世纪的美国建筑产生了深远影响。

↑ 罗顿达别墅平面图，选自帕氏《建筑四书》，1570年。

大厅上方有个圆屋顶，这种设计，这个符号，对18世纪美国的联邦建筑风格产生了广泛和深远影响。

巴洛克建筑美学强调建筑同四周大自然风光相互依托。当然，建筑是小提琴，自然风景是钢琴伴奏。或者说，大自然是第一自然风景，建筑是第二自然风景。后者附丽在前者上面。

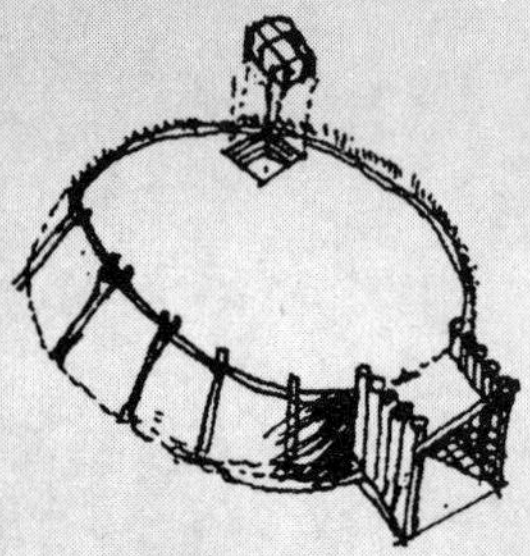

A 1600 年

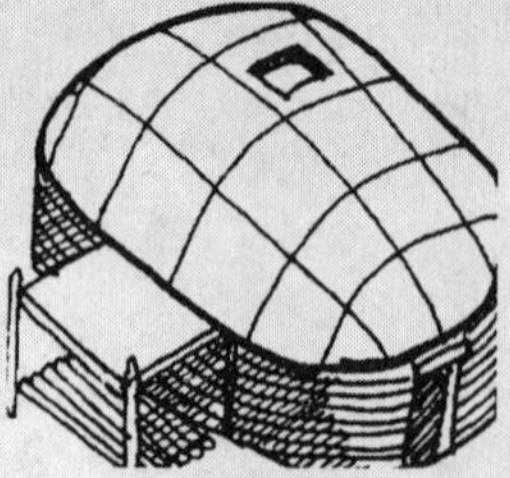

B 1700 年

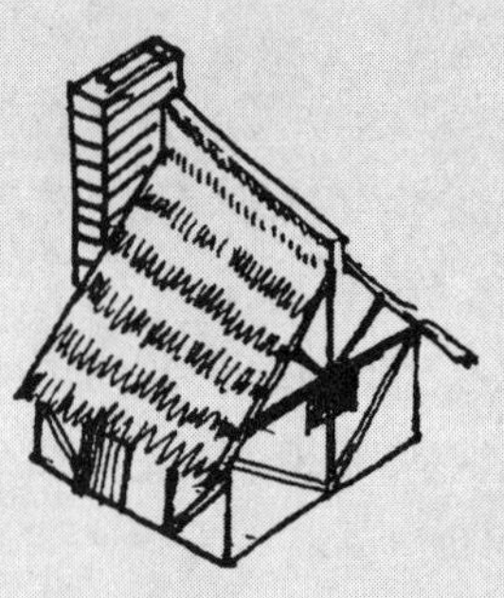

C 1625 年

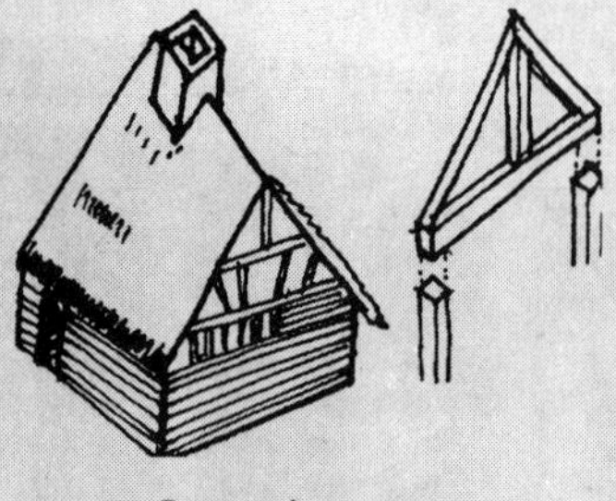

D 1623 年

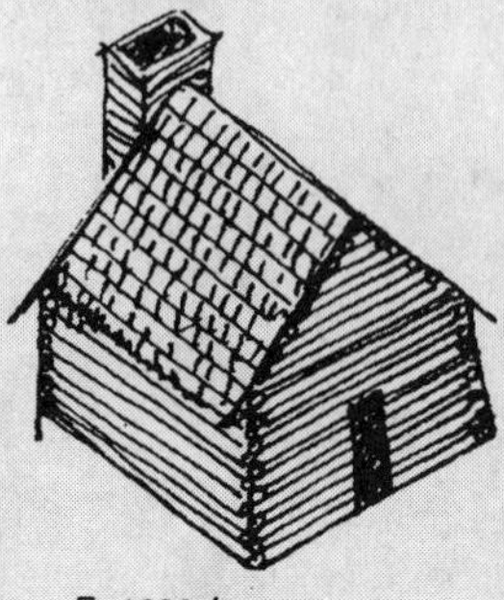

E 1630 年

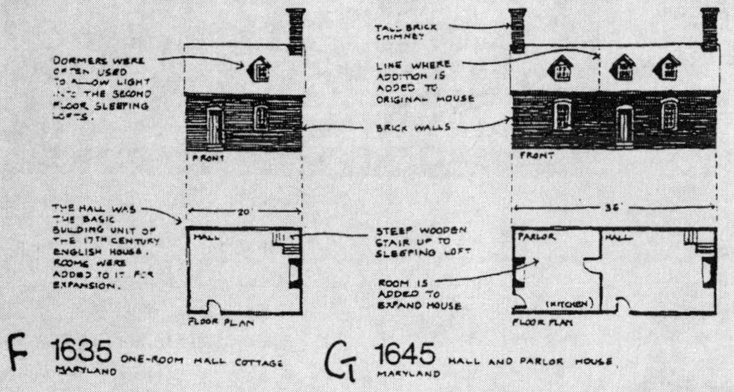

DORMERS WERE OFTEN USED TO ALLOW LIGHT INTO THE SECOND FLOOR SLEEPING LOFTS.
FRONT
20'
THE HALL WAS THE BASIC BUILDING UNIT OF THE 17TH CENTURY ENGLISH HOUSE. ROOMS WERE ADDED TO IT FOR EXPANSION.
HALL
FLOOR PLAN
TALL BRICK CHIMNEY
LINE WHERE ADDITION IS ADDED TO ORIGINAL HOUSE
BRICK WALLS
STEEP WOODEN STAIR UP TO SLEEPING LOFT
ROOM IS ADDED TO EXPAND HOUSE
FRONT
36'
PARLOR
HALL
(KITCHEN)
FLOOR PLAN
F 1635 ONE-ROOM HALL COTTAGE
MARYLAND
G 1645 HALL AND PARLOR HOUSE
MARYLAND

HALL
FIRST FLOOR PLAN
THE PLAN EXPANDED LENGTHWISE
HALL
PARLOR
FIRST FLOOR PLAN
THE HOUSE EXPANDED UPWARD
HALL
PARLOR
FIRST FLOOR PLAN
THE PLAN EXPANDED WIDTHWISE
HALL
PANTRY
KITCHEN
BORNING ROOM
PARLOR
FIRST FLOOR PLAN
H 1640 ONE-ROOM
I 1650 TWO-ROOM COTTAGE
J. 1660 TWO-STORY
K. 1670 SALT BOX

←↑　早期北美新大陆11种殖民住宅建筑示意图。

1620年搭乘“五月花”号帆船的英国移民在波士顿靠岸在美国历史上是一个大事件。估计这批移民的住屋风格(几何造型)为图示C、D、E。这是他们从英国乡村带来的建筑语言。

后来他们渐渐引进了新帕拉第奥主义和西欧的巴洛克，并同北美当地的状况和条件糅合成了一种“主题变奏”，便是符合“逻辑与存在”的产物。

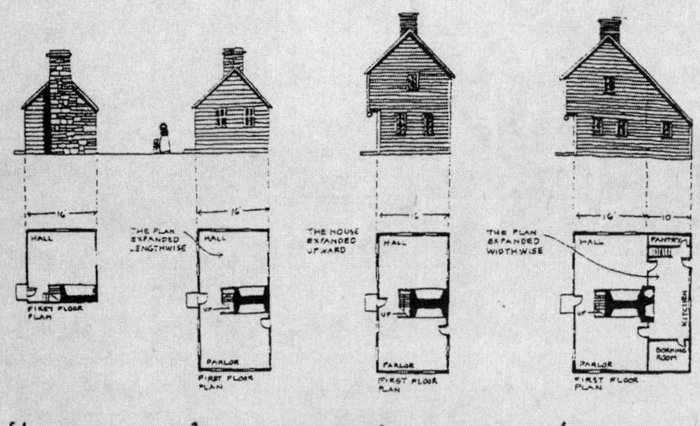

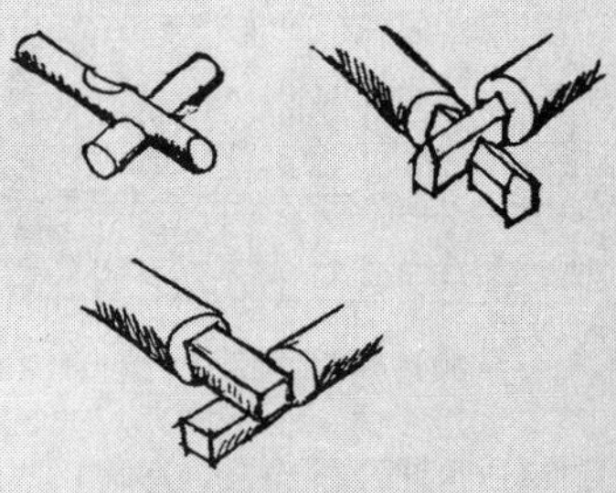

↑　木屋的木件连接方法。没有相应的技术便没有风格。硬件是建筑艺术的前提。

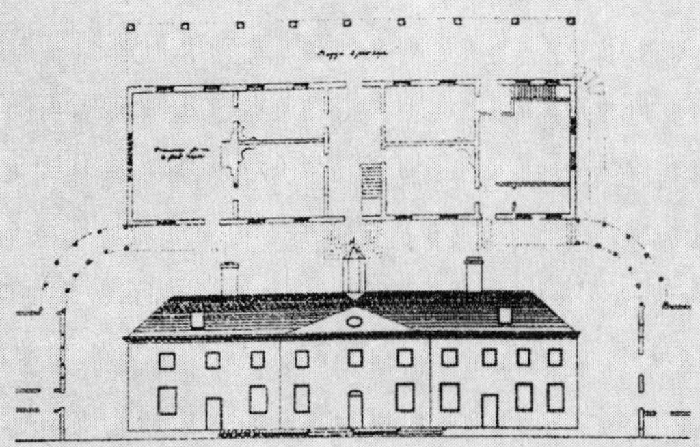

↑　根据帕拉第奥风格的山庄而设计的屋，后由华盛顿改建。

圆柱廊，以及在中间部位有宽阔的山花和屋脊上的大八角形圆屋顶都有帕拉第奥语言符号的遗风。

17—18世纪美国的一切，怎能同母体欧洲一刀两断呢？ 18世纪的美国建筑怎能完全独立于欧洲的巴洛克？

↑　18世纪美国住宅的老虎窗也挣脱不了帕拉第奥窗户风格的框架。美国人是从英国人的建筑论文或直接从帕氏的《建筑四书》获得有关方面知识的。

从19世纪末，美国人才学会了说独立的建筑语言（比如芝加哥建筑学派），然后领导世界建筑潮流。

↑　18世纪中叶美国一栋流行的住宅，建筑史家称它为“乔治式建筑”。屋顶是坡形，老虎窗上有山花，门、窗和烟囱是对称的。

谁能一口咬定，这种建筑语言符号体系同欧洲的巴洛克思潮是完全绝缘的呢？ 17—18世纪的美国建筑能同欧洲的巴洛克割断吗？

↑　18世纪美国典型的入口阁几何造型。镶有托饰的飞檐由科林斯柱支撑着。

神庙立面这个符号也是帕拉第奥的惯用语，在巴洛克建筑艺术世界是常见的。就我本人而言，我也激赏这个词汇。

←　华盛顿总统官邸竞标设计图，1792年，与帕拉第奥在维森查的圆厅别墅非常相似。可见帕拉第奥风格主义对美国建筑（联邦建筑）影响之广大、深远。

← 1796年杰弗逊从法国回来，带来了西欧的巴洛克建筑语言符号系统，即新帕拉第奥圆厅别墅（古希腊罗马柱式）以及法国的晚期巴洛克（或叫法国的共和风格）。（图片为美国的蒙地卡罗府邸）

→ 美国，弗吉尼亚大学，1817—1824年，杰斐逊设计。帕拉第奥主义风格。杰佛逊偏爱古希腊罗马柱式排列，从中透露出巴洛克音乐的神韵：心应感而动，声从变而发。

我国欲培养出诺贝尔奖得主，大学校舍的建筑场如何（包括校门）决不是可以完全忽视的！校舍建筑场在背后隐隐约约参与了未来诺贝尔奖得主的培养，这是不用怀疑的。

← 蒙蒂塞劳，美国帕拉第奥主义风格，杰佛逊设计，18世纪末。

总体来说，它的建筑语言符号体系没有跳出巴洛克风格。

↓ 纽约大学图书馆。(立面是六根科林斯柱式)

尽管它建于1899年,但在它身上帕拉第奥主义风格还是占统治地位。我发觉,美国许多著名大学的校舍建筑都偏爱说巴洛克语言符号:对称、均衡、重比例。

这种巴洛克美学和我国传统美学有相通处:

神迈识高,情超心慧。

二战后,从美国大学走出来的诺贝尔奖得主有多少啊!这种现象同校舍巴洛克建筑场(Field)的陶冶全然无关吗?卓越、格调高超的校舍对学生的薰陶可以抵得上五个杰出教授!建筑场对人有潜移默化作用。好场好影响,坏场坏影响。

↑ 蒙蒂塞劳门廊塔什干柱头特写,它简洁,又不失为美。这是单纯的美。这种柱式布局在此有种"形生势成,始末相承"的静穆况味。

这里有巴洛克的精髓。因为背后隐藏着数学的绝对美。正是数学之魂营造了它的单纯和静穆。——这里有巴洛克美学原理在起作用。

↓ 美国华盛顿国会大厦全景和立面门厅(请注意科林斯柱式及其排列),建于1793年,巴洛克晚期。

建筑均衡、和谐和庄重的品格对美国的政治哲学难道不会有潜移默化的影响吗?这座锋含沉静、富有冲和之气的巴洛克建筑好像在说:

"道德上站不住脚的行为,他在政治上也不可能站住脚。"(林肯政治哲学格言)当然全部问题不在说什么,而在做什么?政治不在说,而在做。

↑　哈伍德屋，美国巴洛克建筑，1774年，是英国人带到北美大陆来的建筑语言符号体系。

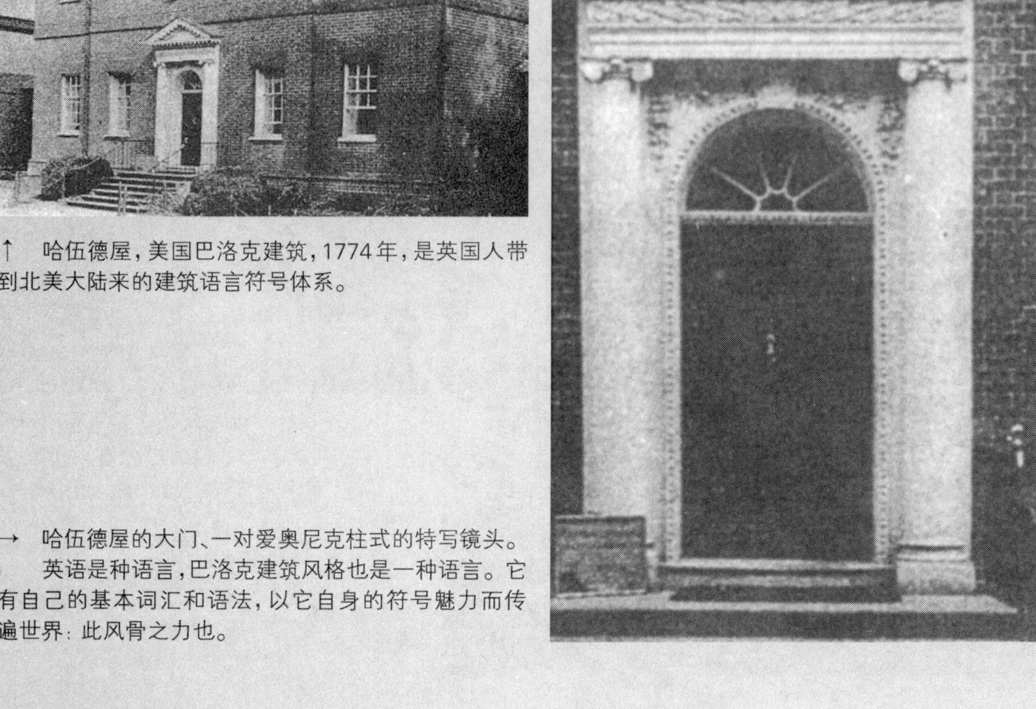

→　哈伍德屋的大门、一对爱奥尼克柱式的特写镜头。

英语是种语言，巴洛克建筑风格也是一种语言。它有自己的基本词汇和语法，以它自身的符号魅力而传遍世界：此风骨之力也。

↑　18世纪美国乔治式门，本质上它是18世纪美国的一种混合风格，里面有意大利帕拉第奥主义的元素，那是英国人的新帕拉第奥主义，也是英国早期的巴洛克思潮。

英国的早期巴洛克风格漂洋过海来到北美总会发生一些变异。一成不变，才是不正常。因为山川大地气候和风土人情，以及政治、经济和社会秩序发生了变化，不同于欧洲，尽管来到新大陆的人都是欧洲人（英、荷、德、法……）

→　18世纪美国高级住宅（府邸、别墅）壁炉壁板上的装饰图案。

壁炉是个重要符号。

↑　美国建筑史上几种门窗形式，从简到繁，从粗糙到精致。一切都在变，在进化。18世纪西欧的巴洛克建筑语言符号系统进入新大陆，产生新的变种，是件很自然的事。

我们从美国的建筑史，可以折射出整部美国的历史。巴洛克建筑风格的吸收和演变是一个重要环节或驿站。美国建筑文明之旅没有跳过（也不愿跳过）西欧的巴洛克，即便是巴洛克壁炉这个小小的温馨、典丽和高雅的符号。它在新大陆安家落户，即自得一番风光：建独立之角，撞自由之钟。

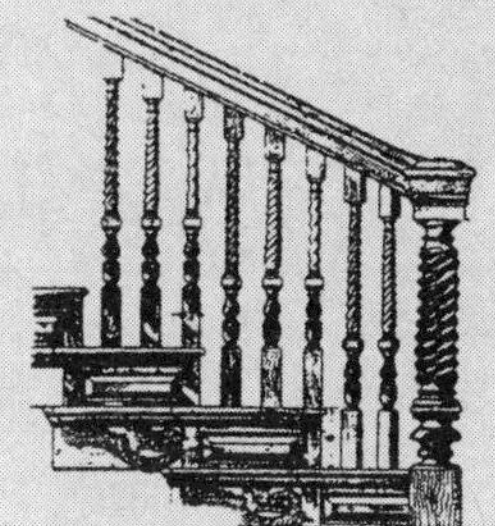

↑　美国建筑史上几种木楼梯以及栏杆和构件装饰，其中便有西欧巴洛克风格的影响。

建筑的美是各个细节（包括楼梯构件和栏杆）魅力之和。巴洛克美学特别强调细节。英国著名巴洛克美学家博克（E. Burke，1729—1797）讨论了审美过程的复杂性，包括美的真正原因。

← 西欧一处沙龙，1794年，巴洛克风格的尾声，英国—法国—荷兰的混合风格。它登陆美国是符合逻辑的。在那里它产生了变异，有了主题变奏，是件很自然的事。

请注意室内带凹槽的壁柱这个细节，柱式为爱奥尼克。半月形花饰门窗上有爱神群像为典型的巴洛克符号。不过拿破仑时代的家具样式又表明了整个建筑风格毕竟把巴洛克这一章开始翻过去了……

长江后浪推前浪，建筑新风换旧风。

这两句14个汉字可以描述整部人类建筑文明史。

←↑ 法国巴洛克家具。它漂洋过海登上北美新大陆是符合逻辑的。因为美的事物都长了一对翅膀。建筑符号的优美和典丽也是如此。

↑ 美国乔治式的家具演变和进化。这里有巴洛克家具元素参与其中。

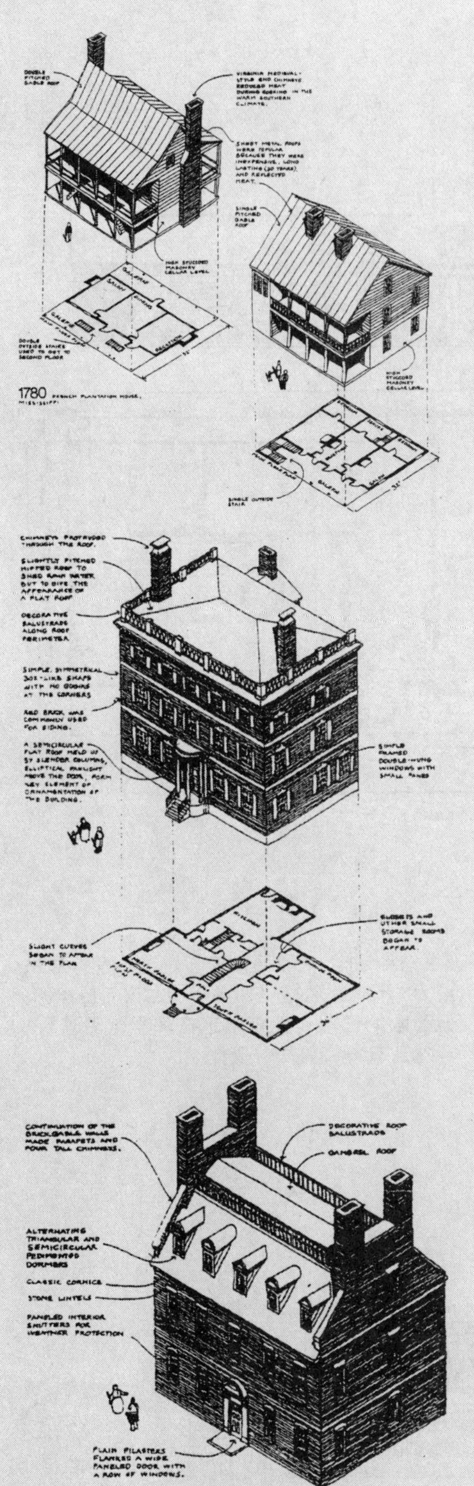

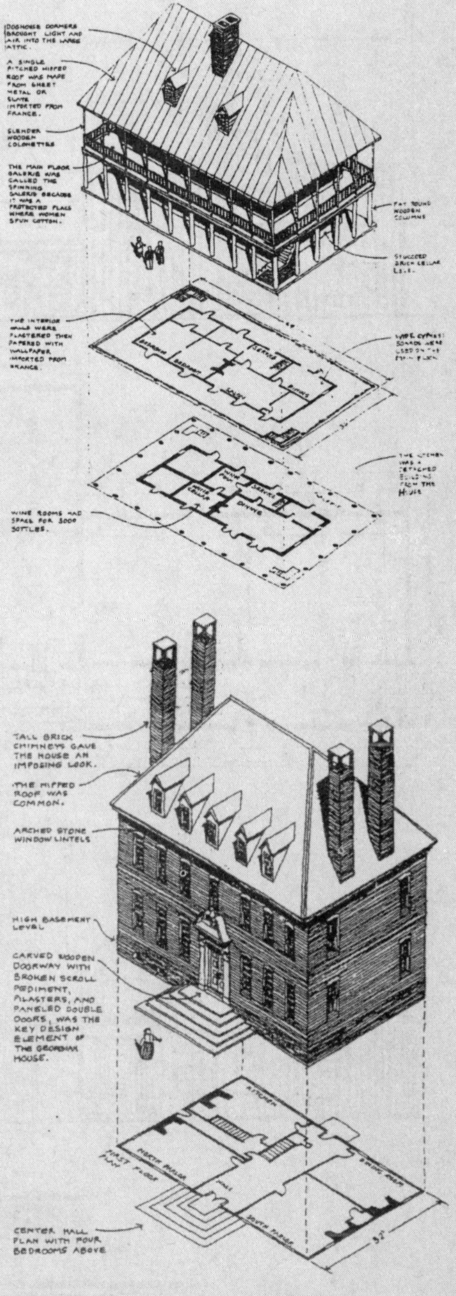

←↑　1780年的美国建筑几种样式。其中有西欧（尤其是英国）的巴洛克风格作为主要元素参与其中，混合，协奏，是正常的。

18世纪西欧巴洛克传播到了南美，具有当地的特色，同样符合逻辑。

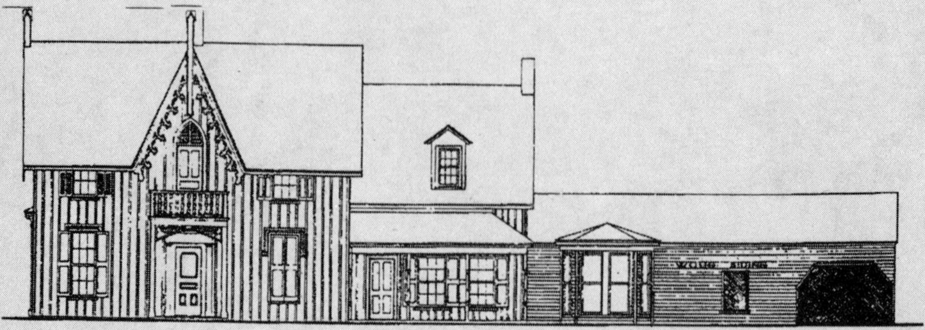

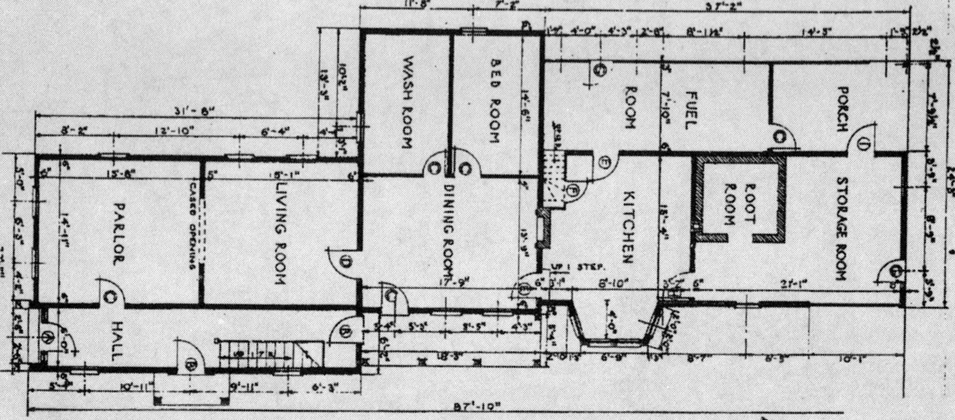

FIRST FLOOR PLAN

↑←↓ 进入19世纪，美国建筑语言符号系统为“不确定风格”（Styles of Uncertainty）。但西欧的巴洛克元素永远在那里若隐若现。当然还有哥特复兴的变体。

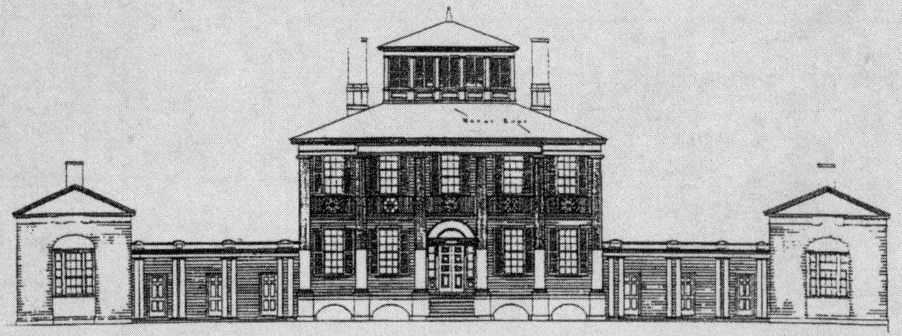

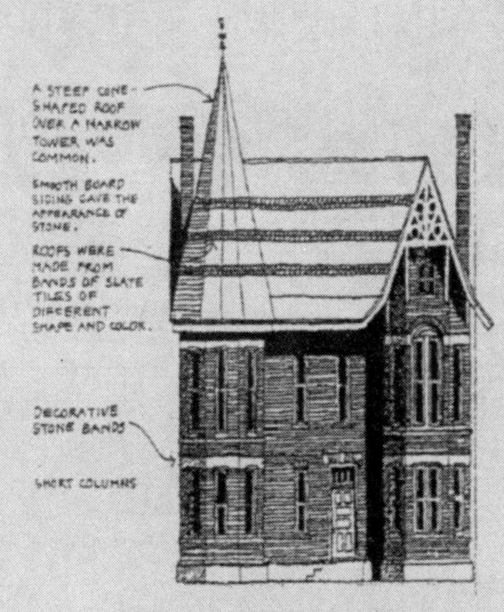

↑← 进入19世纪的美国住宅建筑呈百花齐放的局面。本来，这里就是欧洲移民的天堂，新旧建筑在美国广大土地上和平共处，色彩斑斓，是符合“逻辑与存在”原理的，其中包括“哥特复兴”，至于巴洛克就更不用说。

不同风格，百家分流，应时而起，衍其派别，岂贵苟同？

↑←↓　进入19世纪，美国住宅建筑成了一种很包容的联邦式风格（The Federal Styles）。这就好比美国人都说英语，但来自英格兰、苏格兰、爱尔兰、德国、荷兰、瑞典、挪威、法国和俄罗斯……的移民总是带着不同的口音。他们的住宅也有这种情况。

将住宅融入大自然成了美国乡村住宅的凸显特点，因为地广人稀。所以结构、屋顶（陡坡屋顶）、帕拉第奥式窗和巴洛克装饰符号的多样性便有了充分表达。永远少不了巴洛克语言符号到场！

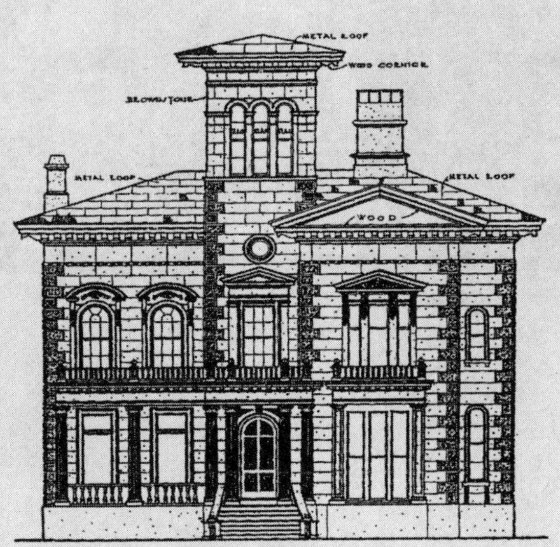

↑　19世纪中叶美国住宅。

生物遗传学家通过基因可以追溯人类（比如日本这个民族）的复杂起源，包括在漫长的进化史上，某个民族曾同哪些人种杂交过。

同样，我们也可以借用生物遗传密码之光去探索美国一部建筑进化史。我确信，图片上在这两栋19世纪中叶的美国住宅身上，便少不了西欧巴洛克建筑的DNA（比如低坡屋顶、陡坡屋顶、门廊、帕拉第奥式窗、正门带半圆拱扇形饰窗、矩形或拱形老虎窗等）。

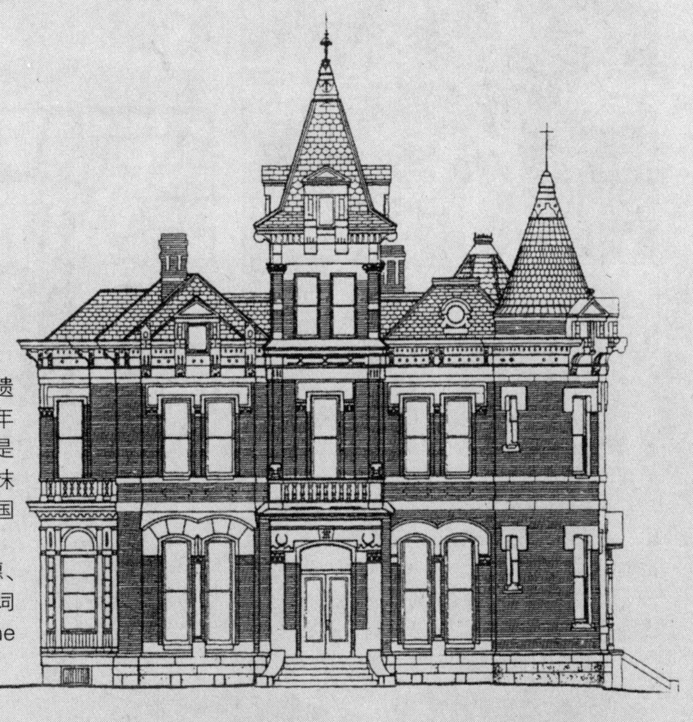

→　建筑是有生命的有机体。它也有遗传密码，有DNA。我确信，大约两百年（1600—1800）的西欧巴洛克建筑思潮是美国建筑文明（进化）历史上一个无法抹掉的复杂元素。因为它深深镶嵌在美国建筑的机体内。

不同的移民把本民族（英、法、意、德、荷、瑞典、挪威和西班牙）的建筑语言（词汇和语法）融进了新大陆的“联邦式”（The Federal Styles）。

图片为19世纪中叶美国住宅。

↑　19世纪中叶美国住宅。

在美国建筑史上有两个重要术语：混合的折衷主义与复兴主义。（其中便有哥特式、文艺复兴、巴洛克和古典主义等持久不灭的元素或DNA）

高高的、大体量的烟囱（见图），有巴洛克的遗风，为我所推崇。它和陡坡屋顶和拱形老虎窗组成一个复合词组在美国住宅进化（The Evolution of the American House）史上自有它的独特视觉美学价值。动用巴洛克美学理论可以帮助我们走近它。

↑　建于19世纪末的一栋美国古典复兴的折衷主义建筑。

它的墙体使我们记起英国巴洛克连券廊的楔石、隅石或毛石砌排列组合的几何语言或符号。

英国新帕拉第奥（即英国巴洛克）连券廊、券常用到楔石、隅石或毛石砌筑排列组合这类词汇。

图片中的粗面石块砌筑给人粗犷、野性和慓悍的视觉印象。巴洛克风格的确有愤闷欲舒、天机随触、每借墙体引怀以抒之的一面。

←　英国巴洛克乡村别墅连券廊使用的楔石排列组合，从中披露出一种神韵，令人惊绝。

这同帕拉第奥的推波助澜有关。在整个巴洛克建筑艺术世界，这种楔石的排列组合有寓稳顺体势的美学效果，为千古绝唱者。

↑　在不少英国帕拉第奥的乡村府邸建筑中，楼底凸出的券由这种楔石构成，给人的视觉印象是粗犷、野性、慓悍。这个词汇成了巴洛克建筑艺术世界的得意之笔。因为它正反交错，有诗之胸怀和性情。——这是石头的风骨。

← 隅石，即用一块块大小交替的粗糙蛮石块，沿着建筑转角呈条状有序地堆砌。

这原本是文艺复兴建筑一个有特色的词汇，帕拉第奥作为一位名石匠，他把这个有个性的醒目词汇引进了巴洛克，在整个欧洲进一步传播了开来。

← 粗面块石门套，英国建筑师坎贝尔（Campbell）一再使用这个设计主题，这个部件、词汇和细节，为的是突出入口和客厅楼层的窗户。

按我的解读，这是帕拉第奥风格的演绎，更是巴洛克风格的“主题变奏”。建筑语言符号系统的生命通过变奏更具活力。

图中这种粗面块石门套也传播到了美国。

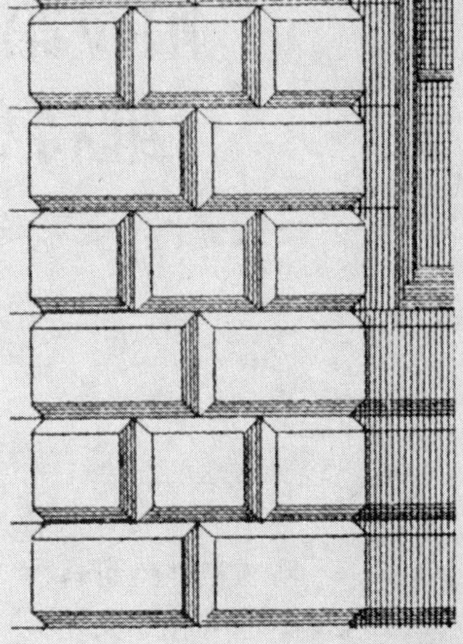

↑ 毛石砌，是指由一排排切割后的石块所构成。石块的边缘已被斜切，凸出的表面或光滑或有粗糙的纹路，更显个性。帕拉第奥是石匠出身，他把这个词汇得心应手地引进了西欧的巴洛克建筑思潮。

一块单独的石头不会开口说话，构不成有意义的符号。许多石头排列组合成一个系统便会开口说……

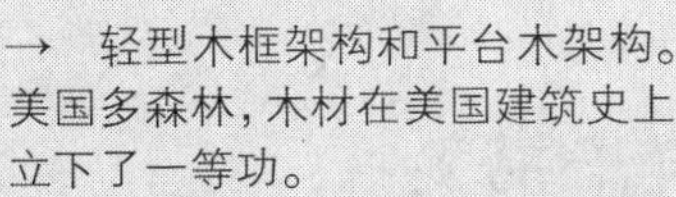

→ 轻型木框架构和平台木架构。美国多森林，木材在美国建筑史上立下了一等功。

木框架构同巴洛克建筑语言符号系统的诸元素也巧妙、和谐、无矛盾地融合在了一起。（Co-exist in Harmony without Conflicts）

1845年后，木框架构多采用标准配件，便于工人快捷施工，最后走向工业生产化和机械化，成为美国生产方式的一个组成部分。

19世纪末和20世纪初的芝加哥建筑学派的崛起，钢铁、混凝土和玻璃为主要建材，才远离了巴洛克……

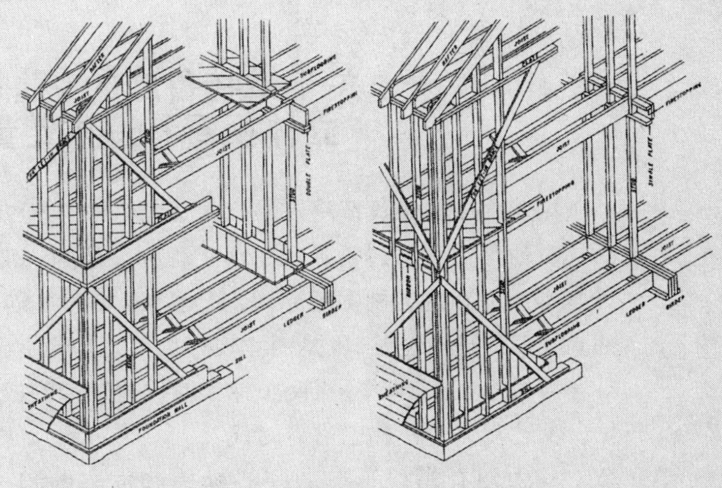

帕拉第奥的《建筑四书》与维特鲁威的《建筑十书》
——巴洛克建筑哲学与建筑美学思想渊源

西方这两部建筑理论经典是很有名的。

两者有继承关系，都是日后巴洛克建筑运动的指导思想或基本教材。

帕氏设计的“巨柱式”（Giant Order）深受前辈米开朗琪罗（1475—1564）的影响。他比米氏小33岁。他的养料来源多方面，文理自然，姿态横生，自成面貌，才有帕拉第奥主义。

1570年，年过花甲的帕氏出了一本总结性的理论著作《建筑四书》。它由三部分组成：

1. 把自己多年的实践活动提升到理论层面——建筑哲学美学（The Philosophical Aesthetics）。

2. 梳理古希腊罗马建筑遗产。

3. 对先辈们的经典作些解读。其中便有维特鲁威的名著《建筑十书》。

帕氏的《建筑四书》无疑对他身后大约两百年（1600—1800）的巴洛克建筑运动有既广大又深远的影响。

一、关于维特鲁威的《建筑十书》：立体视野和追求定量化

维氏（Vitruvius）撰写该书当在公元前32年到22年之间，即古罗马奥古斯都时代。他是古罗马建筑师和军事工程师。他的这部论著涉及城市规划、建筑设计基本原理和建筑构图的原理，是对古希腊建筑创造活动和当年古罗马大规模建筑实践的理论总结，也是西方现存最古老且最有影响的建筑学专著。

自15世纪，《十书》对两个伟大时代建筑师的成长和创作都是基本教科书：

文艺复兴时代和巴洛克时代。

其中便有帕拉第奥的匠心独悟和推波助澜，宛如面对星河灿烂的智慧

天空。

《十书》对日后西欧巴洛克建筑运动产生了巨大影响，主要通过(间接和直接)这两种途径：

1. 间接：1570年帕拉第奥出版了《建筑四书》，威尼斯版。该书主要内容之一是对维氏《建筑十书》的解说，也可以说是导读。它点燃了十七世纪一大批巴洛克建筑师的创作热情。

维氏的专著对意大利文艺复兴建筑运动产生了直接影响，之后再去感染西欧的巴洛克设计师们，给他们以启示。

1624年，英国人沃顿(Wotton)出版了《建筑要素》(Elements of Architecture)和1714年法国人勒·克勒尔出版了《建筑》一书，也是对维氏论著的解说。

2. 直接：1544年罗马，1548年德国纽伦堡，1569年意大利威尼斯和1673年巴黎，都相继出了《建筑十书》的版本。书中的建筑哲学和建筑美学对西欧一大批巴洛克建筑设计师就像母亲的乳汁一般营养了他们的精神世界，掀起了巴洛克汹涌澎湃的建筑运动，思进进善，构筑天下响风。

进入20世纪，德文还出了两个版本的《建筑十书》(Die Zehn Bücher)。

1914年美国人M. H. Morgan的《维氏建筑十书》(Vitruvius' Ten Books on Architecture)以及1931年英国人F. Granger的《维氏论建筑》(Vitruvius on Architecture)给了我深刻印象。尤其是1943年在二战战火最残酷的日子，日本学者森田庆一还念念不忘出版了《维氏论建筑》。这便预示了战后日本必然会成为建筑艺术的大国、强国。可以说，日本现代化是靠翻译起家的。这个国家是近现代西方文明的高足弟子。日本学西方，在不少方面又超过西方。(建筑思潮和水平只是一个方面)

* * *

维特鲁威在"第二书"回顾了"房屋的起源及其发展"，披露了他的深沉建筑哲学自觉意识。

哲学思考是什么？

哲学思考最主要的方面之一是时时回向人类文明之旅由之出发的原点。从中便会有感恩情怀油然而生。

后来的巴洛克哲学(The Baroque Philosophy)表明，它的最高使命是在人与神之间架设起一座形而上的桥梁。——这才是巴洛克哲学的最高成就。

维特鲁威写道，过去的人类处在野兽的生存水平状态，在树丛和洞穴里出没，采集果实和以狩猎为生。最初，有人把两根树枝接叉形立起，再用树叶铺盖屋顶。后来，有人看到别人搭棚，自己再仿效燕子造窝，也用泥巴和枝条造屋。

人们渐渐悟出，要使屋顶呈倾斜几何形状，雨水才会顺着流下去……

的确，维氏让帕氏和日后巴洛克时期的建筑师们懂得房屋的起源，从心中油然生出一团感恩大自然的情怀，是非常重要的一件事。——因为只有这样，人才会对造屋活动产生一种敬畏心理。

↑ 在我们这个星球上，一开始所有的人（总数有三万人吗？）都是游牧民，居无定所。

定居在一栋简陋的房屋内，还是很后的事。

据推测，人类开口说话当在50万年前，而人类学会说建筑（房屋）语言则要晚得多！

图片中的庇护棚是人类最早的定居所，也是房屋（远古建筑）的原点。

经常回向事物的原点是哲学永恒的功课。正是这种“回向”才营造了“巴洛克哲学”的深度和广度。

这是巴洛克建筑艺术世界存在的基础，也是它生存、发展、蒸蒸日上的第一哲学、心理学原理：

我敬畏，故我在。

没有敬畏心理的巴洛克建筑便是假冒伪劣的巴洛克。

我记得少年时代我在建筑工地上看到过这种情景：房屋上樑时要放爆竹。因为这是件大事，里面有敬畏心理。

今天，建筑工地开工，打地基，也要放爆，表示敬神。（我双手赞成这种庄重的仪式）

* * *

→ 1543年德国斯特拉斯堡《建筑十书》版本的插图。左为原始人在森林旁边空地上生火取暖；右图是原始人在和泥，制作土块砖（太阳晒干）。其身后为原始棚屋。

造屋作为一种技艺是一个漫长、摸索过程，渐渐形成的。到了巴洛克建筑艺术世界，已经很成熟、先进了。但要懂得回向建筑原点，感恩，感谢大自然上帝赐给我们珍贵的建材，特别是大理石。当然木材则是不可缺少的、最基本的、容易到手的建筑材料。

在“第二书”第二小节,维特鲁威论述了“万物的要素”。

可见,维氏是一个进行哲学思考的建筑学家。(A Philosophical-minded Architect)在一部建筑学的专著,要安排一小节来议论“万物的要素”!——这是古希腊哲学学派的风骨、气派和架势!

维氏首先列举了泰勒斯(约公元前624—546),一般认为他是西方哲学史上第一位哲学家,也是首先追问万物本原(或始基)的人。他认为水是万物的本原。水、火、土、气是构成世界的四元素。

作为一位进行哲学思考、富有哲学气质的建筑师,维氏之所以提出这个问题,是想引伸到“砖”:建筑最基本的要素。维氏详尽地论述了“砖”。(我很赞赏这种着眼点)这里说的砖是在粘土中掺进谷草后成型晒干的土坯。——1971年我在东北干校干过这种重体力活,结果扭伤了腰。但我觉得值!因为我一生有过这段制作土坯的亲身经历。我对“什么是建筑”有了最基本的发言权。

我以为,一切建筑师(包括巴洛克建筑师和21世纪的建筑师)都要有一段制作土坯的经历。

在建筑学院的大门口应挂块牌子,上面写着:

“从来没有制作过土坯砖的人,请勿入内!”

我确信,这符合维氏《建筑十书》的哲学总纲:万物有本原,建筑也有它的基本元素。土坯砖便是一切建筑的最基本要素。

巴洛克建筑师们一定懂得重视维氏的这个哲学总纲,心里才不会迷失大方向——巴洛克时代精神规定的方向。

在论述巴洛克建筑艺术世界的时候,建筑史家常常偏重描述巴洛克教堂、剧院、府邸、宫殿,而完全忽视、冷落、遗忘了用土坯砌筑而成的劳苦大众屋。——这既不公正,也不符合历史的真实。我在这里要纠正这种偏向!

别忘了,正是千万栋由土坯砌筑而成的普通住宅和农舍支撑着巴洛克宫殿、爵爷府邸、庄严的大教堂、辉煌的剧院……

幸好,维特鲁威的《十书》便主持了建筑伦理的公道,详尽谈到了“砖”:

“为了砖能够干燥得均匀,要在春季或秋季制作。夏季制作的砖在这方面是有缺陷的。因为强烈的太阳首先灼热表层,……里层还没有干燥。”

维氏谈到了希腊人制作的三种砖。的确,没有合格的砖,哪来合格的建筑?

更谈不上什么艺术，什么建筑之诗。砖和大理石属于硬建筑世界，建筑审美属于软建筑世界。硬是软的物质大前提。没有硬，软从何而来？没有过硬的硬，软便无法软到家。

紧接着维氏谈到了石材，尤其是罗马附近的采石场盛产各种石材：红色和黑色凝灰岩，白色石材，还有凝灰石。当然，石材有硬、软之分。

京城罗马之所以成为古罗马建筑风格、中世纪建筑、文艺复兴风格和巴洛克建筑风格的策源地，同这里盛产各种石材这个大前提是分不开的。

上帝赐给意大利人各种不同的优质石材，之后，意大利人才去教会石头说典雅、壮丽和雄浑的建筑诗：

鼓吹诗肠，提倡雅奏；

远古思邃，山岳气壮。

在一部西方建筑史上，石材扮演了显赫的角色。

什么是欧洲建筑？

我要重复我的定义：上帝一次性给定了石材（尤其是大理石），其他的一切都是建筑设计师和石匠的劳作。

巴洛克建筑艺术世界正是这种情形。

← 17—18世纪巴洛克时期西欧乡村的农舍。土坯、砖和木料是主要建材。

在我笔下的巴洛克建筑艺术世界，尽管宫殿、教堂、剧院和府邸是主角，但我不会忘记由土坯、砖石和木材构筑的寒酸的农舍。千万栋寒碜支撑着少数不多的辉煌和典雅。——这就是东西方建筑文明之旅的真实历史。里面有阶级意识。

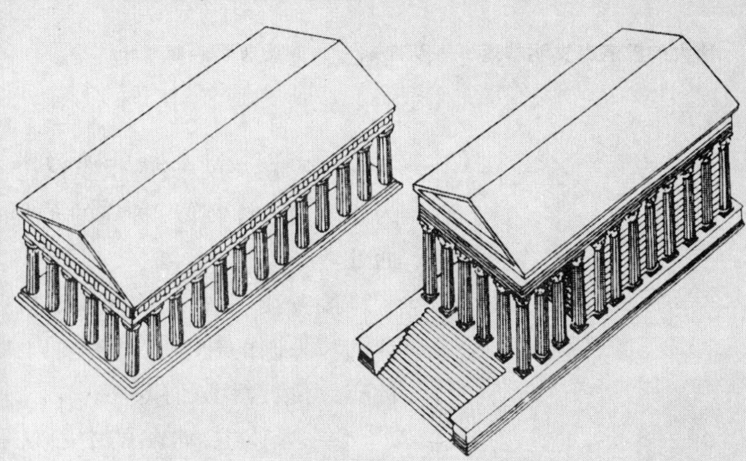

↑　古希腊石材神庙与古罗马石材神殿比较示意图。

左，为雅典一神庙，公元前5世纪；

右，为罗马一神殿，公元前1世纪末。右是左的继承。维特鲁威懂得珍惜遗产。在新的条件下，他把希腊柱式发展了。

古希腊罗马的建筑是"玩"石材的建筑语言符号系统，其中环柱廊是一个最出色的构件或词汇。这些优质石材会开口说，实为天地之心。心生而言立，言立而文明。故有建筑文体瑰玮，文词壮美的境界，千年不朽。

←　这是巴洛克一座典型的壮丽大教堂的彩色大理石科林斯柱式，给人辉煌的视觉印象。

在巴洛克时期，《建筑十书》成了西欧建筑师的基本教材。这时候的石材使用更考究。石材商品化了，也标准化了。熟练的石匠在建筑师的指导下善于根据不同大理石的强度、耐风化能力、加工特性、色泽纹理和价格（永远要服从建筑的经济原理）等等考量，把它们使用在最恰当的地方。

最高目的都是为了逼近巴洛克审美境界：出风入雅，专取丰神。（图片中的彩石大理石柱式即可为证）

↑　这是意大利大行政区塔什干（Toscany）的两座府邸，分别建于16世纪初（左图）和16世纪中叶（右图）。

它们的特点是文艺复兴和巴洛克两种风格的交接和混合。左图的窗户便是典型的巴洛克窗（The Baroque Window）。大理石在这里扮演了主要角色。在建筑师手里，石头成了吟唱千古绝唱的一个个字母。故石头和砖实为建筑艺术世界的根本。维特鲁威特别看重它是对的。

* * *

维氏在“第三书”重点讨论了神庙的均衡或比例。因为建筑与人体相似，神庙的布置同肢体合比例的分布有相通处。

按我读下来，人体的建筑布局（比例）是上帝大自然设计的。人间的建筑设计师要以人体为样板，去安排、布局神庙、宫殿、剧场、府邸……

“在人体中，自然的中心点是肚脐。若是人把手脚张开，做出仰卧姿势，把圆规尖端放在他的肚脐上画个圆时，手指、脚趾就会同圆相接触，”维特鲁威说。

这种观点忠实继承了古希腊哲学学派的主张：数（Number）支配、管理和统摄宇宙万事万物。——这一最高的自然哲学总纲也贯穿了日后的巴洛克艺术、科学和哲学创造活动，而且是“一以贯之”的。

↓ 神庙柱间疏密不同分成五类。

建筑艺术的审美问题，归根到底是“数”（Number）的问题，最后要由大脑视觉生理解剖部位来拍板，决定。

是的，什么样的比例，人的视觉才感到最舒服、愉快、赏心悦目，这要由人脑说了算。所以说，世界最后的秘密是人脑的秘密。

维氏还论述了柱间的量化问题：

“神庙的外貌分五种：密柱式，即柱子密集者；窄柱式，即柱间宽度小，稍微离开；宽柱式，即净空充足者；当净空超出适度而柱与柱离开者，便是离柱式；正柱式则是柱间正常布局者。”

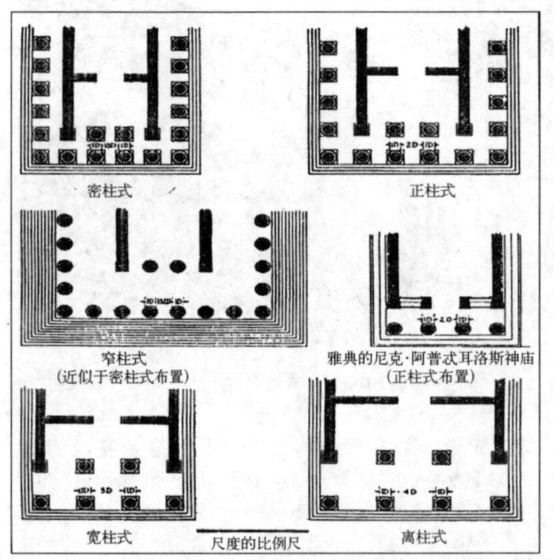

从今天的脑科学来观照，这涉及视觉的神经生理学。视觉系统分辨物体的外形、明亮度和色彩等等都要靠皮层的功能来实现。视皮层的“感受野”是个非常重要的解剖部位。上述五种不同外貌神庙（包括日后巴洛克建筑立面）会给人的视觉很不相同的感觉印象。——这种审美有它的脑科学基础。古希腊罗马人、中世纪欧洲人以及15—19世纪的人不可能知道这种基础。

过去的西方人只是凭直觉去处理、布

局、安排立面柱子的间距，不可能上升到今天的脑科学认知水平。在巴洛克建筑艺术世界，柱子的间距（比例和量化）是非常重要的一个课题。

在今天的现实世界，我观察到路灯的间距有时太密，结果人的视觉不舒服（比如上海淮海中路的雁荡路立式灯柱便过于密）。归根到底，建筑艺术是空间设计艺术，最后要由人脑视觉神经系统拍板。

↑ 女像柱及其间距（左图）；波斯人像柱及其间距（右图）。

根据1511年威尼斯出版的维特鲁威《十书》解说本。

人（男女）像柱源自古希腊建筑艺术语言符号，是一大原创，在西方建筑史上是很著名的。就我本人而言，我非常激赏这个符号，给人多姿多彩感，丰富了现实世界。

维特鲁威还强调，柱子的直径大小（柱子的粗细）一定要同柱子的高度成比例，否则会出现臃肿难看的外貌。由于柱子高度不同，为了追求视觉的优雅、舒适等美感，就要对柱子的粗细加以调整。（今天该原理对当代中国的建筑师仍旧有指导价值）

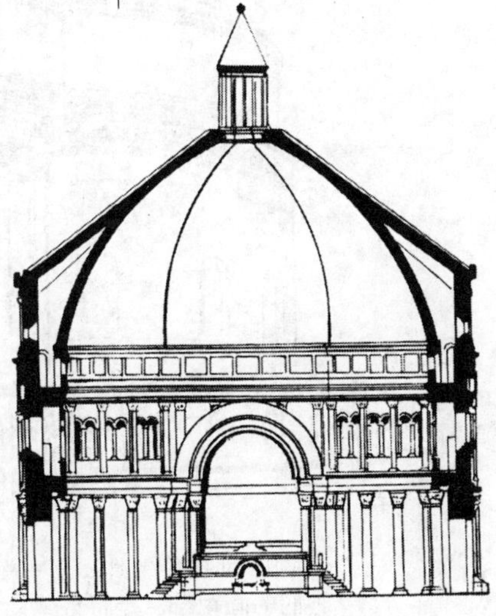

↑ 中世纪法国和意大利（左和右）两座教堂柱子排列的间距。

这种布局的考量首先要符合结构力学原理，之后才考虑视觉上的审美。意味深长的是：凡是符合力学原理的建筑，都是尽善尽美的，和谐的。因为从中必有种神韵透露出来。

17—18世纪的巴洛克美学特别强调这一点。在后面的章节，我会专门讲到。这同巴洛克数学的进展是分不开的。

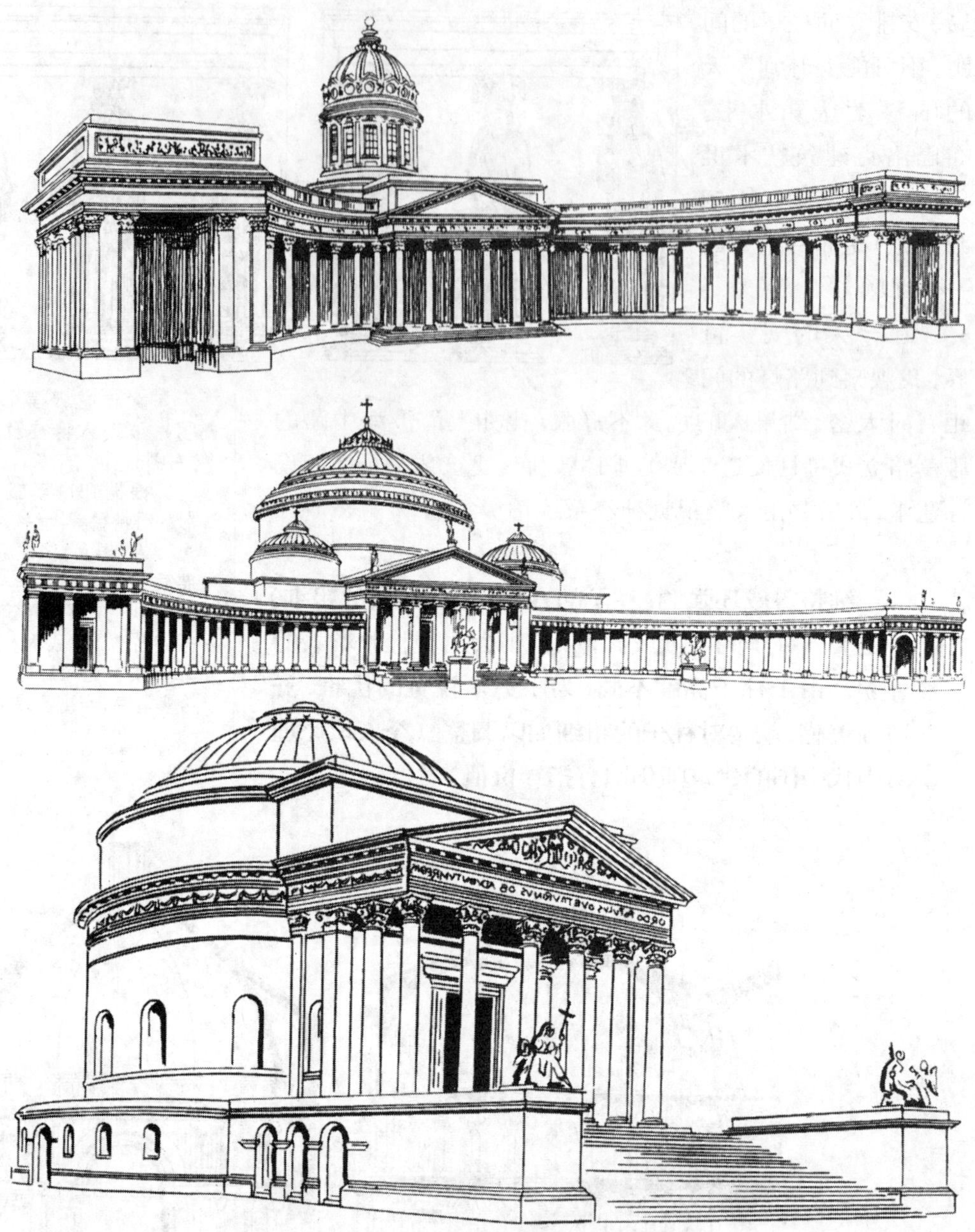

↑ 这是19世纪初欧洲三座著名教堂立面列柱布局的律动和音乐神韵。

它们的间距符合维特鲁威《十书》所要求的黄金比例。只有这样的比例才会达到赏心悦目的美学效果。

建筑史专家称呼这样的列柱为巴洛克柱廊和巴洛克装饰语言符号系统。

巴洛克建筑语言符号一直延续到19世纪还没有消亡，可见它的生命力。因为它含有很高的和谐数学。

↑　建于1835年的法国里昂法院立面，新古典主义风格。

科林斯列柱(间距同柱子的粗细成黄金比例)同样受维氏《十书》的影响。因为数学原理可以管千年万年。

新古典主义(Neoclassicism)在本质上是巴洛克风格的继续。其中数学原理或法则是不变的。变化的只是外表的形式。(请注意图片柱间距离与柱子粗细成比例)

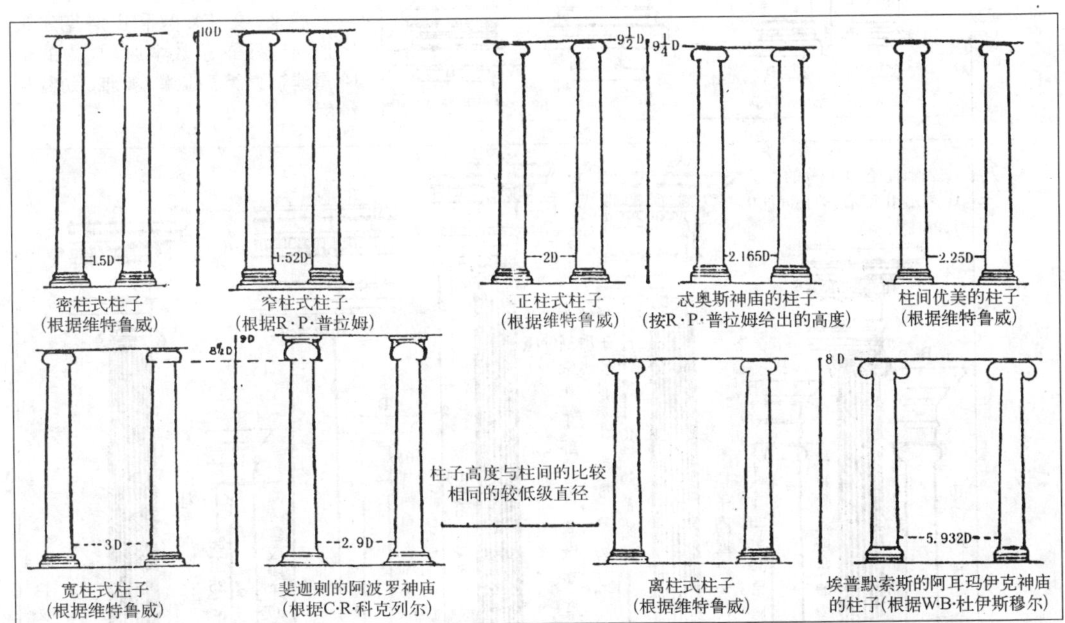

↑　根据维特鲁威的理论(他还是古罗马军事工程师)，柱子的直径大小(粗细)务必要同它的高度成黄金比例，否则就不会产生赏心悦目感。

所以《十书》成了巴洛克建筑师的基本教材。巴洛克数学的兴旺也扩大、加深了维氏建筑理论的数学精神(The Mathematical Spirit)。

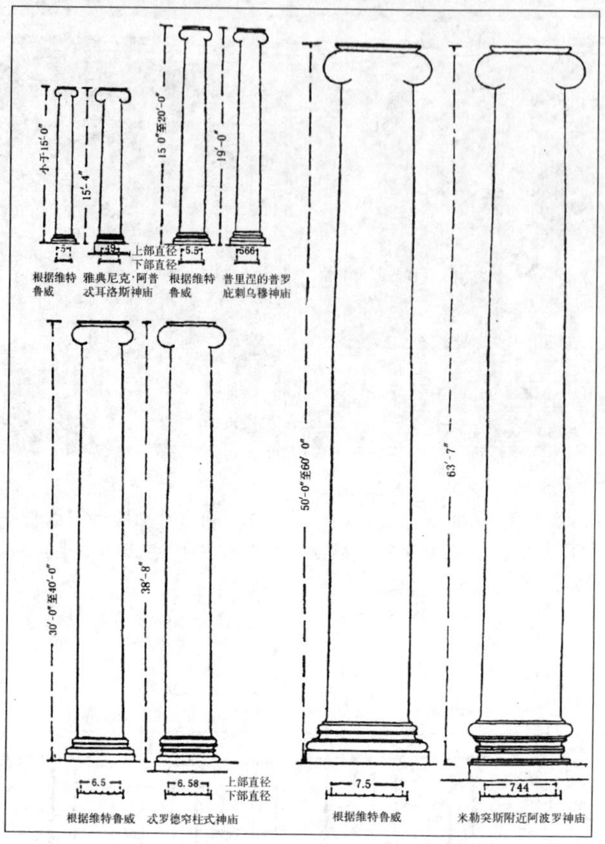

← 柱子伸缩同其高度有严格比例关系。《建筑十书》强调了这种数量关系。

文艺复兴和巴洛克的建筑师们把维特鲁威的教导牢记在心。之后才去“建独立之阁，撞自由之钟”，才有言扬而雅、亮丽以则、气舒以达的建筑之诗，矗立在蓝天底下、大地之上。

↓ 维特鲁威对神庙和剧场的柱式作量的比较示意图。

后来，文艺复兴和巴洛克建筑师们接过了这条数学原理，为的是吟唱建筑之诗：雄浑、典雅、劲健和绮丽。

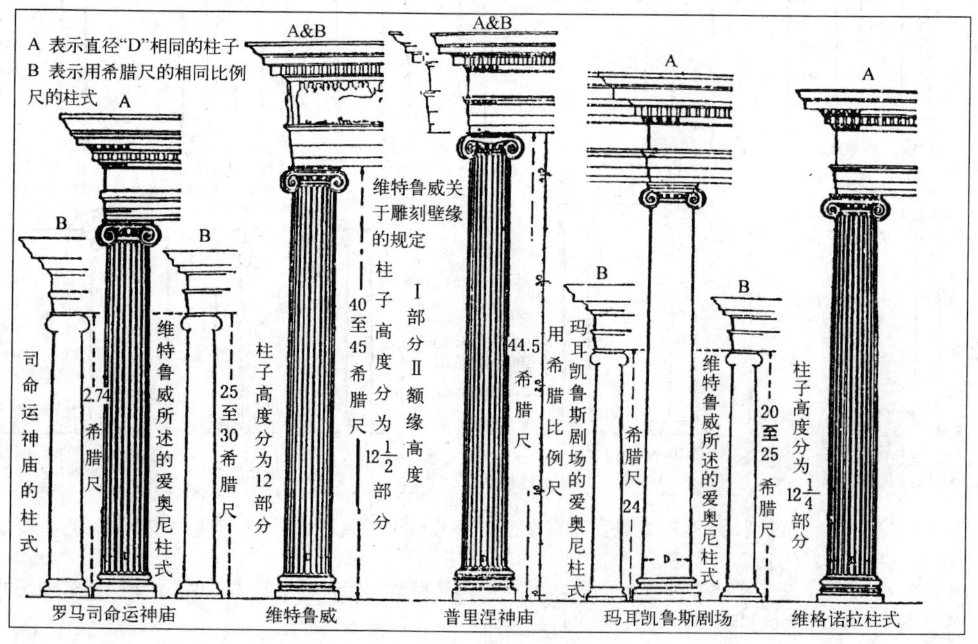

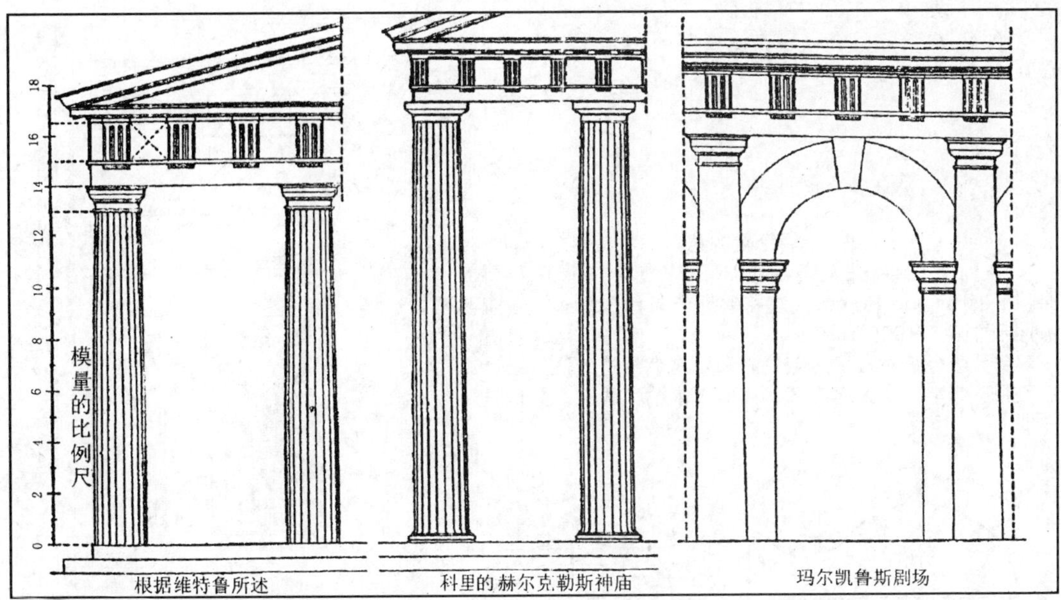

↑　维特鲁威继续对不同神庙和剧场的多立克柱式作量的比较，为的是给后人的创新奠定坚实的基础：神与物游、清奇、飘逸，如登高山绝顶，下临万象。——这只有数学的绝对美才能攀登到的境界。

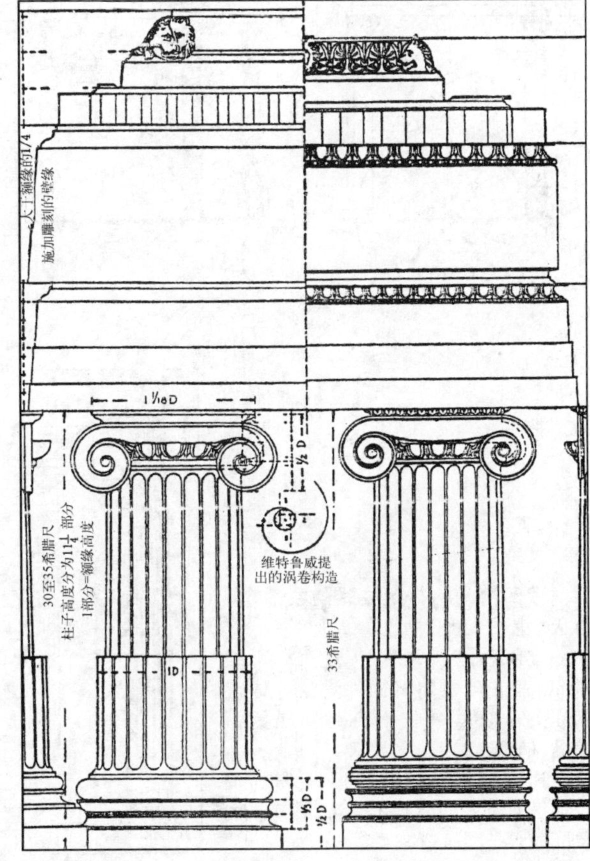

→　维特鲁威用定量语言对柱式作出比较，包括对柱顶垫板、中直线、线脚、眼圈和涡卷等进行定量分析，然后才能得出“境生于象外”的审美，并通过帕拉第奥这个重要驿站或中间环节成为巴洛克建筑师的基本教材，产生深远影响。

↓　维特鲁威在《十书》中用定量的语言对罗马圆形神庙进行数学分析。图示根据德国学者J. Durm的专著《Die Baukunst der Etrusker und Römer》(埃特鲁斯卡人和罗马人的建筑艺术),斯图加特,1905年。

重数学分析对日后文艺复兴和巴洛克建筑师们的设计产生了深远影响。西方建筑艺术再向追求数学的绝对美迈进了一步。

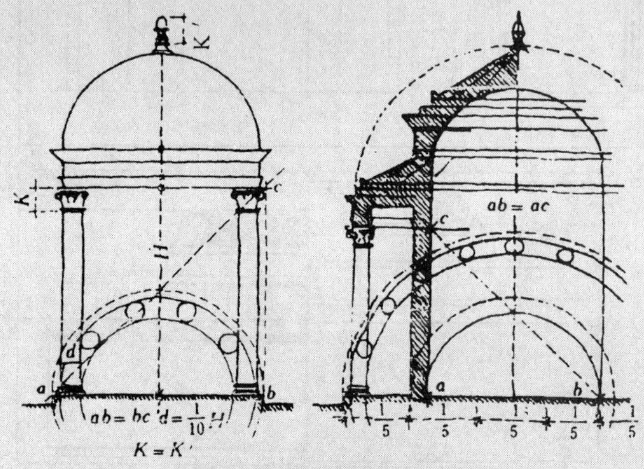

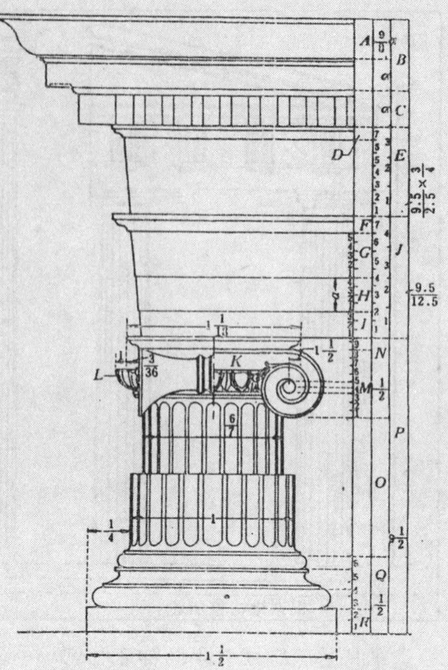

↑　维氏偏爱把爱奥尼克柱式作为剖析的对象,包括挑檐、齿饰、壁缘、线脚、上中下额缘饰带、沟通线、眼圈、柱头、柱身、柱础和础座。

没有细节上的精益求精,建筑之诗,之千古绝唱,只能是空谈。

诗不要苦思,但吟唱建筑诗要在细节上狠下功夫,一丝不苟,尺尺寸寸。

→　带凹槽的科林斯柱式的卷杀,自维氏《十书》第三书。

维氏总是念念不忘动用数学(定量)语言去分析建筑构件。这种语言到了17—18世纪巴洛克时代便更为精细、精密。

建筑语言符号体系只有上升到了既可信又可爱的境界才是诗,才有“气象”,令人一唱三叹。

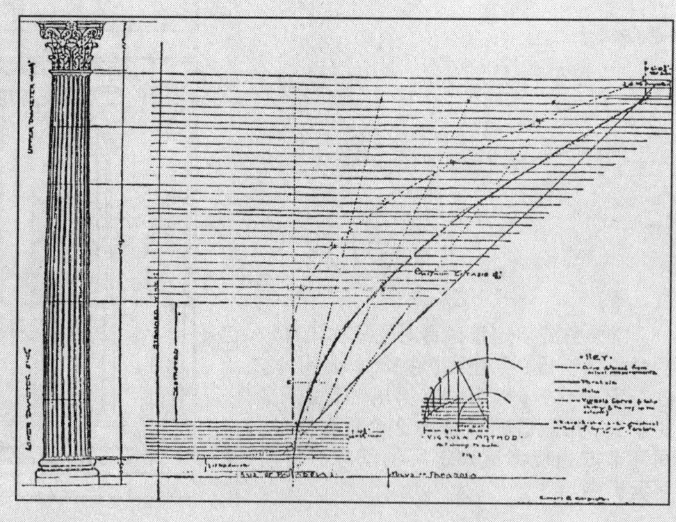

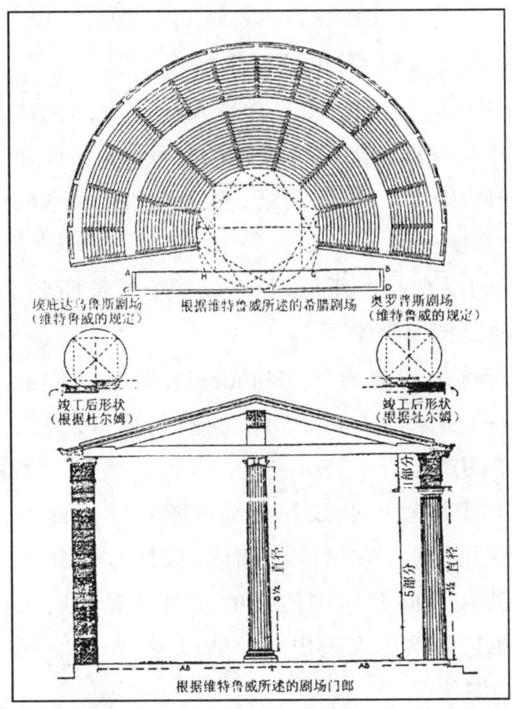

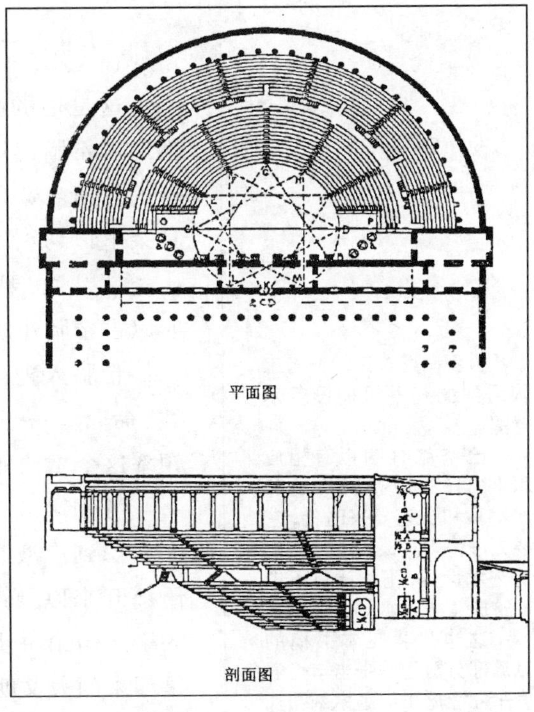

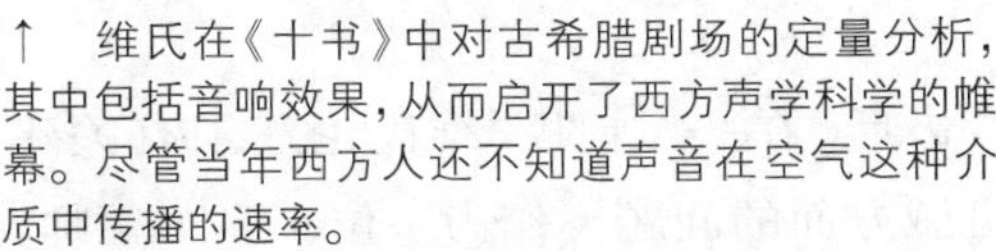

↑　维氏在《十书》中对古希腊剧场的定量分析，其中包括音响效果，从而启开了西方声学科学的帷幕。尽管当年西方人还不知道声音在空气这种介质中传播的速率。

↑　维氏对罗马露天剧场建筑结构、布局和音响效果作出定量分析。

到了巴洛克时代，欧洲剧院的建筑艺术水平和音响效果便更为先进。相比之下，我国18世纪的戏台建筑艺术比欧洲巴洛克则远为落后，两者相差悬殊，不可同日而语。

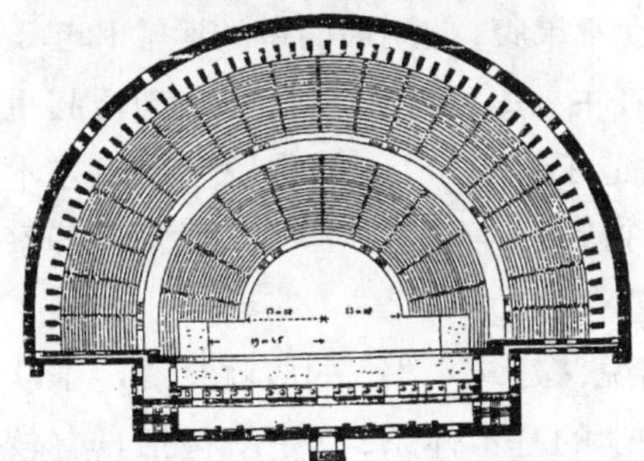

←　维氏在“第五书”对阿斯彭杜斯剧场进行了分析。

他认为剧场里的声学效果是建造完美无缺剧场的主要指标。我国戏院则没有把这个指标考虑进去。直到19世纪末我国的科学声学还没有萌芽。而欧洲声学科学在17—18世纪巴洛克时代便开始形成，比如测得声音在空气中的传播速率为331.3米/秒。

欧洲文明的定量化正是从巴洛克时代开始的。——指出这点很重要。

* * *

在“第五书”,维氏谈到了“和声学”。

这是他的独特见解!他推崇古希腊人在这方面的成就。古希腊建筑师在设计剧场阶梯席位的时候,为了使舞台上任何声音(即便很微小)也要清晰、爽亮地到达观众的耳朵里!(这就是音响效果)

就是说,要做到没有一个死角,每个席位上都能听到。所以古希腊建筑师要精通声学。

希腊人把声音称之为弗通基(Phthongi),并把它们分类、命名。——这是后来西方科学声学的前期准备,包括频率这个重要概念的产生。

可闻声波起源于振动的弦线和振动的膜。不过西方人认识到声波是纵机械波,它可以在固体、液体和气体中传播开来以及声波在不同介质中传播的速率毕竟是后来的事。但第一步却是古希腊人迈出的。所以说,希腊文明是后来西方文明的源头。

↓ 古罗马建筑工地上施工队用到的起重机械设备示意图。

巴洛克时期也有相应水平的施工机械设备。比起古罗马和文艺复兴时代,它要先进得多。谈论巴洛克建筑艺术世界,不能闭口不谈建筑施工机械水平。

这也是我在本书稿的献辞部分放了一张当年卢浮宫东立面施工现场木刻图片的理由。我看重硬建筑世界。

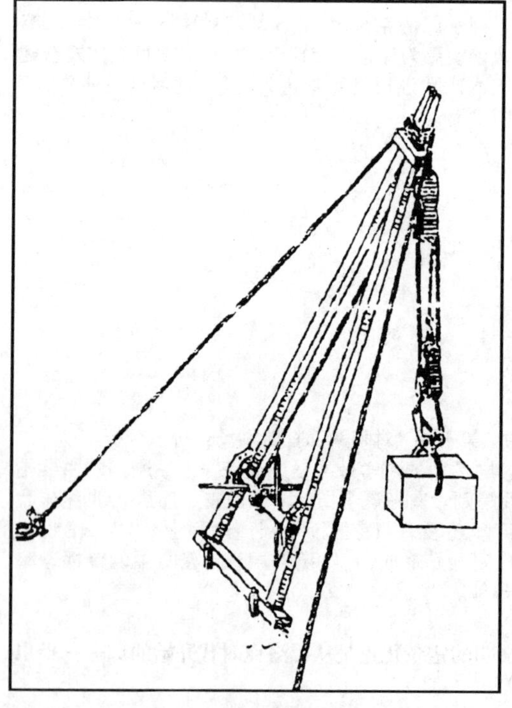

* * *

最后,在“第十书”维氏论述了有关建筑机械方面的问题。作为一位军事工程师,他讨论建造神庙和公共建筑需要用到的机械设备是件很自然的事。

主要有两大构件:滑轮组和杠杆。

其中有个会旋转的卷筒,绳子要绕在卷筒的周围拉紧,为的是把荷载提升起来,放在高处或建筑物所定的位置上。

古罗马建筑施工队(尤其是石匠们),衣不蔽体,食不果腹,使用最简单的运输和起重机械设备(主要是滑轮组和绞磨活动臂起重架),便创造了辉煌、壮丽的古罗马建筑艺术世界,堪称诗益雄美,恒能产生一种仰观静察的崇敬感。

我们说,《建筑十书》的成就是奠定了欧洲建筑科学的基本体系,其中就包括具有较

→ 古罗马施工队为了吊起荷载(比如一块巨石),常使用三个滑轮的滑轮组。图片是另一种类型的机械设备。木料、绳子和滑轮组是三个主要构件。

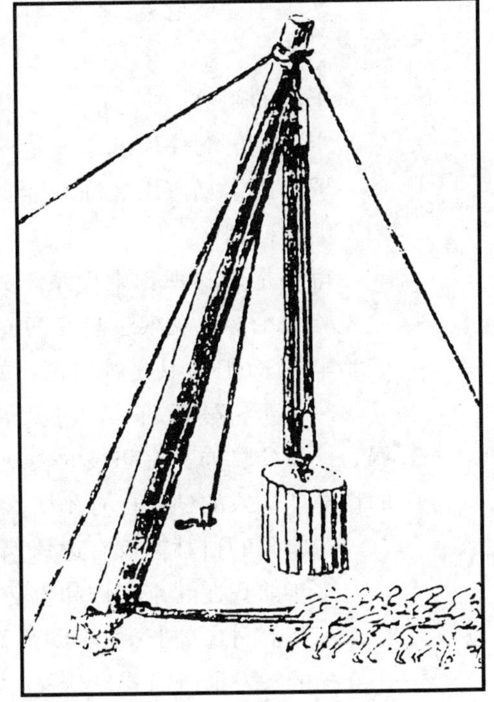

不过,建筑机械技术水平同所能达到的建筑艺术(诗意)水平往往并不成正比例。比如,今天21世纪的机械水平远比巴洛克要高,但当代建筑的诗意不一定高于巴洛克。冠绝今古的巴洛克建筑之诗,是光靠施工机械设备的先进便可超越的吗?谁能拍着胸脯这样一口咬定?

唐代生产力远比今天的生产力低下,但唐诗却远远高出今天21世纪的现代诗。

巴洛克时代的生产力远低于今天的西欧,为什么今天的德奥出不了巴赫和莫扎特这样伟大的作曲家?

艺术女神有自己的权威和法则,她不受硬技术的支配。

强施工能力的机械设备。这对日后的文艺复兴和巴洛克风格都有直接、深远影响。

要知道,一个成熟的建筑语言符号体系,总是把结构技术(施工机械)和艺术风格协调起来。前者为硬世界,后者为软世界。硬是为了保证软,软到家。

* * *

古罗马建筑师和有创造力的、工艺精湛的石匠对柱式的贡献是:把古希腊三种传统柱式——多立克、爱奥尼克和科林斯——进行了“主题变奏”,另外还创造了一种新式柱子,叫塔什干。(帕拉第奥谈论过这点)

1. 关于多立克,罗马人增加了柱脚,在卵形花边下增加了颈环。

柱身通常无凹槽,但有柱脚。(这是主要区别)

柱颈通常有半圆饰(串珠饰)。

比原先希腊人多立克的额枋,罗马人的额枋为平浅。所以罗马人的塔什干是希腊人多立克的变种。

2. 关于爱奥尼克，罗马人同希腊人的差异是：檐槽介于涡卷饰之间，且不是凹形。

平浅的额枋。

丰富段落的柱顶盘。

罗马人繁复应用装饰图样。这说明审美有了变化。时代在变，审美哪有原封不动的道理？

审美是人脑视觉生理系统先验的反应，也是长期实践中积累形成的习惯。但先验为主。我观察过只有两岁的小女孩庄欣颐，她的审美能力和反应便是从娘胎里带来的，尤其是她对色彩的分辨和欣赏。

3. 关于科林斯，罗马人演变出了华丽，而不是希腊人原先的简洁和单纯。在涡卷柱头的雕饰上有凸显的表现。即便在柱座的雕饰上有时也是这样。罗马人的科林斯柱式的柱身也有刻槽。

希腊人的科林斯仅有边角涡卷，罗马人的科林斯则全部带有莨苕叶饰。

多年前我在北京工作和生活。有一天我在西单商场看到这一情景：

A女士同B女士（中学同窗好友）相遇。B女士手牵一个约莫三岁的女儿。小女孩的头发上既有彩丝带又有红珠子作为装饰。A女士用正宗的京腔说：

“你女儿头上挺热闹的！”

“挺热闹”这个形容词给了我难忘印象！

现在我也可以说：罗马人的柱头“挺热闹的”。

关于什么是美，巴洛克时代的哲学家和美学家有过深入探讨。

在巴洛克建筑艺术世界，古希腊罗马柱式是主角，比巴洛克大门和窗户以及屋顶更为突出些。可以说，巴洛克柱子支撑着整个巴洛克建筑艺术世界：

求骨力而形势自生。

二、帕拉第奥的《建筑四书》

帕氏的晚期设计和他的《四书》，开拓了通向西欧巴洛克建筑艺术的大道，而且巴洛克的形式表现是多彩多姿，五光十色的。

这正是我用浓墨重笔论述帕氏的原因。歌德在“意大利之旅”（Italian Journey）中一再赞美帕氏的设计，曲尽其妙，思高格逸：

“……不论是私宅，还是寺庙或公共建筑，皆极尽其妙……帕拉第奥是无以伦比的。在这条道路上，他开辟了无边的自由。”

歌德尤其对帕氏设计的教堂建筑赞不绝口：

这笔遗产，达到了精熟神妙，冠绝今古的境界。

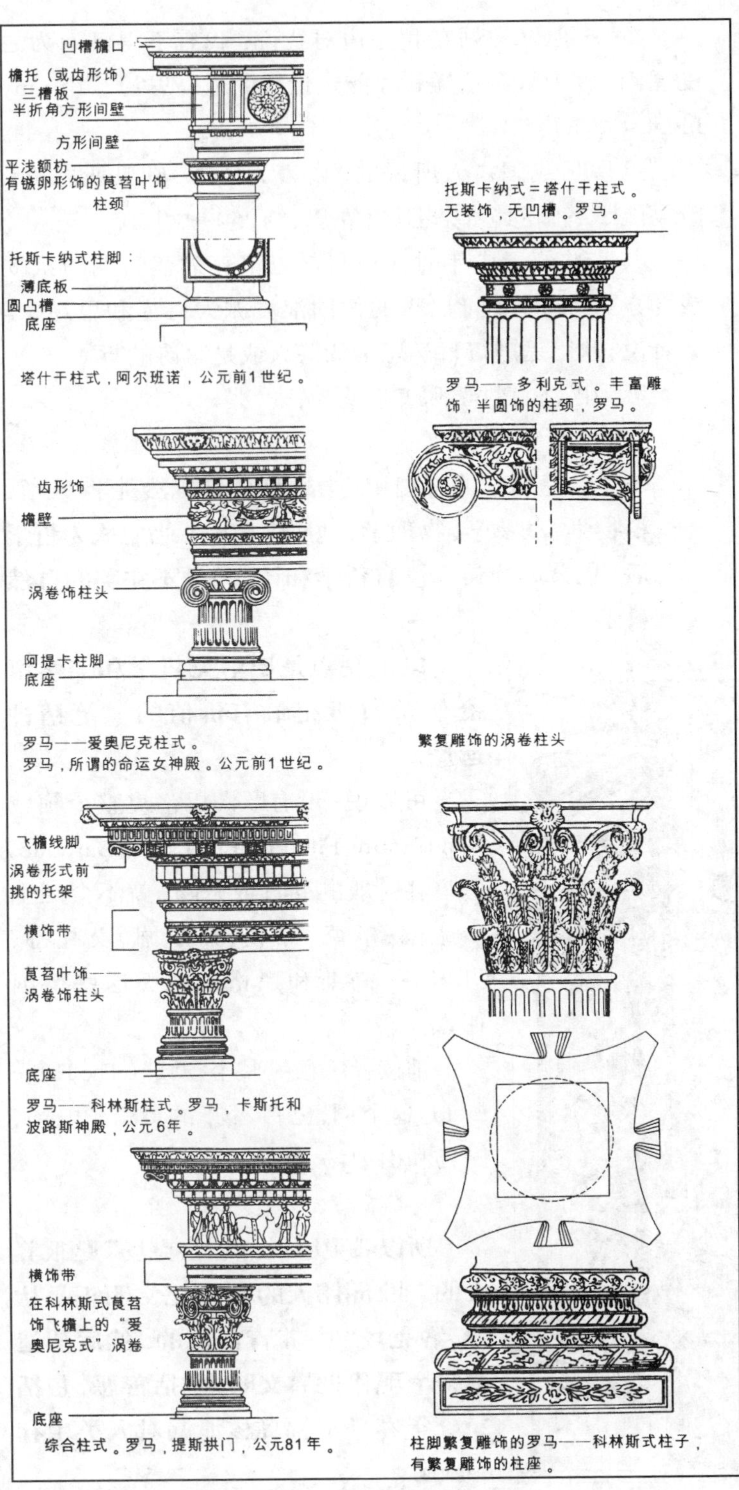

塔什干柱式，阿尔班诺，公元前1世纪。

罗马——多利克式。丰富雕饰，半圆饰的柱颈，罗马。

罗马——爱奥尼克柱式。
罗马，所谓的命运女神殿。公元前1世纪。

繁复雕饰的涡卷柱头

罗马——科林斯柱式。罗马，卡斯托和波路斯神殿，公元6年。

综合柱式。罗马，提斯拱门，公元81年。

柱脚繁复雕饰的罗马——科林斯式柱子，有繁复雕饰的柱座。

← 古罗马人对古希腊人的柱式作了"主题变奏"，是件好事。

巴洛克建筑继承了这笔遗产，达到了精熟神妙，冠绝今古的境界。

↓　帕拉第奥专著《建筑四书》初版在威尼斯问世，1570年。这是封面。一百多年后，即18世纪上半叶有两个英文译本在伦敦出现，可见英国人对该著作的重视。

帕拉第奥的建筑理论、哲学和美学对整个欧洲的巴洛克建筑思潮是一大推动，尤其是对英国帕拉第奥风格盛行的促进。

该书封面（见图）构图很建筑符号化（四根带凹槽的科林斯柱式），预示巴洛克风格即将到来。

"……他好像站在我旁边对我说：我有不得已而为之的原因，因为只有这样我才能走近我的最高思想。"（to my highest idea）

这便是我国古人所说的"发言为诗者，咏其所志也；升高能赋者，颂其所见也。"（左思，约250—约305）

其实歌德青少年时代正是从巴洛克鼎盛时期的氛围或"场"（Field）中走出来的德国浪漫派大诗人和思想家。或者说，歌德是进行哲学思考的诗人或是写诗的哲人。

因为巴洛克哲学和美学认为：

诗是哲学的开端和终结。即便是自然科学（数学，植物学，动物学，物理学，地质学……），当它成为哲学后，也会成为诗。没有哲学和诗，只是不完美的自然科学。

以上观点是巴洛克哲学和美学留给今天21世纪最有价值的一笔精神遗产。

可以说，没有欧洲巴洛克整个领域（The Entire Field of Europeam Baroque）像母乳一般的养育或薰陶，就不会诞生出康德、歌德、席勒、赫尔德、莫扎特、贝多芬、高斯和黑格尔……这些德国伟人。

请读者注意："整个领域"（The Entire Field）这个词，也有"场"的意思。电场、磁场和引力场，都叫Field。

所以我更愿说，"巴洛克场"是很养人的。欧洲伟大的19世纪文明正是从"巴洛克场"中养育而成的，然后塑造了整个现代世界文明，包括善恶，包括2011年春日本福岛核泄漏对人类生存的威胁。

↑ 正在意大利漫游的德国大诗人兼思想家歌德。他也是业余画家。

帕氏的石头建筑之诗对歌德的心灵产生了冲击，使他终生不忘。——这便是建筑诗人帕拉第奥用其一致之思，欣赏者各以其情而自得的“野望绝佳”状况。

1786年9月19日，37岁的歌德在意大利旅行。在他踏察、赞美城中帕氏石头之诗时，他十分动情地写道：

“我刚到这里只有几个小时，便已穿过全城，看到了奥林匹克剧场和帕拉第奥设计的建筑。所有这些建筑作品都被写进了一本美妙的小书（附有铜版画，可谓图文并茂）①，极富艺术品味。只要往这些建筑面前一站，它们的真正价值即会被你首肯：因为建筑物的尺寸和型制有赏心悦目的效果，其三维的优雅和谐也满足了精神的需要。这不仅在抽象的素描方面是如此，在整个透视和退缩一步去观照，亦如是②。所以关于帕拉第奥我想说：他多半是内省性的，他的一切均发自内心，堪称伟人。”

① 指《建筑四书》，赵注。

② 歌德还是个业余画家，创作过百幅作品，所以他在这里是用画家的眼光去欣赏帕拉第奥的建筑艺术。

↑ 这是帕氏在《四书》中为巴尔巴拿诺(Barbarano)府邸立面绘制的设计示意图。

8根科林斯柱式同整个建筑有协奏关系。它尽管没有达到绝对，但在试图走近“数学的绝对美”(The Absolute Beauty of Mathematics)。

它触动了37岁的歌德，使他谈论“绝对”，思考艺术作品有没有绝对。

从这段评价，我们可以看出歌德受文艺复兴和巴洛克建筑艺术影响之深。可以说，整个德国艺术、哲学和科学伟大传统都是从欧洲巴洛克时代精神或场中走出来的，走向世界。

巴洛克精神或场，浩浩瀚瀚，包裹天地，中正平和，被帕拉第奥的建筑语言系统开启，也是代表它的一个生动符号或象征。

帕氏建筑之诗，意象浑朴雄阔，苍莽而来，飘风急雨，有令人不可遏抑之感。

亲自踏察、惊叹了帕拉第奥的建筑艺术，歌德便发出叩问：

“即便一件艺术品是由伟大的和最精湛的艺术家创造的，它也无法达到绝对(absolute)。就算他能够成为这方面的大师，他也无法改变艺术的这种本性……”

科学、艺术和哲学探究的极玄之域是神的地盘，是上帝的王国。

建筑艺术的最高境界是“数学的绝对美”。

巴洛克哲学美学认为，数学是上帝的语言。

在《四书》中，帕拉第奥多处讨论了“美”(Beauty)和“完美”(Perfect)。

他经常用这个句子开头：“As Vitruvius teaches……”(正如维特鲁威教导的)由此可见他对这位先辈的尊敬，这就好比中国文人习惯用“子曰：……”作为开场白。

帕氏在他的《四书》中引用了维特鲁威《十书》第六书论述的一切好建筑均要满足三方面的要求：

适用或舒适(Utility or Convenience)，牢靠(Permanence)，美观(Beauty)。

帕氏接着写道，一栋屋虽适用，但不坚固耐用，或者一栋房子造得很精巧，结实，但不舒适，或者一栋房屋能满足两者的要求，但不管怎么看都算不上美，便不是完美了。

↑ 巴尔巴拿诺府邸底层的窗户以及两旁的爱奥尼克柱式。

五百年后的今天，这个细节给人苍劲、悲壮和忧伤的感觉印象。老建筑是有生命的。

窗户会开口说话："很久很久以前……"

窗户上头的浮雕也在陈述往事："往事已成空，还如一梦中！"

维特鲁威的原话如下："……想用砖、毛石、琢石之中的哪一种来建造是业主的权限。所以一切建筑物的好坏鉴定可以考虑三个方面，即技艺的精巧、壮丽和构图。如果看到有壮丽外貌的建筑物，会称赞凭借业主财力的建筑造价；如果看到技艺的精巧，便会证实匠师（工匠手艺）的精湛；又当建筑物因符合美观、比例和均衡而博得盛名时，这才是建筑师的光荣！"

这段话，讲的是什么人才是够格的建筑师。

对先辈维氏这段经典论述，帕氏根据自己多年的实践和思考作了如下解释：

"舒适即意味着让每个部件到达恰到好处的位置，不论部件是小还是大，都符合尊严，到位……"

读者哟，请注意，帕氏在这里提出了有关建筑哲学美学（The Philosohical Aesthetics of Architecture）一个重要术语或概念：

每个建筑部件（不论大小）都有自己的尊严（Dignity）。

建筑部件的尊严是局部小尊严。把所有小尊严相加便是大尊严，便是整个建筑的堪与日月争辉的大尊严。——这里必有建筑的精神、脉理、气势、韵味、神韵、篇章结构、句法……

在整个巴洛克建筑艺术世界，帕拉第奥提出的建

筑"尊严"是一个核心概念。

↓ 这是一座典型的意大利西西里岛上巴洛克风格的教堂，建于18世纪巴洛克盛期。

在这座建筑物身上，有令人惊叹和赞美的建筑尊严弥漫，尤其是当晚祷的钟声响起，在地中海岸边回荡……

这尊严是"显尊严"。巴洛克土坯板房茅草农舍的尊严为"隐尊严"。从建筑哲学层面看，隐比显并不逊色，不，一点也不！

按我的解读或解释，巴洛克建筑艺术世界的尊严(Dignity)大致上分两种：

显尊严，隐尊严。

试以意大利地中海西西里岛上的一座巴洛克教堂为例。(见图)从该建筑物身上便散发出蓝天底下、海边大地之上的一团赫然在目的"显尊严"：

高度对称的和谐与壮美。底层是塔什干柱式，上面是爱奥尼克柱式，仿佛是古希腊哲学"太一"(至善或第一本原)的生动符号。尤其是当晚祷钟声响起，巴洛克建筑的"显尊严"便凸显出了它的"太一"和"至善"(The One and the Good)。

巴洛克土坯茅草屋则为"隐尊严"的符号。从哲学含量来说，它一点也不比"显尊严"少。不，不少！

按我的解释，先有诚实的建筑(The Honest Architecture)，然后才有建筑的尊严。偷工减料者便是不诚实。——这条建筑伦理学最高原理放在今天仍然适用，而且非常有现实意义。

帕氏的"尊严"建筑哲学美学概念或标准对巴洛克建筑艺术世界产生了深远影响。仅就这一点而论，帕氏也为巴洛克作出了决定性的准备。(as decisive in Preparing the way for the Baroque)

紧接着，帕氏还作了解释：

"坚固耐用(牢靠)务必要使墙体垂直，基础部分比上面较宽，且牢固，

← 西欧巴洛克乡村教堂建筑设计师同样追求建筑的诚实。之后才有建筑的尊严或尊严的建筑。
巴洛克建筑师提倡“系统性思维”，即把巴洛克建筑看成是由相互联系、互相作用的若干部件（或建筑要素）按一定的方式（建筑语言的语法）结合起来的有机整体。

这样才能达到目的……”

“美观来自美的格式，来自整体同部分的和谐配合，以及部分与部分，部分与整体的融洽。这样，整座建筑才会呈现出统一和完美的格局。归根到底是一个部分务必同另一个部分协调，所有部分必须是绝对地需要，某个部分一完成，恰好是另一个部分所寻找的。”

帕氏的这一理论或建筑逻辑无疑是对维氏《十书》的发扬光大。

用当今“系统性思维”来看，帕氏的这一建筑理论也是对头的。他把一座建筑（即便是一栋由土坯砌筑而成的茅草屋）作为一个系统来考察。它是一个独立的系统，由相互联系、互相作用的若干部件（要素）按一定的方式结合起来的有机整体。

要素（构件）的组成、比例和结合方式形成了系统的结构。要了解建筑的性质，就必须了解建筑的结构。若是不了解金刚石的结构，就无法了解它坚硬的深层原因。

帕氏的《四书》为巴洛克建筑艺术世界（包括住宅）奠定了理论基础，其中包括美学原理。

← 这幅手绘建筑虽然描绘的是19世纪中叶德国南部渔村，碧波草舍，黄昏柴门，从中仍透露出晚期巴洛克建筑的遗风。

是的，即便是由土坯墙体、木板和茅草构筑的乡村农舍，也要先诚实，然后才有尊严——存在的尊严和尊严的存在。

否则便会轰隆一声倒坍。

比起巴洛克宫殿、剧院和府邸的尊严，巴洛克广大乡村茅草屋的尊严一点也不逊色。在整个巴洛克建筑艺术世界，“建筑的尊严”是一个非常重要的哲学概念。

↑ 法国外省巴洛克建筑物和广场，建于巴洛克风格盛期，1742—1746年。

它同样遵从维氏《十书》→帕氏《四书》的建筑语言逻辑和建筑美学原理。

坚固耐用、牢靠、舒适和美观（赏心悦目）构成了一个有机体，一个系统。直到今天，它还叫人心动。

→ 法国外省一家巴洛克旅馆，建于1720年。在类似风格的旅馆，我落脚过。它的坚固耐用、舒适和美观已经被两百八十年的岁月老人所证实。

→ 法国外省一家博物馆的大门细节（雕塑装饰），建于1650—1730年，巴洛克风格。

↑ 法国外省一城镇钟楼，建于1655—1670年。

大门有两对塔什干柱式，帕拉第奥说，该柱式的优点是简约。

今天该巴洛克建筑（有机体）还在健全地呼吸。在半月残窗时，它便会向旅游者陈述往事，勾起他（她）们的旅情、旅思、旅愁……

所有的人都是尘世旅人，都是匆匆过客。

不过值得注意的是，方尖碑是欧洲殖民主义者从埃及掠夺、偷来的。

过去欧洲城市没有方尖碑加盟到城市风景。它是从巴洛克时期才开始出现的一种巴洛克现象。可见西欧的扩展同时反映在巴洛克绘画和建筑领域。

→ 古埃及神庙前一直站立着的方尖碑，肃穆、静默，把“天地人神”四重结构组成一个有机整体，成了一个凸显哲学符号。

欧洲巴洛克城市把这个“世界哲学”符号移植过来，提高了城市的人类历史深沉和厚重感。是的，方尖碑为欧洲巴洛克城市建筑形象增添了哲学的力度。没有智慧力度的城市是浅薄的，浮躁的。方尖碑的意义和地位相当于我国的华表。

↓ 帕氏设计的奇里卡蒂别墅，立面用了四根标准、正宗的爱奥尼克柱式和三角楣饰，使我想起今天电视国际新闻经常出现的有关美国白宫和美国国会大厦立面的建筑语言符号。

它表明了帕拉第奥主义风格在美国生根发芽，本质上是西欧巴洛克建筑风格在世界的传播：

天地之运会，人世之景物；新新不停，生生相续。

这正是巴洛克的历史功绩。

* * *

按我的判断和评价，帕拉第奥主义是介乎于文艺复兴建筑风格和巴洛克建筑风格之间的一个重要环节。

前者以米开朗琪罗为代表，后者以伯尼尼和波诺米尼（Bernini and Borromini）为代表。帕氏是连接前后两者一座伟大、壮丽的桥梁。——这正是"承前启后"的意思。巴洛克建筑艺术世界不能没有帕拉第奥到场，不能没有他吹响的黎明起床号，也不能没有他用双手拉开序幕，既用他的实实在在的一栋栋建筑经典作品（诚实、尊严、壮丽），也用他的理论专著《建筑四书》。

也许仅凭他提出的"建筑的尊严"或"尊严的建筑"这个意味深长的概念便有资格担当起这个历史的重任。

* * *

最后作为本章的结语，我想谈几句座落在维桑查这座城市的奇里卡蒂别墅，由帕拉第奥设计，尽管在《四书》中他并没有提到它。

它典型地体现了他的建筑设计"系统性思维"，包括立面用了四根爱奥尼克柱式和三角楣饰，还有大门的柱式和铁艺，对后来西方庄园格调有深远影响。

当然，我也会联想起美国白宫和美国国会大厦立面柱式符号。——我把它看成是帕拉第奥主义风格在北美强有力影响的例证。因为它是"建筑尊严"或"尊严建筑"的生动符号。

美国这个新生的国家迫切需要通过这个符号来赢得立国的自信

← 奇里卡蒂别墅大门一侧的砖石柱式和栅栏铁艺，后面背景即通往别墅建筑主体的一瞥。

经四百多年的风雨剥蚀，给人留下了沧桑和苍凉感：细雨湿衣看不见，闲花落地听无声；黄叶黄花古城路，秋风秋雨愁杀人。

心，动荡血脉，贯结响高：

“万里通秋雁，千峰共夕阳。”

这正是巴洛克建筑艺术世界追求的最高美学境界。

三、为什么只有古希腊罗马柱式符号才能传播到世界各地?

这是一个跨学科的追问，远远越过了建筑学和建筑史的界限。

我乐意试试来回答这个提问。我是自问自答，为的是拔高自己，即便错了，也有价值。因为错误常常是正确的先导。

按我的解读或解释，有以下四个原因：

1. 古希腊罗马柱式开始传播到全世界一些文明国度，恰恰是在巴洛克时期和19世纪。合在一起约从1600年至1930年，长达300多年的漫长岁月。

这也是西方近代资本主义兴起的重要历史阶段。向

↑ 1534年西班牙人罗耀拉等人在巴黎创建耶稣会，为天主教最重要的修会之一。这是耶稣会的章程(共分十部分)。

图中是章程封面设计，左右为古希腊罗马柱式。——这个建筑符号正在同上帝的福音一起向世界传播。进入巴洛克时期，这传播开始进入高潮。

外扩张的巴洛克时代精神则为古希腊罗马柱式符号向世界传播给出了“第一推动力”。整个19世纪是“第二推动力”。

这样，西方人也就顺手把他们的建筑符号——古希腊罗马柱式——带到了他们的殖民地。

不错，古埃及、古印度、古波斯、古代中国和阿拉伯建筑文明也有各自的柱式符号，但它们都缺少可以依托和附丽的近代资本主义军事和经济实力，所以无法传播到世界各地。

2. 比起其他宗教，基督教更具有将自己的信仰传播到世界去的“强力意志”或向外扩张倾向。

或者说，基督教天生便有对外征服的强烈冲动。基督徒认为，前往每一块野蛮之地去传布上帝的福音是他们的神圣使命。

从巴洛克时代起，这种使命感随着扬帆起航的船队征服海洋便越来越强烈。巴洛克时代的基督徒确信地球上的各民族最终将统一在上帝的天国之内，在那里只有永恒的正义、大地的和平以及人与人之间的善心。

17世纪巴洛克时代的耶稣会会士们把巴洛克建筑风格从贵族垄断中解放了出来。其结果是使古希腊罗马柱式从西欧远涉重洋，出现在我国澳门、墨西哥、巴西、北美和菲律宾等广大地区，最终成为一种国际语言符号(风格)。

或者广而言之：

巴洛克时代的传教士成了西方文明和平征服世界的先锋，其中包括政治、经济、哲学、艺术(建筑扮演了重要角色)、科学技术、法律和道德，以及价值观。

比如1888年美国便掀起了“学生志愿赴海外传教运动”。目的很明确：传播基督福音。

1891年美国各大学签名志愿赴海外传教的学生有

8 000多名，其中2 500多名是派往中国的，包括后来的司徒雷登。他们的口号是：

“去中国，使中国基督化！”

基督福音最凸显的符号正是十字架。

从时间先后顺序讲，十字架先出现，古希腊罗马柱式这个建筑符号稍后一些到。

3. 继十字架和柱式之后，第三个符号便是英语和法语，再就是西班牙语、葡萄牙语、荷兰语和意大利语。

4. 古希腊罗马柱式本身也具有视觉审美的优越性和冲击力，给人赏心悦目感。

比起其他柱式（古埃及、古印度和古代中国建筑文明的柱式），古希腊罗马柱式所包含的好数学更多些，于是神性也更多。因为数学是上帝说的语言。

正是以上四点，古希腊罗马柱式才在世界各地取得了称霸地位。

就笔者个人审美判断，我也偏爱古希腊罗马柱式这类经上帝亲吻过的符号：

诚实、精美和尊严由衷而发，故其语言符号感人也深。

↑ 1569年的《圣经》一书封面设计。

左右为科林斯（带凹槽）柱式。

这个细节引起了我的注意。进入巴洛克时期，神父除了把十字架这个主要符号传播到世界各地，另一个次要符号（古希腊罗马柱式）随后便到。——这现象不能不令我深思，并抬高了该柱式作为建筑符号的层次和地位。

↑ 这是白人传教士在非洲传播上帝福音的情景。

西方的基督福音传播在巴洛克时期和整个19世纪最为热烈。随后西方殖民者才紧跟十字架这个符号把古希腊罗马柱式建筑符号带上岸……

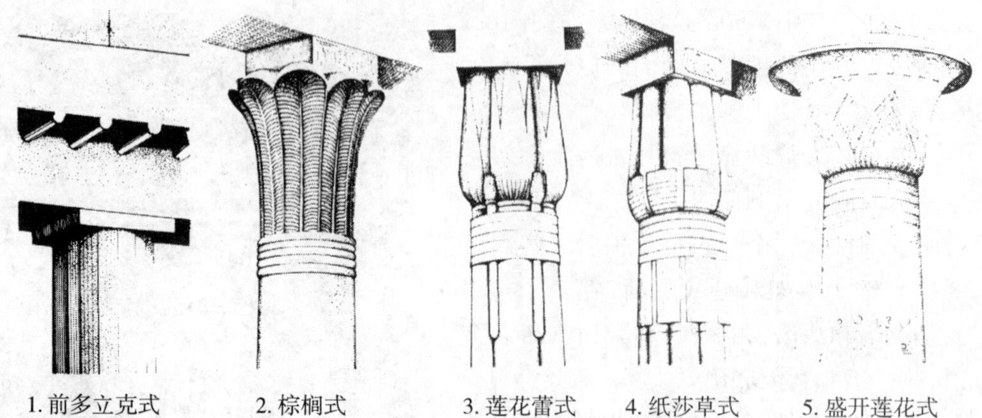

↑　古埃及柱式，对古希腊柱式有重要影响。

它是通过古希腊柱式走向世界的。在人类文明发展史上，不同文明是相互影响，互相启发和交汇的。(图片中是5种古埃及柱式柱头)

↑　古埃及连柱厅，建于公元前1219年至前1213年。厅内共134根石柱。

由于种种原因，这种柱式符号不可能直接传播到世界各地。

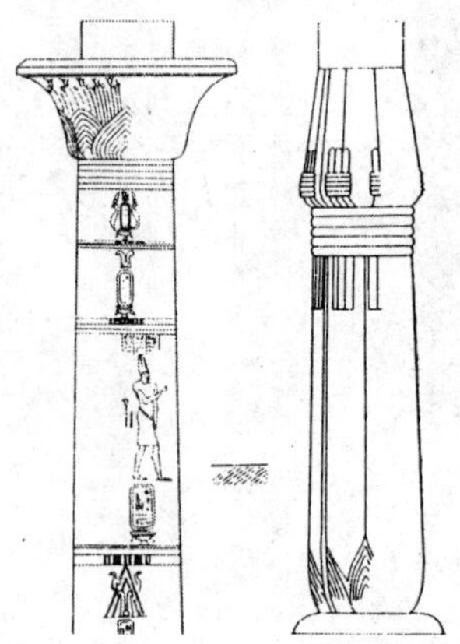

←　古埃及两种柱式。

← 古埃及阿蒙神庙石柱大厅的石柱。

从这里仿佛透露出了尽宇宙之内，无处不充塞的"天地人神"四重结构之"气"。它被古希腊罗马柱式接纳，于是传播到了世界许多地方。巴洛克建筑作为一个重要的中间环节(驿站)，发挥了决定性作用。

↓ 古埃及神庙石柱的排列，非常雄浑，粗犷。纸莎草和荷花状柱头装饰着高大的石柱。

尽管这种语言符号对古希腊柱式有过直接影响，但古埃及柱式本身并没有以直接方式在世界各地广泛传播。因为它不具备我所列举的古希腊罗马柱式所拥有的四大优势。有些强项已经越出了建筑学本身。

天下唯独古希腊罗马柱式富有绝漠兼天尽，山河荡日寒的悲壮。——这是建筑符号的极至。巴洛巴艺术家想方设法把悲壮接过来，拿到手。

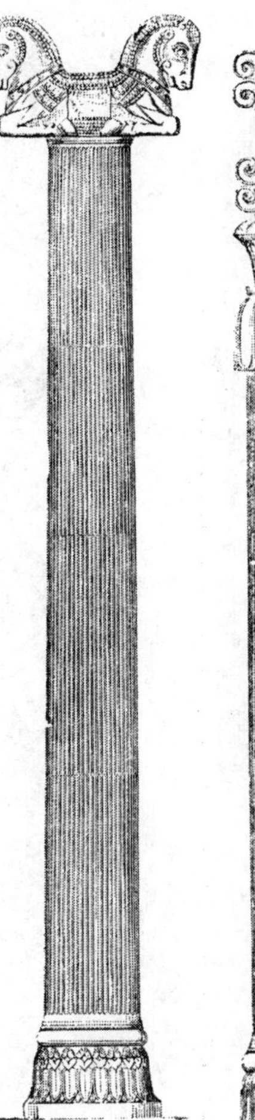

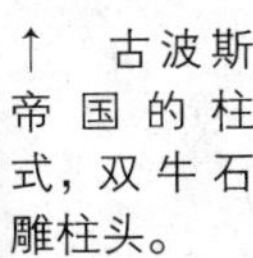

↑ 古波斯帝国的柱式，双牛石雕柱头。

↑ 古波斯帝国门廊立柱。它为什么没有传播到世界各地?

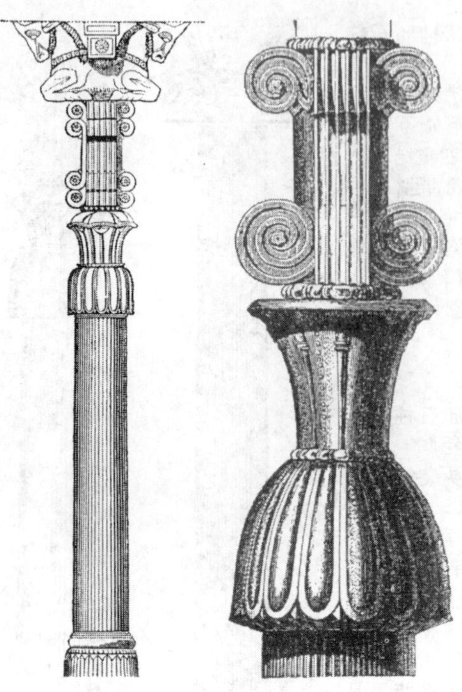
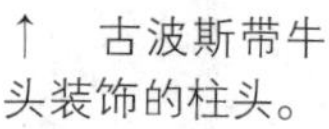

↑ 古波斯带牛头装饰的柱头。

↑ 古波斯饰有一对涡旋形几何图案的柱头。

↑ 古波斯帝国的石柱殿，有带双牛托座的柱头。

这种柱式之所以没有向世界各地传播开来，是因为它不具备古希腊罗马柱式符号的那四种能力或条件。

可见，这是一个跨学科的课题。

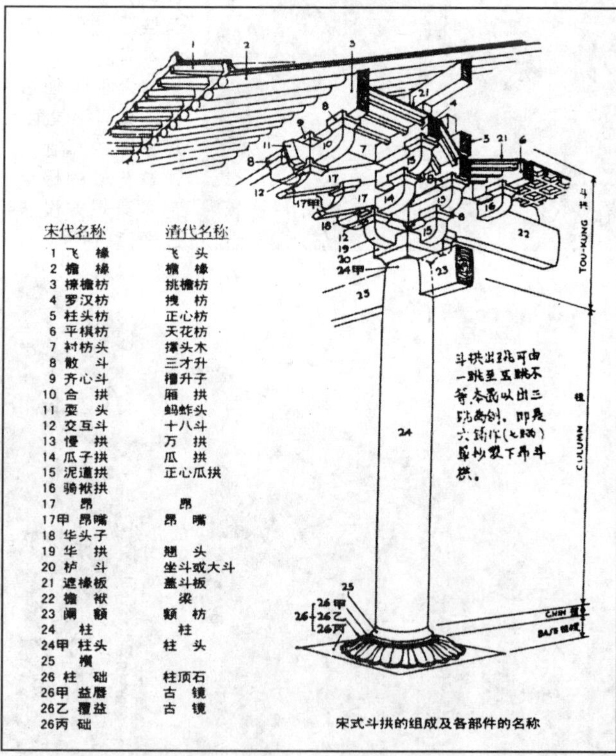

宋式斗拱的组成及各部件的名称

→ 宋式斗拱组成示意图。

在我国木构架建筑结构中，斗拱是个关键性部件。经它，将荷载传递到立柱。

斗拱和立柱（柱式）也有装饰作用。但中国传统柱式语言符号没有传播到世界各地。主要原因是中华民族不是海洋性格的民族。我们是背向大海，脸朝山川大地，把农耕文明看成是自如自由自在的“家”（Home）。

我们把“离井背乡”看成是人生的不幸。我们民族的性格是甘愿守住“两亩地，一头牛，老婆孩子热炕头。”

→ 这是我国江西吉安一处祠堂的木头柱式。

在几何语言上它是有缺陷的，够不上完美。数学的绝对美是建筑符号，是向世界各地传播的一支重要力量。今天的牛仔裤在世界传播有自身的美，光靠美国的经济实力是不够的。

← 古代印度宗教建筑的柱式。

尽管佛教传播到了东南亚许多地方，但柱式这种符号则始终固守在印度本土。探讨这个课题，有必要打通多个学科的分界线。其中建筑符号的审美是一个重要方面，涉及几何造型和人脑视觉的机制。

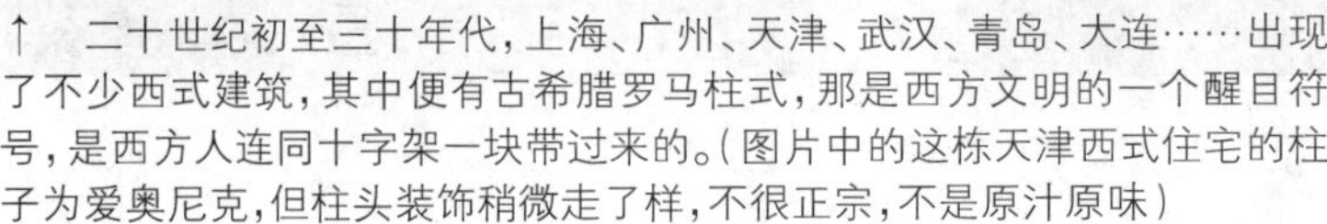

↑　二十世纪初至三十年代，上海、广州、天津、武汉、青岛、大连……出现了不少西式建筑，其中便有古希腊罗马柱式，那是西方文明的一个醒目符号，是西方人连同十字架一块带过来的。（图片中的这栋天津西式住宅的柱子为爱奥尼克，但柱头装饰稍微走了样，不很正宗，不是原汁原味）

↑　上海二十世纪二十年代建造的西式建筑。

塔什干柱式和三角形山墙是常用到装饰词汇。若通过用建筑元素（DNA）绘制的谱系树去追溯，我们肯定能在该建筑物身上找到巴洛克风格的语言符号历史痕迹。当然还有文艺复兴建筑风格的元素。

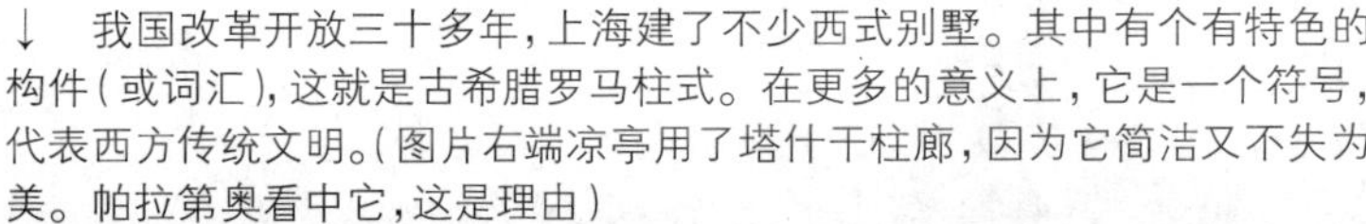

↓　我国改革开放三十多年，上海建了不少西式别墅。其中有个有特色的构件（或词汇），这就是古希腊罗马柱式。在更多的意义上，它是一个符号，代表西方传统文明。（图片右端凉亭用了塔什干柱廊，因为它简洁又不失为美。帕拉第奥看中它，这是理由）

巴洛克音乐：风车和马车时代的节奏

——冲和之气，思与神会

> 小孩寻找母亲是“天下第一寻找”，因为是生存的必需。等孩子长大成人了，寻找自己的灵魂（Search of a Soul）便成了“天下第一寻找”，其中包括宗教信仰。巴洛克音乐在本质上是17—18世纪西欧人寻找自己的灵魂。
>
> ——2011年暮春

在本章中，我想顺便讨论两个课题：

1. 巴洛克音乐的场（Field）。我所说的“场”类似于电磁场的场。引力也有个“场”。广泛的是“力场”。比如“场的分布”（Field Distribution）。

“场强”（Field Intensity）和“场相互作用”（Field Interactions）这两个概念在我手中是有用的。因为巴洛克音乐（音响）也有个“场”，有“场强”，它和巴洛克建筑场有“场相互作用”现象。

2. 巴洛克音乐是种语言。它同样受语言哲学（The Philosophy of Language）的管辖和支配。这样去研究巴洛克音乐，也许会有助于我们走近巴洛克音乐王国，帮助我们去识听、识读和识看。

是的，我没有写错，是“识看”。演奏或欣赏巴洛克音乐要学会用心眼去看，即学会从听觉转化为视觉，特别是看到巴洛克音乐场同巴洛克建筑场的相互作用，双方的交织和互感。

我在上面提到的课题应属于音乐学的范畴。它是跨多门学科的一门综合性学问，同建筑艺术关系尤其密切。

一、作为时代的心声

我在前面论述过"巴洛克时代精神"。它通过多种符号来表达自己：建筑几何空间艺术符号、音乐（织体、结构和风格）时间艺术符号、绘画符号、哲学语言文字符号系统和科学技术定量符号体系等。

在西方音乐史上，1600年前后是个很重要的年代。有的音乐史专家便把西方音乐分成两个时期：

一、1600年以前的音乐；

二、1600年以后的音乐。时间大约是从1600年至1791年。当然，年代永远是模糊的，也无法精确。精确了，反而不科学。划到1791年莫扎特逝世这年是我的主张。因为莫扎特是最后一个巴洛克伟大作曲家。恰好，巴洛克建筑思潮或运动大约也是在18世纪末结束的，建筑和音乐差不多在同一时间落下帷幕。——从根本上说，这是时代精神的反应。时间到了！

巴洛克时代精神需要借助于多种符号来表达自己的"强力意志"。

音乐是作为时代"强力意志"和世界的表象或符号而存在的；建筑几何语言也是这种符号。

卓越的符号，通灵感物，慷慨遗物，听于无声，视于无物，如千里阵云，隐隐然其实有形。

大致上我们可以这样说，1600年以前，欧洲没有真正的音乐。1600年以后，欧洲音乐艺术才宣告诞生了！——这正是巴洛克音乐。（The Baroque Music）

有一点是肯定的：

西方建筑语言走在音乐语言的前头。建筑场先行，音乐场后到，总是慢一拍。因为建筑场是人的生存本身，音乐场只是饱暖之后的精神（或灵魂）需要，也可以说是奢侈品。

汶川和东日本大地震后，灾民首先急需帐篷和棚屋，再就是食品、淡水和衣被。这时候，音乐是排不上队的！音乐不是人类生存本身。氧气、淡水、食品和屋才是，尽管屋排在生命必需品的最后。

西方音乐是从中世纪宗教音乐慢慢成长起来的。

巴洛克音乐又是从文艺复兴时期的音乐脱胎而来。进化是个错综复杂、缓慢的过程，决非是一蹴而就的方式。

当代生物基因家族史研究对我们追溯音乐语言的历史是有启发的。比如输入现存的1 000种重要基因，可以通过数学模型计算出它们是如何从远古演化而来。因为生物体共同的DNA记载了远古的事件。

与此相仿佛，从巴洛克音乐的“DNA”中也可以发现它记载了1600年以前的旋律，比如用以伴唱罗马天主教弥撒的格里戈利圣歌，旋律用最简单的方式写成，具有一种如波浪形起伏的特征，透露出了庄严而朴素的美，为日后巴洛克音乐奠定了基础。

应该承认，人的宗教感情是最热烈、最虔诚和最真实的，它发自内心，所以圣歌（比如《圣母颂》）是一种很重要的音乐，尽管当时记谱的科学符号体系还没有真正诞生出来。——这要等到巴洛克时代的到来，即1600年之后的时期。

有一点变化是非常重要的：

中世纪，旋律（音乐）语言必须为歌词服务。因为圣歌的最高目的就是要明确表达信徒对上帝的敬畏：

“欢呼（Ave）圣母玛丽亚，你充满了仁慈，上帝与你同在！”

“光荣归于至高无上的上帝！”

“欢呼，神圣的女王，仁慈的母亲，我们的生命，我们的幸福，我们可怜的、被放逐的夏娃子孙，向你哀求！我们在这洒落了泪水的山谷中哀悼、哭泣，送上我们的叹息！……仁慈的、爱人的、可亲的圣母玛丽亚！”

“今天，上帝所创造的就是这一天……哈利路亚（Alleluia，或Hallelujah）！”

“上帝怜悯我等！”

圣歌为祈祷仪式（晨祷、早祷、晚祷和夜祷）而创作。就地位而言，祈祷文第一，旋律（音乐）第二。后者为前者服务。音乐语言只有能在人们内心激起对神的崇敬、敬畏和爱戴，它才可以存在。这也是音乐存在的唯一理由。

但到了巴洛克时代，情况发生了变化。

1993年和2004年，我在德国、法国、荷兰和比利时，为了踏察、体验、识听、识看和识读，我曾多次走进建于中世纪和巴洛克时期的教堂做祈祷，在管风琴的伴奏下唱圣歌，我的内心深受感动。我多次看到过不少信徒在歌唱时热泪盈眶，泪流满面……

这是双重魅力叠加产生的心理效应：祈祷文加上和谐的旋律，也是音响场和教堂建筑场相互作用的美学结果。

关于祈祷文的力量，我想举个例子：

1877年12月5日，柴可夫斯基写信给梅克夫人：

“关于教堂，我和你的意见不很相同。对于我，它还保持了诗意的引诱。我

↑ 当赞美上帝的宗教音乐在教堂建筑空间内久久回荡的时候，那叠加的魅力的确会摧人泪下："平时不落泪，此时泣无穷！"

我很难说究竟是谁占上风：是祈祷文还是音乐（旋律）语言的魅力？

不过只有当旋律语言真正独立于普通语言文字（祈祷文）的时候，才是音乐真正诞生的日子。——这便是巴洛克音乐的兴起。它是一个缓慢、进化的过程。

常去做弥撒——我认为《克里索斯托姆的约翰》（John of Chrysostom）的祈祷文是最伟大的艺术创造之一。如果谁认真参加我们的祈祷，他决不会在精神上一无所获。我也喜欢晚祷。星期六跑进一座小小的礼拜堂，站在半暗半亮的烟雾中，沉思默想，寻求对一些永恒问题的答案——何故，何时，何地，什么目的，然后又被合唱的歌声所惊醒——浓烈的情歌从我的青春时代起便在我的内心搏斗——于是把自己委身到这颂歌的魔幻诗意中，洋溢着静穆的狂喜，主的大门打开了，'光荣归于上帝'的歌声重又唱起——这一切我都爱，而且也是我最大的快乐之一。"

由此可见祈祷文的感人魅力。

这是祈祷文的单独力量打进柴氏的心坎吗？

不，这是教堂建筑艺术空间场同宗教音响场、祈祷文一起协作、互感的共同效应所致，其中包括光暗、香烟缭绕的参与。

19世纪德国伟大诗人海涅有句名言：
"话语停止的地方，正是音乐响起之时。"

西欧进入1600年前后这段关键时期，宗教音乐的旋律语言才渐渐从祈祷文中独立出来，这在西方音乐发展史上是件大事，它宣告了巴洛克音乐的到来。

就音乐语言本身，也发生了重要变化，拉开了巴洛克音乐兴起的序幕，我指的是“复调与有节拍的节奏”出现。(这需要有符号化的科学记谱体系作为前提)

原先的格里戈利圣歌的节奏是不可计量的，即不是量化的，因为速度随意，如同说白一般，随着歌词的自然重音。——音乐若要真正成为“时间的艺术”(建筑是空间的艺术)，节奏的量化是关键。

大约在1600年以前，西方音乐(不论是宗教的还是世俗的)都是单声部。后来两个或更多个声部才开始捆绑在一起，称为“复调音乐”。——这是新的作曲方法创作出来的作品。它是在漫长、曲折的历史阶段中经历了不少说不清的变化(演化)过程才形成的。

最初两条旋律线在平行进行中移动(在不同的音高水平上互相重复)，也就是在同一时间向同一方向移动(这里又一次表明音乐是时间的艺术)。后来，渐渐地，作曲家为了表现变化(人生世界之所以富有魅力，恰在于它的戏剧性变化)，才开始让两个声部反向进行，即一个声部向上，另一个向下。在旋律上这两个声部是相互独立的，即向不同方向移动，且在同一时间内。

大约在1600年前后，西方音乐发生了四个关键性变化，从而为巴洛克音乐的兴起拉开了金色帷幕，这在整个人类音乐史上也是一件大事，因为它丰富了人类精神生活。如果帷幕没有拉开，哪有后来的巴赫、亨德尔和海顿？再后面的莫扎特和贝多芬又从何而来？这四大变化便是：

1. 从单声部演化到复调；

2. 从无节拍的、放任自由的、随意的节奏到规律性较强

↓　两支独立旋律在同时进行，上层旋律和下层旋律。一静一动，但在中途，角色改变了：

静声部变成动的，动声部变成静的。

这变化富有戏剧性。所以巴洛克时代流行这句名言：

“The World as a Stage.”(世界是座舞台)

有舞台便有戏，便有各种事件(故事)发生。

戏是什么？戏就是变化，喜怒哀乐，生老病死。巴洛克时代需要有变化、富有戏剧性的音乐语言。

于是巴洛克音乐诞生了，包括它的音乐织体、音乐结构和音乐风格。——它和巴洛克建筑有某种内在关联和对应关系。

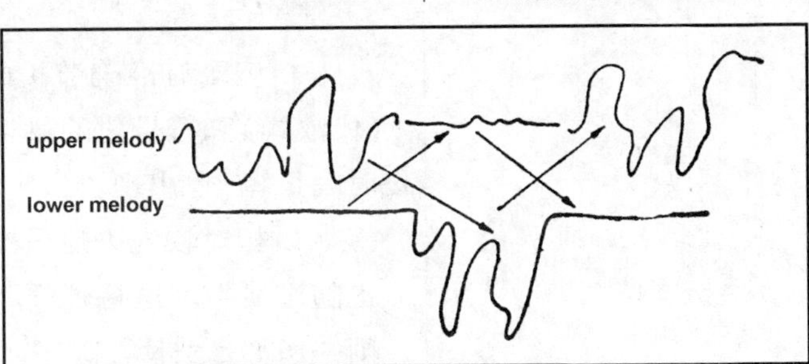

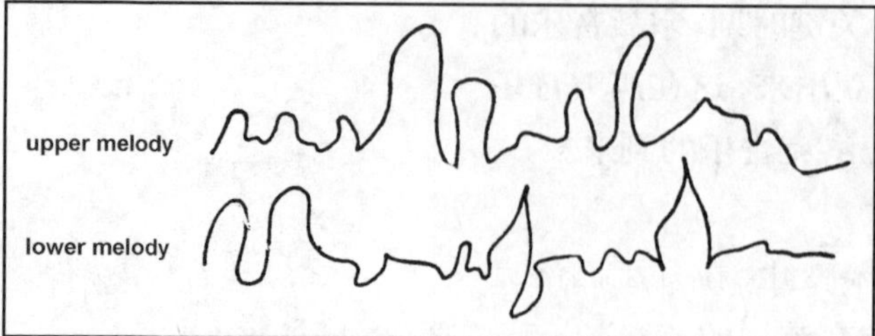

↑ 上层和下层旋律线条从头到尾都在动态中进行。它们是独立的，不在同一方向中运动。——这是复调的本质。

两条旋律的相互作用便叫“对位”。复调（或对位）的要害在于同时发声的旋律线条之间有着相互、戏剧变化的关系。——只有这种音乐才能表达、刻画人类的灵魂状态，感荡心志而发泄幽情，成为时代的心声。

这才是巴洛克音乐的魅力所在。它之所以迷人，叫人心醉，正在于巴洛克旋律有这种功能：“遵四时以叹逝，瞻万物而思纷；悲落叶于劲秋，喜柔条以芳春。”

的、科学音乐的节奏。

在很大程度和意义上，音乐就是节奏的艺术。

世界是什么？

世界就是节奏。地球绕太阳公转和自转，才有一年四季，白天和黑夜的交替，都是节奏的结果。人的生命，心脏每分跳动的次数，也是节奏。

节奏一乱，便是世界末日，生命垂危。

巴洛克音乐是风车和马车悠缓节奏。今天的重金属摇滚，嘶哑的狂叫，台上台下一齐摇，同时一道滚，是21世纪工业化节奏的反应。

19世纪德国著名钢琴家、柏林交响乐团常任指挥彪罗（H. G. von Bülow, 1830—1894）说过：

“万物之初先有节奏。”

这话说在点子上。

巴洛克音乐便有巴洛克自己的节奏。在本质上，巴洛克建筑（尤其是柱廊和窗户的布局）也有自己的节奏。

巴洛克音乐节奏不是“为节奏而节奏”，而是为了陈述、表达巴洛克时代的心声，发出时代的最强音。

巴洛克音乐和今天的摇滚乐在节奏上是多么不同！因为时代变了，音乐节奏也要变。节奏是时代的心声，是时代的脉搏和呼吸。从节奏，我们可以感知时代的心声。可见，巴洛克音乐同巴洛克时代的内在关系。

3. 记录有准确节拍的、使两个声部协调起来的、抽象（代数式）和符号化的科学记谱法（标示出每个声部的准确时间长短）也出现了！

4. 相对较先进的乐器（弦乐器、铜管乐器和木管乐器）也随之诞生。这是硬件。巴洛克音乐要有自己的乐器，否则一切都是空谈。

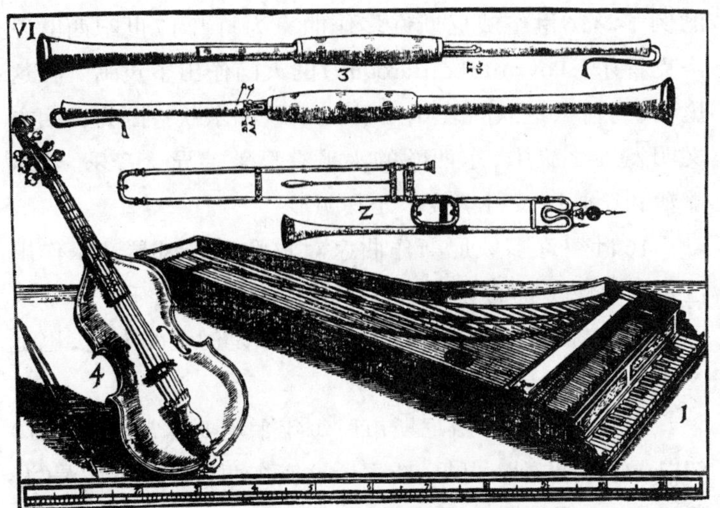

↑　1618年，普里托里乌斯出版了《音乐大全》这部专著，说明乐器相当发达，为巴洛克音乐的到来创造了大前提。

没有质量过硬的乐器，巴赫、亨德尔和海顿的曲子写得再好，也只能停留在谱纸上。那可不是音乐。

谁要谈论巴洛克音乐，他就无法回避巴洛克乐器的花色品种，尤其是它的质量。

↓　这是巴洛克管风琴（The Baroque Organ），始建于1710年，于1746年建成。

没有这种庞大、复杂的乐器，发不出低沉、雄浑、天地人神共鸣的和谐声音，巴洛克宗教音乐怎能成立？

德国的席伯曼（G. Silbermann, 1683—1753）是最杰出的管风琴制造巨匠。17世纪末和18世纪初，巴洛克管风琴音乐在德国有了蓬勃发展，从而营构了深情幽怨、情意微茫的哲学美学境界。

在德国，我有幸多次踏察过18世纪的管风琴，有助于我走近巴洛克音乐和建筑，及其两者的微妙关系（互感）。

没有过硬的管风琴，巴洛克宗教音乐怎能同教堂建筑场发生相互作用？怎能打进人的心坎？怎能产生“冲和之气，思与神会”的美学效果？又怎能达到在澄心运思、至微至妙之间令人惊讶不已的境界？

* * *

同巴洛克视觉艺术（建筑、雕塑和绘画）一样，巴洛克听觉艺术（音乐）也在向新的方向缓慢演化，并在1600年之前作了热身运动，做了准备。

除了宗教音乐领域外，世俗音乐也是巴洛克音乐的创作源泉。16世纪意大利早期一批牧歌作曲家便是巴洛克音乐的前辈。

像晚期文艺复兴建筑风格直接影响了十七世纪巴洛克建筑一样，晚期文艺复兴音乐（宗教的和世俗的）也直接影响了十七世巴洛克音乐。

威尼斯音乐学派（The Venetian School）便是一个典型

的例子。16世纪威尼斯许多作曲家为打开17世纪西欧巴洛克音乐（Toward the Baroque）的大门作出了贡献。在这里，我为什么把欧洲分开：西欧、中欧和东欧？因为在西方文明发展之旅中，东西欧的水平有显著差异。音乐、建筑雕塑和绘画以及科学技术尤其明显。

16世纪许多威尼斯作曲家对牧歌和管风琴音乐作出过重要贡献。前者为世俗音乐，后者为宗教音乐。一个入世，另一个出世。灵与肉合而为一，才是健全的人生，也是巴洛克哲学的最高追求。

1700—1750年威尼斯市民每年平均要欣赏10部或10部以上的新歌剧。可见，威尼斯这座东西方著名的贸易(海港）城市不仅是器乐、歌剧创作中心，还是乐谱和音乐理论著作印刷的基地。

伟大的巴洛克作曲家维瓦尔第（1678—1741）正是威尼斯圣马可教堂圣乐团一位小提琴师的儿子。

威尼斯著名的圣马可大教堂是威尼斯音乐的心脏和中心。当然，它也是17世纪西欧巴洛克音乐的发祥地之一。从它的建筑场中走出来富有哲学和诗的韵味的巴洛克音乐不是符合逻辑的一件事吗？音乐的表达（Musical Expression）归根到底是时代精神的表述。

总之，1600年之前西欧人所做的一切都是为了指向巴洛克，向巴洛克挺进。

↓　罗马格苏教堂，一座典型的巴洛克宗教建筑，为耶稣会的总部所在地。立面的科林斯柱式是西方文明最有代表性的符号之一。它常常同十字架合在一起。十字架也是一个符号。

意大利作为巴洛克建筑风格的发祥地，她同时也成了巴洛克音乐运动的中心，是符合逻辑的。大作曲家帕莱斯特里那（1526—1594）生平和工作都在罗马正是“以有为之人，逢有为之时，据有为之地”。他的音乐理论（复调教会音乐）成了对位法教科书，是“朝着巴洛克”（Toward Baroque）迈出了一大步。把一步步加在一起，最后才拉开了巴洛克音乐的帷幕。

好像有一双无形的手在推着西方音乐朝着巴洛克缓慢演化，呼唤几个伟大的作曲家出世，站出来，担当巴洛克时代的代言人。

音乐在本质上是种符号，是声音进行的过程。正是作为过程而不是一瞬间，也不是停滞状态，它在时间上是进行着的。

所以我们才说，音乐是时间的艺术，是时间艺术符号。

时代——人类文明之旅在本质

上也是一个不断演化的过程，它既是时间的哲学，也是音响诗。时代是在时间上日夜向前运动着的节奏。

人的一生也是在时间上日夜进行、运动的一个过程。

所以用音乐这样的符号来描述时代的心声和刻画人的灵魂状态是很恰当的。早在孔子时代，我国古人便把符号称之为“象”。它是对普通日常语言文字的有力补充：

子曰：“书不尽言，言不尽意。”

子曰：“圣人立象以尽意。”

巴洛克时代的最大特点和最高创造力是创造各种符号：巴洛克建筑符号、巴洛克音乐符号、巴洛克雕塑符号、巴洛克绘画符号、巴洛克数学符号、巴洛克物理符号、巴洛克化学符号、巴洛克科学仪器符号……

这便是本书的标题“巴洛克文明群落”。

各个领域的巴洛克伟人正是孔子所说的“圣人”。他们创造各自的符号（立象）是为了“尽意”。

尽什么意？

传达巴洛克时代的心声。

↑ 帕莱斯特里那处女作乐曲集（1554年罗马出版）的扉页。作曲家正在向教皇呈献这部书。

巴赫、亨德尔和海顿不是从天上掉下来的。他们有先辈们在前面开路、铺路和探索。意大利作曲家帕莱斯特里那便是其中一位。他直接或间接影响、启导、引领了德国巴洛克作曲家们，他们的音乐丰富了人类的内心世界。——这才是音乐艺术的价值。

巴洛克时代的“强力意志”需要借助、通过不同的符号才能表达出来。

明末清初和整个清朝的“时代”都缺乏汉唐盛世的“强力意志”，也无法同西方的“巴洛克时代精神”及其旺盛的创造力相抗衡。中华文明正在日落西山，衰败，西方的巴洛克则宛如太阳升起，日新月异求上进。

巴洛克音乐正是高昂、求上进的声音符号。它不但令人耳悦、目悦，也达到了心悦。巴洛克伟大作曲家们的抱

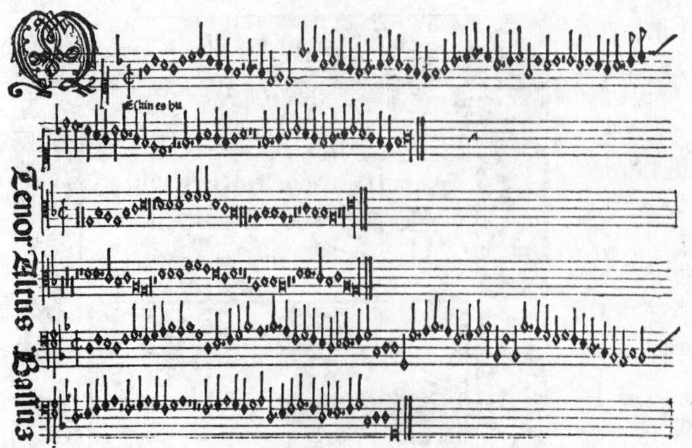

↑　这是选自复调配乐曲集的回声部一首歌曲，1501年威尼斯出版，也是用活字印刷的第一部乐曲集。

从中可见出记谱法还没有上升到科学化的符号语言系统。从如此粗糙的记谱法还诞生不出巴赫、亨德尔和海顿，巴洛克音乐艺术世界还无法破土冒出来。

所以记谱法和乐器都是巴洛克音乐兴起的先决条件，恰如巴洛克科学仪器是巴洛克物理学和化学诞生的前提。

负是：笼天地于形内，挫万物于笔端。

我确信，音乐作为一种抽象的声音符号有这种能力。

1600年之后巴洛克音乐的兴起是两大推动力的结果：

1. 音乐语言内部演化的逻辑结果；

2. 时代的需要。时代需要传达自己心声的音乐织体、音乐结构和音乐风格。比如：

文艺复兴音乐的典型织体是几个独立声部构成的复调；而巴洛克典型织体则是一个牢固的低声部和一个华丽的高声部由和声（Harmony）把它们维系在了一起。

这便是音乐语言的进步。它不是凭空从天上掉下来的“馅饼”。它只能是“以有为之人，逢有为之时，据有为之地”这三者缺一不可的合力产物。

此处的“时”，正是巴洛克时代。

↑　17世纪初，法国琉特琴风格不仅是键盘音乐发展源头，也是后来法国巴洛克音乐之源。

图片是法国作曲家德尼·戈蒂埃（1603—1672）的帕凡舞曲谱子（约1652年）。这种乐谱还没有上升到真正的、科学化的符号体系。它还没有能力支撑伟大的巴洛克音乐艺术世界。

在他死后十三年，即1685年，伟大的巴赫出生，记谱法经过三十多年的演化，已有相当大的改进，巴赫的作曲才成为可能。

科学化、符号化的记谱法（或系统）是巴洛克音乐崛起的大前提之一。

← 巴赫手稿，自《管风琴小曲集》。

只有记谱法上升到了真正科学化和符号化的语言符号体系，它才能负荷、支撑巴洛克音乐艺术大厦。

技巧过硬的乐器同符号化的记谱法是巴洛克音乐到来的两大前提。17—18世纪我国传统音乐的记谱法一直没有上升到科学化、抽象化和符号化的水平，所以落后于西方的巴洛克，这是一个原因。

← 17世纪英国“维吉那琴”(Virginal)。

巴洛克音乐到来的先决条件是已经有了相应的巴洛克乐器。没有乐器，光有乐谱上的一长串音符还不是巴洛克音乐，还不能成为巴洛克时代的代言人或心声。

德音不瑕，君子听之，以平其和。这便是我所说的冲和之气，思与神会；在澄心运思、至微至妙之间久久回荡。

↑ 16和17世纪交替之际西欧印刷车间。印刷术的进步对巴洛克音乐的兴起和繁荣是件大事。以前的手抄本不仅量少，费好大功夫，而且错误百出。

乐谱通过印刷变得准确，便宜，为巴洛克音乐的传播创造了条件。可见，巴洛克文明群落中的各个“物种”(成员)是相互促进、互相支撑的。

它们(各个成员)的关系是1+1+1+1+1>5。

↑ 维吉那琴曲集的扉页(1611年木刻)。

歌曲由当时三位杰出的英国作曲家的作品汇集而成。他们是巴洛克音乐的前辈。今天人们已经把他们完全忘却，只记得伟大的亨德尔，但他们的历史功绩毕竟写进了欧洲音乐史。

论述巴洛克音乐，理应记起这句格言：“一将成名万骨枯。”

二、巴洛克音乐的建筑结构和空筐结构，以及巴洛克音乐解释学

我这一生推开西方古典音乐的金色大门，上的第一堂课正是巴洛克音乐。（Lesson One of Baroque Music）时间是1957年冬至1958年春，前后约三个月。地点在北大朗润园美国莎士比亚专家温德先生（R. Winter）家的客厅。当时他珍藏了好几千张快转（一分钟78转）塑胶唱片，很重，Made in Japan。

自“第一课”至今，一晃五十三个春秋过去了！这已是我一生。后来我才知道，朗润园是当时圆明园的附属园林之一。1852年咸丰皇帝把它赐给了恭亲王。它离西洋楼废墟大约2公里。那时候我常在断墙残壁间漫游、出没，耳边还回荡着维瓦尔第、巴赫、亨德尔和海顿的曲子。不久我便从温德先生的藏书中看到来华西方传教士收集到的有关圆明园被毁前的绘画作品，知道它始建于1707年，1745年完成了亭台楼阁四十景。清末西洋人通过相机把以石材为主的18世纪欧式宫殿西洋楼的遗址拍摄了下来，有了视觉印象再现，给了我深刻印象。

↓　从高处鸟瞰圆明园西洋楼遗址，石柱富有18世纪巴洛克元素。这是我一生最早识读的巴洛克。

1955年秋至1961年6月，我在北大读六年书的时候常在此间漫游。特别是在我上了“巴洛克音乐第一课”之后，我来这里仰观俯察、远遁阶级斗争时代的风云便更勤。

巴洛克音乐同巴洛克建筑元素在北京西郊荒野相互交织，目接心会，引领我意跃神驰，助我偷偷地形成自己的世界观。在那种年代，形成自己有个性的世界观是件危险的事。

据说西方传教士参与了当年西洋楼的建筑设计，嵌进了巴洛克元素。我听到The Baroque Music（巴洛克音乐）这个术语是在1959年，距今已是五十二回叶绿叶黄。从一开始，我就把巴洛克音乐和巴洛克建筑放在一起来感受是一种巧合，也玉成了我的正道：Toward Baroque。今天我试图用立体、鸟

↑　这是“圆明园四十景”之一景。

2007年，为纪念圆明园建园300周年，我国有关单位出版了《圆明园四十景图咏》。这里的建筑废墟曾是我走向“世界哲学”的出发点。我忘不了这里的巴洛克遗存。

瞰的视野来观照、吃透和概括“伟大的巴洛克文明群落”，是我的解释学的产物。它是我在半个多世纪时断时续识读、识听、识看“巴洛克”的总结。我在“了断”一桩心事。

今天我对“巴洛克音乐”的解释和五十三年前的感受和体认并没有本质上的不同，只是今天我放进“巴洛克空筐”里的东西比我在北大做学生时闲逛西洋楼（巴洛克建筑遗址）要丰富、广大和深刻得多。

以石材为主的西洋楼遗址，在西山落日，斜阳衰草

↑ 18世纪北京西郊圆明园作为皇家林园(或御苑)受到西欧巴洛克建筑(包括装饰)语言符号的影响。

图片中国式门楼或牌坊便有巴洛克的装饰元素加盟。同样,中国传统林园也出现在18世纪西方巴洛克建筑艺术世界,尤其是凉亭。——这是来华西方传教士进行东西方文明比较、交流和研究的成果。(图片来源:P.Decker《Chinese Architecture》)

的景色中,自有一种巴洛克元素的残存气息向我迎面扑来……

我突然觉得从悲凉、凄楚和忧郁中也会透出一种"荒残美感"。我国传统美学有欣赏"断桥"、"危桥"、"荒村"的情结。李商隐的诗句"留得残荷听雨声"便是七字道破天机。

盛夏一池塘碧绿的荷叶听雨声的美学境界远不如李商隐的"以残为美"的咏叹。

意味深长的是,巴洛克音乐最打动人的旋律正是一些悲悲戚戚、凄凄惨惨和缠缠绵绵的东西。一句话,是甜美的忧郁或哀感的甜美;伤感中夹杂着丝丝的甜蜜。——这正是巴洛克音乐美学所追求的"悲丽"或"悲壮"。

一栋巴洛克建筑的最高美学境界不也是"悲丽"吗?当然还有绘画作品。只有这样的艺术家才是巴洛克艺术家,才有资格成为"第二造物主",或"仅次

→ 巴黎，一座中国建筑风格的公共浴室，建于1787年，正是巴洛克建筑和巴洛克音乐运动的鼎盛时期。

东西方建筑语言出现了交流现象，这是巴洛克时期的一个特点。

浴室分男女，内有阅览室和咖啡室。当然，这里永远是富人的天堂。

我承认，巴洛克有它的阶级性。巴洛克无法回避社会的不公正、不平等。善和恶这两大块共同构成了巴洛克。

正义、平等和公正永远是人类社会要争取达到的理想和目标。巴洛克哲学没有忘记这一点。

↑ 中世纪西欧罗马风(Romanesque)风格教堂废墟，弥漫着一种悲壮和苍劲的“场”。本质上这种建筑场富有“天地人神”四重结构的哲学气场，它传递给了后来的巴洛克音乐，成了巴赫和亨德尔音乐的核心。

若是拿掉“天地人神”四重结构，巴洛克音乐的大美还能剩下多少?

→ 圆明园西洋楼遗址。

这里的石柱多18世纪巴洛克建筑语言符号遗存。或者说，追溯它的建筑基因谱系树，我们可以从废墟中找到巴洛克元素。

在北大读六年书，巴洛克音乐和巴洛克建筑(废墟)这两种“场”(Field)的相互作用所产生的“悲丽”或“悲壮”美学效应有力地把我推了一把，推向探索“世界哲学”的大道，一直走到今天。严格来说，巴洛克的巴赫和亨德尔，以及圆明园巴洛克建筑废墟共同营构了我的“世界哲学”第一课。

↑ 慕尼黑的圣·米歇尔教堂废墟，1944年11月22日被盟军轰炸机严重摧毁，成为巴洛克一个空壳。原为巴洛克建筑风格。从废墟中透露出来的是一种大悲壮。

它在述说德意志民族走过了一段迷途。希特勒发动的战争不仅毁了欧洲，也毁了德国，包括巴洛克建筑艺术的颗颗明珠。

1946年圣·米歇尔教堂(St. Michaels-Kirch)开始重建。我曾多次踏察过重建后的这座巴洛克建筑，感慨万千。

↑ 重建后的圣·米歇尔教堂。

里面播放巴洛克管风琴宗教音乐。巴洛克建筑场同巴洛克音响场相互作用，双方风骨、风韵交织在一起，幽然深远，落落穆穆，是我不能忘怀的。

我最后一次在那里静坐是在2007年8月。

→ 2004年9月5日，我重访圣·米歇尔教堂。

在入口处有多张老照片，说明在二战末期该教堂被毁的惨状。我久久站在那里，最后把它拍了下来。

如果有台精密天平，把人类称一称，会发现人的聪明和愚蠢是同样重，一样的沉!

↑　1946年德国投降后一年，慕尼黑开始重建，先从清理废墟开始。为此，德国人先铺了一条轻便铁轨，为的是运出建筑废墟。

从图片中，我们可以看出战争对德国大城市的毁灭程度。巴洛克建筑艺术明珠受损严重。可见，战后德国重建的艰难和取得的辉煌成就。

战后，西德和日本这两个国家从废墟中一跃而起，令我肃然起敬！

于上帝者”。

别忘了，巴洛克美学家对巴洛克艺术家的崇高期望是：成为人类的教导者，人生痛苦的安慰者。

既然如此，还有比悲壮或悲丽更能慰藉、教导人的吗？哦，不是悲哀，是悲丽、悲壮。这才是巴洛克音乐的精髓所在！

历来东西方人有一个共同的美学经历：

奏乐以生悲丽为最善音，听乐以生悲丽为最知音。

注意，不是悲哀，不是一把眼泪一把鼻涕，而是悲丽或悲壮，直落心泪。比起生理性质的眼泪，心泪的层次远为高。心泪是天地间的，具有哲学、孤独的性质，难以言说。

巴赫的《G弦上的咏叹调》表述的正是巴洛克的悲丽：悲叹中有丝丝缕缕的美丽或凄楚动人的缠绕。

原为巴赫第三管弦乐组曲中的第二乐章。旋律纯朴、典雅、哀伤，但又不失为悲丽，具有巴洛克音乐夜曲的风格。1817年有位德国小提琴家仅用G弦（第四弦）演奏，由此得名。由于小提琴G弦具有浑厚、丰满和磁性般的音色，尤其适合演奏深沉、满目萧然的歌唱性旋律，故经改编后便不胫而走，为巴洛克音乐赢得了世界声誉：

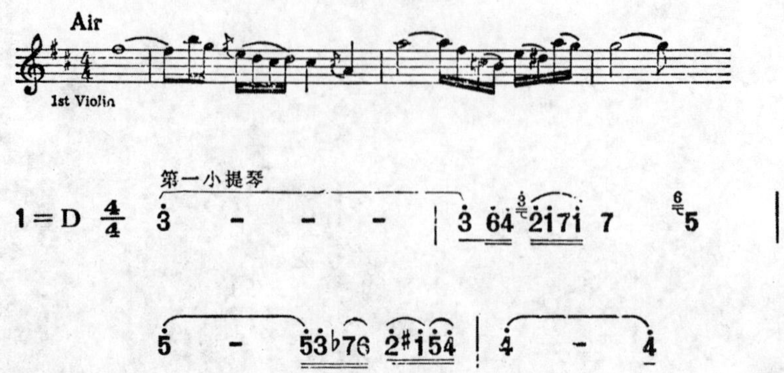

从中透露出风摇其巅，韵动崖谷；仰视天，则新月斜挂，云霞掩映；俯视地，则绿草如茵，川原无际……

在仰观俯察中，总有一种难以言说的、含吐不露的幽怨萦怀。

这便是“以悲为美”的巴洛克音乐精髓。

东西方美学都崇奉这一标准。半个多世纪，从我的巴洛克音乐“Lesson One”（第一课）起，直到2011年春这节课，一直给我这种“暮蝉不可听，落叶岂堪闻”的印象。

正是“不可听”、“岂堪闻”，才让我心醉，着迷，咀嚼不断。——这只能是人脑现象。

“万里通秋雁，千峰共夕阳”是标准的“悲丽”。本质上，它是个巴洛克音乐“空筐”。半个多世纪，不论我怎样去填它，总是填不满。能被人（各个时代的指挥、演奏家和广大发烧友）填满的，便不是真正的巴洛克音乐“空筐结构”。因为它是以“天地人神”四重结构为自己的大背景：幽深、淡远。

有个小学课堂的算术式子：

2筐苹果+3筐苹果＝5筐苹果

这个式子有用吗？

有用，但极有限。因为它只能装苹果，而且是满满当当。别的东西，一点也放不进去。若是把苹果统统拿出来，便成了：

2+3＝5

意思是：2个空筐+3个空筐＝5个空筐

2+3＝5这个算术式子是学龄前儿童都会计算的。但它的重要性和全部涵义并不是每个成年人都已经懂得了。其实它是伟大纯粹数学（Pure Mathematics）的开端！

在我们这个世界，哪来抽象的2，哪来清空的3？

只有物质、实实在在、具体的2头牛，3棵树……

2+3＝5的用处是无限的：

2个梨+3个梨＝5个梨；
2栋屋+3栋屋＝5栋屋；
2个氧原子+3个氧原子＝5个氧原子
……

意味深长的是，巴洛克音乐的性质也有2+3＝5的纯粹数学结构，即“空筐”性质。

整体来说，它为我们提供了两个大空筐：

宗教音乐空筐和世俗音乐空筐。

两个大空筐有一个共同的美学特点：以悲为美。

我相信这是由普遍人性的基因决定的，有它的DNA基础，即分子生物学基础。

都说在日本人的精神构造里有“以悲为美”的情结。这次9级大地震便能说明问题。日本人相当冷静，没有捶胸顿足、呼天叫地、嚎啕恸哭，表情中更多的是无奈、达观、听天由命、镇定。

日本是个岛国，常有地震、海啸、台风、火山爆发等自然灾害。地震尤其频发。日本人的生死观非常独特。剖腹是世界上独一无二的方式。

生命原本是从神那里借来的。有借必有还的那一天。樱花盛开灿烂，但很短暂。凋谢时，随风飘零化作泥，无奈、伤感和咏叹不可避免。——所以日本民族“以悲为美”的情结很凸显。这是显情结。

其实我们中国人和西方人，以及世界许多民族都有隐性质的“以悲为美”情结。唐诗宋词便有典型表现。巴洛克音乐在骨子里同样“以悲为美”。而且最动人心魄的旋律恰恰是那些凄婉、哀伤或婉约的东西：

“经过此地无穷事，一望凄然感废兴……天空绝塞闻边雁，叶尽孤村见夜灯。风景苍苍多少恨，寒山半出白云层。”

意味深长、叫人不思不得其解的是，巴洛克音乐发烧友最心醉的，正是这种有悲丽缠绕的音响。

在后面，我会随时指出，在巴洛克音乐艺术世界，那些令人揪心揪肺的千古绝唱，恰恰是那些“人生天地间，忽如远行客”或“一弹再三叹，慷慨有余哀”；再就是“上有弦歌声，音响一何悲，谁能为此曲”的旋律。

中国古诗美学同巴洛克音乐美学有骨子里的相通性，这就是对悲的欣赏。这里涉及音乐解释学这门重要学问，不可不察。

整个巴洛克音乐是“文本”，今天我们（指挥、演奏家和千万发烧友）都是解释者。

没有解释者的解释（识听、识看和识读，或感受、省悟和体认），巴洛克音乐不能存在。

我国传统的“我注六经”和“六经注我”便是解释学。世界是什么？人生是什么？一言以蔽之，人生世界就是人对“文本”的解释。整个世界人生是“文本”。西方解释学（释义学）从古典释义学开始。其创始人是19世纪德国著名神学家兼哲学家施莱尔马赫（F. D. Schleiermacher, 1768—1834），仅比贝多芬大两岁。他认为解释者不仅可以理解“文本”的原意，而且可以比作者（包括作曲家）本人更好地理解“文本”，发掘出更加丰富的内涵。

或者说，解释者在理解“文本”（比如某首曲子）的过程中具有自己的能动性和创造性。理解就是一个能动的、再创造的过程，重建“文本”的精神世界。

用我的纯粹数学“空筐”理论来说，解释者放进“空筐”里的东西常常会比作者本人放在里面的（感受和思想感情）要多。——这也是“空筐”所允许的，也是它热烈欢迎的。艺术作品因解释者的这种能动性再创造而变得鲜活，有活力，冲决了时间老人用无情的尘埃覆盖、淹没它的命运。

比如亨德尔在谱写《弥赛亚》时，就像着了魔似的。——这是宗教感情和思绪形成的一种冲动。他的仆人发现，他在写完“哈利路亚合唱”后已是泪流满面，说：

> **“我的的确确看见天国就在我面前，我看到了上帝本人！”（当然这只能是幻觉或幻觉性质的通感）**

我清楚地记得，五十三年前的冬春交接之际，我在北大朗润园深夜聆听这首巴洛克宗教曲子的时候，内心也被激发出一种崇敬、敬畏的心理。那是一种神圣、庄严和悲壮的灵魂状态。后来我才明白，那是我生平第一次生出了我的宗教情绪。

再往后，许多年我走在“世界哲学”（World Philosophy）探索的大道上，我往“哈里路亚空筐”里放进去的东西便越来越多，以致于今天已是“天道地道人道神道”四重结构，是My Cosmic Religions Feelings（我的宇宙宗教感）。

它富有七远：广远、阔远、深远、幽远、渺远、迷远、淡远。

这虽然不是上帝本人，却是上帝的身影。

是的，我忘不了巴赫和亨德尔的男高音独唱“哈利路亚”：

马丁·路德的诗词也有助于我进入宗教灵魂状态。尽管到了巴洛克时代旋律的地位远远高于唱词，而不是文艺复兴时期的原先局面：**歌词高于曲子。——只有旋律的地位高于唱词，巴洛克音乐才宣告自己诞生了！指出这点很重要。因为只有旋律才具有符号的空筐性质，才是纯粹数学性质的空筐结构，才是音乐语言本身**。

下面是马丁·路德的一段诗词：

> **上帝自己就是太阳，**
> **他用仁慈的光辉，**
> **给我们心灵照个亮，**
> **罪恶的黑夜被驱散。**
> **哈利路亚！**

后来我注意到，在“哈利路亚”这个词上作曲家使用了节奏性较强的男低音固定的低音。在它上面的女高音和女低音声部则演唱众赞歌曲的变奏。这一次，“哈利路亚”表现出了哀悼、悲壮的情调。

这既是巴洛克音乐的悲丽、大声疾呼和垂泪以道，也是普遍人性中一吐胸中块垒的披露。——这里也有“以悲为美”、妙响随意而生的成分。

这种声音的符号只有人才能发出来。禽鸟只会鸣叫，狼只会嗥月，而众人用歌声发出“哈利路亚”的祈祷声，庄严、神圣、虔诚。——这不是“小我”是“大我”，是巴洛克时代的一个大写人，才有这等为“天地人神”四重结构而吟啸的悲鸣，惊之以雷霆的效果。“哈利路亚”是巴洛克时代精神的一种声音符号，也是巴洛克“民之情性”的一种集体心理表达。子曰：“诗者，民之情性也。”

巴洛克建筑、巴洛克音乐、巴洛克绘画、巴洛克戏剧、巴洛克哲学美学和巴洛克自然科学……在本质上都是“诗”，都是“天地人神”四重结构发出的心声：

志深笔长，故情性多悲丽之气。

最后关于解释学的重要性，我还想举两个例子：

1. 对某宗教教义的不同理解和解释，其后果往往会改变历史，生死攸关。

2. 《共产党宣言》发表于1848年。它是人类现代史上阅读最广泛、受众最多、最有影响力的政治文献，也是拥有最不相同解释和理解的一份宣言，产生的后果影响了世界政治秩序和格局，事关重大，生死攸关。

* * *

我之所以把1600年前后看成是巴洛克音乐的诞生或拉开了帷幕时期，在西方音乐史上是一个转折点，原因是这时候意大利的一些作曲家和学者组织了一个研究“新音乐”的团体，叫“佛罗伦萨的卡玛拉塔”（The Florentine Camerata），目的是从文艺复兴时期的多声部复调音乐转变为带有和弦的主调音乐语言。——这正是巴洛克早期音乐的特点。

或者说，“新音乐”（巴洛克）时期的作曲家们关注的是音乐的和声组织，即致力于发展一种以调性中心音（主音）为基础的和声系统，即在旋律线条下使用和弦来建立调性中心。

就是说，巴洛克作曲家开始纵向构思而不再是先前的横向构思。——这在本质上便具有了建筑结构。因为建筑的构成正是从地基到基础部分，再到底层，以及往上的一、二、三层……

巴洛克作曲家们正是在这种建筑结构上去创作他们的声乐和器乐。——“新音乐”（巴洛克音乐语言）作为一种新的符号产生出来，归根到底是为了满足时代的兴趣和要求。只有巴洛克新型的和声符号系统才能荷载较复杂、较丰富、内涵更为深广的时代信息——巴洛克时代精神。

应该承认，人类所创造的符号有低高级之分。比起文艺复兴时期的音乐语言符号，巴洛克音乐语言符号要成熟、先进和高级得多。毕竟时代进步了。就是说，巴洛克音乐的建筑结构性较为凸显，荷载能力大大增加了。作曲家们通过音符、用声乐和器乐试图去“笼天地于形内，挫万

↓　包括古埃及象形文字在内的楔形文字是人类最古老的文字符号之一，产生年代约公元前3500年至公元前650年。

应该承认，这种语言文字符号体系是很原始、初级的。我们不能期望用它可以写篇有关量子力学和当代引力场的论文。它的负载信息的能力极有限。

音乐语言符号体系也有初、高级之分。巴洛克时代需要较高级的音乐语言符号系统，成为时代的代言人或喉舌。

太阳

山

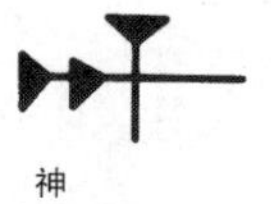
神

谷物

物于笔端”。

这种志向与巴洛克建筑师、画家、戏剧家、哲学家、数学家和物理学家……的抱负是等同的，平分秋色。这叫“夫乐调而四时和，阴阳之变，万物之统”。

或者说，早期巴洛克音乐风格的主要标志是从文艺复兴多声部复调转变为单一曲调与和声的单声音乐（Monody）。这种新音乐（单声部音乐）还导致了一个重要变革，即从中世纪教会8至10个调式减少为大小调两种。正是这大小调体系支配、统治了西方音乐约三百年！

↑ 古埃及墓碑，约公元前2250年，表明左侧两位主要人物的身份。整个文字符号系统描述了一位国王的葬礼。

关于抽象概念，这种低级语言符号很难说出什么。符号的级别决定了人类文明的等级。音乐音符体系是符号大家族的一种。

巴洛克音乐特别强调用强烈的明暗对比和内在矛盾、冲突，为的是形成动感和紧张度。作曲家的做法是通过调性的转换、乐章之间力度与速度的变化，以及在协奏曲中的同一乐章独奏同合奏的对置等手法来实现。

像这样的新音乐语言多样的对比和统一，精巧地把众多个细部编织进一个有机、完美的整体之中，使我们联想起文艺复兴建筑风格和巴洛克建筑风格的语言符号系统。维特鲁威早就强调过古希腊罗马神庙的均衡和比例。没有均衡和比例，就不可能有任何神庙的壮美布局或布局的悲丽！

“比例是在一切建筑中的细部和整体服从一定的模量，从而产生均衡的方法。”

巴洛克作曲家的导师——建筑艺术——早就屹立在蓝天底下、大地之上。建筑总是走在音乐的前头，对音乐产生潜移默化的影响。建筑先行，音乐后到。

人类是在先有了遮风避雨的棚屋住下来之后才开始放声歌唱的。笛子比歌声又要晚一步。

巴洛克音乐强调用明暗对比以及内在的矛盾和冲突，并不是某个作曲家的心血来潮或个人爱好，而是巴洛克时代的需要。或者说是巴洛克世界观的要求。西欧进入17世纪，视野扩大了，深化了，时代需要一种新音乐语言来表述自己的世界观。

1931年爱因斯坦说，音乐和物理学在起源上是不相同的，但被共同的目标联系着。"这个世界可以由音乐的音符所组成，也可以由数学公式组成。我们试图创造合理的世界图象，使我们在那里就象感到在家里一样，并且可以获得在日常生活中不能达到的安定。"（自《爱因斯坦文集》，1976年，商务，第一卷，第285页）

可见，巴洛克音乐参与了巴洛克世界观的构建。

* * *

下面，我仅选出五个半巴洛克作曲家作些简要的论述。贝多芬只能算是半个。另半个贝多芬则为德国浪漫派运动的领军人物。他是从巴洛克王国走向世界的，直到今天21世纪。

三、维瓦尔第（1678—1741）

距今五十三年前，在北大朗润园我的巴洛克音乐"第一课"便有维瓦尔第的作品在深夜回荡。他既是一位教士，也是一位小提琴家、指挥和作曲家。他是17世纪至18世纪威尼斯音乐氛围（The Musical Atmosphere）或者说是巴洛克建筑气场和巴洛克音乐气场共同薰陶、养育出来的巴洛克音响诗人。

在巴洛克音乐中，维瓦尔第的重要贡献是：

在协奏曲中，他是第一个把慢乐章提升到同其他乐章平分秋色的作曲家。

根据我五十三年对西方经典音乐（巴洛克加上19世纪浪漫派作品）的识听、识看、体认和解释，慢乐章就像一个鸡蛋里的蛋黄那样重要。

巴洛克时代精神最深刻的东西几乎都集中在慢乐章。它和今天的"快餐"时代是不相容的！风车和马车的节奏同波音、高铁的节奏是不同的。

唐诗的魅力也不在快，而在慢，在悠缓：

"客心洗流水，余响入霜钟。不觉碧山暮，秋云暗几重。"（李白）

霜降钟鸣，琴的余音如钟的余音，久久回荡，一下一下。

碧山暮和秋云暗也是个缓慢过程，不是突然发生的。——这是自然界的"慢乐章"。

维瓦尔第是当时最多产、影响最大的作曲家之一。佚失的不计在内，他遗留给后世的协奏曲便有400多余首，单是小提琴协奏曲就有221首之多。他的40多部歌剧大多在当时的歌剧中心威尼斯写下的。

他的作品直接影响了巴赫。巴赫比他仅小7岁。

著名的《四季》(小提琴协奏曲第一首至第四首)创作于1725年。第二首《夏》g小调描写的是雷阵雨。第一和第二小提琴飞速进行的音阶一个接一个，象征闪电的放射。低音提琴和大提琴则表征隆隆的雷鸣声：

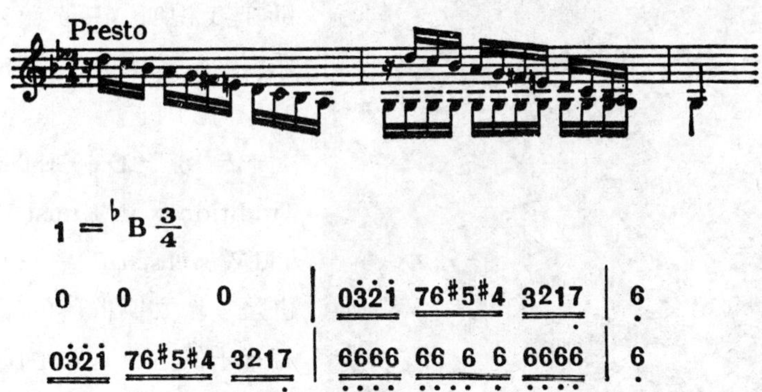

在巴洛克时代，人同大自然是亲密无间的，而且是宗教感情最深厚的源泉。因为人依靠大自然。而依赖感恰恰是人的宗教心理基础，永恒的、颠扑不破的感情基础。

宗教是什么？宗教的心理基础是什么？

宗教就是“我之成为我”的一种依赖、感恩、思量、承认和双膝跪地的灵魂状态。

巴洛克艺术(听觉艺术和视觉艺术——包括建筑、雕塑和绘画)从头到尾都贯穿了这种宗教心理。这便是“哈利路亚合唱”的核心内涵。

《夏》这首曲子是维氏为弦乐器而作。从中我们能听出贝多芬《田园交响曲》的先声。——历史的继承性和链接永远是人类文明之旅的固有元素。

四、巴赫(1685—1750)

要用两三千汉字去概括、讲清楚巴赫的音乐是非常困难的。即便是写本25万字的音乐学专著，也很勉强。何况音乐不是说的。能说清楚、明白，何苦要动用大小各种乐器和男女声部？恰恰相反，当普通日常语言文字戛然而止，无法讲清楚的时候，才是音乐语言响起、大显身手之时。

↑ 巴洛克也是帆船战舰和枪炮时代。16和17世纪发生的战争比欧洲历史上任何时期都频繁。战火带来的深重苦难最后只能落在千百万平民百姓身上。

这时候，宗教音乐（特别是管风琴）安慰人的功能便凸显了出来。

我有幸造访过巴赫的出生地和故居，以及他在多处创作和生活的地方。图林根州是德国的心脏地带，多为森林、山谷和山坡，还有哥特风格的建筑（教堂、城堡和民居）给了我难忘印象，大大有助于我识听、识读和领悟他的音乐。——“功夫在诗外”。

“德国艺术、哲学和科学伟大传统”（Die Großen Deutschen Traditionen in Kunst、Philosophie und Wissenschaft）是一个重要术语，也是一个文明群落的概念，其中巴赫音乐便占有重要地位。

在德语中，巴赫（Bach）是“小溪”的意思。而音乐美学家发表评论说，他的音乐其实是“大海”。——由音符构筑的“大海”。

唐代诗人独孤及在《观海》中写道：

“谁尸造物功，凿此天池源？”（此处的“尸”即主持）

诗人惊叹海洋的浩瀚，并把它看成是“天池”。那么，是谁修建了这座“天池”呢？

除了全能的造物主外，还能有谁？

从这一叩问中，透露出了诗人的“自然神学”（Natural Theology）思想。它也是18世纪巴洛克哲学一个重要学派。这是东西方思潮的不约而同的遥相呼应，不期而遇。“大自然神庙”（The Temple of Nature）是个重要术语，它来自巴洛克哲学。

在这里，我要问：巴赫音乐“大海”又是谁凿成的？

也是造物主或至高无上的上帝（The Most High God）把巴赫派到人间来的，为的是安慰经历过“三十年战争”（1618—1648）苦难深重的平民百姓。

战争结束后的第三十七年，仁慈的上帝便开口说：

“巴赫，你出世吧！你出世的时候到了！用你的音乐语言符号去安慰人的心灵吧！他们可怜的心在滴血。光有温饱，有屋住下来，还是不够的。”

巴赫一生创作的目的有四个：

1. 为了赞美、歌颂、荣耀上帝；
2. 为了娱乐、安慰和教化他的同胞；
3. 为了满足他的上司（包括教会负责人和王公贵族）；
4. 为了养家糊口。

巴赫音乐总是在祈求“外界和平以及内界（心灵）的安宁”。——这是他的不变的主题，非常虔诚。

他一生在多处担任管风琴师，所以作品大多为管风琴曲。这种乐器最适合祈祷，拨动德意志民族心坎上的琴弦。音乐共鸣，低沉，使人的心耳渴望“外界和平以及内界的安宁”就像贝壳日夜思念大海的涛声……

巴赫的管风琴赋格主题以其多种类型、感人的旋律和回肠荡气的节奏，把寄托在琴语中的心声娓娓道来，比如：

这种音乐语言便成了巴洛克时代的代言人。

今天，经历过地震、海啸和核泄漏三重打击的东日本人的内心最能同巴赫音乐发生共鸣，获得安慰。——这才是巴赫音乐的21世纪意义。

1957年反右后，巴赫音乐之所以能成为我的第一课，走进巴洛克音乐世界，重要原因也是我的内心有苦难。因为苦难缩短了我同上帝的距离，也拉近了我同巴赫音乐的关系。

后来我才悟出，巴赫恬静、安祥、平和的音响最大伦理功能在于驱散焦虑。因为焦虑的结束便是信心的开始。

“进入上帝的王国，心灵必须经历许多苦难。”

一宿虽哭泣，清晨必有欢呼笑语。从黑夜出发的人，迎接他的一定是光芒四射的、黎明的霞光。——这才是我多年识听、识读出来的巴赫音乐。

虔诚的宗教感情是他的音乐灵魂。17世纪是宗教信仰的世纪。我们只有悄悄地走进哥特大教堂的场（Field）和巴洛克教堂的场，才能真正感受、体认他的音乐语言。

《b小调弥撒曲》《圣马太受难曲》和《圣约翰受难曲》是路德教派宗教音乐的样本。

我忘不了1957年严冬岁末和1958年早春北京下了两场大雪。西郊朗润园温德老教授家的客厅在深夜还回荡着巴赫的教堂音乐。雪后放晴，清虚的月光晒在窗外的石桥上。——我经历了生平第一次宗教感情的洗礼，但没有走近基督教的“十字架”，而是德国的泛神论（大自然的上帝或上帝的大自然）。

在我一生中，这是件大事。巴赫音乐为我心中升腾起的信仰营构了泛神论的心理氛围。

我的上帝不在哥特大教堂或巴洛克教堂建筑空间内，而在“大自然的神庙”（The Temple of Nature）。——在我一生中，我对上帝所下的定义于我是非常重要的。因为我的上帝铸造了我。

五、亨德尔（1685—1759）

在巴洛克音乐的天穹，他和巴赫是两颗耀眼的星星。他们都是德国人。

有两个人从牢狱的铁窗往外看，一个人看到的是满地烂泥，另一个瞥见到的则是满天的星斗。

走近、亲近、识读巴洛克艺术的人便是这后一个人。

亨德尔在意大利度过了好几年的青春岁月。那里的音乐（包括歌剧）、建筑、绘画和雕塑对他日后的创作产生了深远影响是不言而喻的。

他的音乐富有巴洛克的“悲丽”，因为在本质上它是一首谢恩的宗教赞美诗。比如《F大调第二首大协奏曲》第三乐章。

一开始是一段降B大调的广板，以独奏乐器组同整个乐队的对答为基础，非常感人，给人高爽迈出、远有致思的印象：

《g小调第六首大协奏曲》的第一乐章也是一段悲丽和壮美的小广板，它有如一段悲伤的独白：“梦觉起视夜，缺月挂屋角。”这又是一次“以悲为美”的渲泄和体验：

亨德尔一生最高成就还在他创造的合唱风格。他的宣叙调营构了“崇高”思绪和观念。它在整个巴洛克美学中占有重要地位。直到康德，一批巴洛克美学家还在追问“什么是崇高？”即便是在今天21世纪，这一追问依然有它的迷人魅力。

“巴洛克崇高”不仅在音乐和建筑中有典型表现，即便在数学和自然科学中同样也有无法用普通日常语言说清楚的奇妙披露。比如表达无穷大的式子：

$$n+1$$

n代表任何大的正整数。这样n+1便可表示无穷大。比如你认为1 000万是很大的数目了，但你只要在它后面再加上1，便轻而易举地大于10 000万！

由此可见n+1这个表达式（符号）的魅力，从中便生出了崇高——巴洛克数学的崇高。

它足以使风云变色，山川异彩。

↑ 海顿肖像，1781年，铜版画。

在上世纪六七十年代阶级斗争的残酷岁月，n+1这个最简洁的符号给了我许多生存的勇气。即便是今天，从中生出的崇高和神圣，对我也是一种最大安慰——数学哲学的安慰。

六、海顿(1732—1809)

他的创作涵盖了各种体裁和形式。他对巴洛克音乐的最大贡献是交响曲和四重奏。

他把交响曲定型为四个乐章，有明显的建筑结构，总数至少有一百零四首，不过哲学内涵和诗意不浓，少有使人情开涤，风气韵度朗朗如日月之入怀的旋律。毕竟是巴洛克交响曲的少年时代，没有发育成熟，要等待莫扎特和贝多芬将它推向"林无静树，川无停流"的涌动境界。——这正是戏剧性的明暗搏斗或对抗。

晚年，他谈起音乐的使命(也是巴洛克音乐所致力的最高目标)：

"在这个世界上，快乐和心满意足的人真是寥寥无几，人们到处为痛苦和忧虑所逼迫。也许你的作品有时也有可能成为一股清泉，使那些满怀愁苦和百事劳心的人能够从中得到暂时的安宁和憩息。"

很遗憾，当时海顿的音乐还走不出为王公贵族或爵爷

↓ 海顿手稿

服务的小圈子。我们当承认，巴洛克是一个阶级分明的巴洛克。社会的金字塔结构是很凸显的。穷人或劳苦大众被挡在巴洛克艺术世界的圈外。艺术的光华，辉丽万有，照射不到这些穷汉的内界。

在海顿的交响曲中，创作于1772年的《第四十五交响曲》(《告别》)占有独特地位。因为它悲丽，有骨气端翔，音情顿挫，光英朗练，从中透露出了富有忧思的金石声。下面三个音乐形象即能说明问题：

这首交响曲之所以被称之为《告别》是因为最后乐章结束的方式很奇特：用上的乐器渐渐减少。乐队演奏家在奏完各自的声部后，依次吹灭面前谱架上的蜡烛，再悄然、静静地退出乐队——先是法国号退席，接着就是双簧管、大管、低音提琴，最后只剩下两把小提琴用微弱、纤细、悲戚的声音结束全曲。

1799年这首《告别》交响曲在莱比锡演出后《普及音乐报》有过这样一段描述：

“当乐队演奏家们开始熄灭烛光并相继悄然退席时，听众的心都收紧了……当小提琴最后奏出那微弱的声音也终于消失，听众才深受感动地开始默然散开，好像在同他们欣赏的东西作永远告别似的……”

19世纪德国作曲家舒曼也听过这部交响曲。之后他说：“对此谁也笑不出来。因为这绝对不是为消愁解闷而写的曲子。”

我激赏海顿作这样的安排或设计。标题音乐《告别》这个词用在这里很到位。整个曲子也是匠心独运，有诗意，有哲学，从中透露出了“惆怅”——人性普遍的一种很细腻、很高级、很悲丽的感情。

衡量一件艺术品(包括戏剧)是否能在听众或观众的内心产生出一团“惆怅”思绪,是该艺术品成功与否或成功大小的重要指标之一。

告别今生出惆怅。

惆怅是人生哲学概念。人生之旅在哲学层面上是告别之旅。它是由一串大小惆怅组成的。人在路上。大小惆怅组成了路。

出生于2005年4月10日的庄欣颐是个小女孩,前些天她刚过了6岁生日。6年前的这一天,她告别了娘胎。再过些日子,她要告别幼儿园去走进蓬莱路二小。之后又要告别小学,进中学。在这之前的所有告别,她生不出惆怅。因为她小,不成熟。惆怅的生出标志人开始成熟。大学毕业那一天,惆怅会很明显。离校那天,她会含着泪,向集体宿舍那张床、图书馆那张桌和椅,还有食堂……作告别。向永远不会再来的时光道别。

无形的蜡烛一支支被你吹灭。在告别中,你从心头会生出一缕缕淡淡的伤感、悲丽,甚至是悲壮。

海顿的《第四十五交响曲》所刻画的,正是这种感情。

我注意到,巴洛克美学探讨过许多美学现象,好像疏忽、疏漏了对“惆怅”的分析。

巴洛克哲学美学思想家怎么会漏掉了“惆怅”美学现象呢?!其实巴洛克艺术、科学和哲学的共同最高境界便有惆怅的身影。它和敬畏、赞美和惊叹这些元素组合在一起,共同构筑了巴洛克的绝对美学:

登山临下,幽然深远;远有致思,萧条高寄。

可以说,没有根本惆怅的人生是浅薄的。我害怕同惆怅相遇,又偷偷地在暗地里欣赏、品味和咀嚼惆怅,而且是“根本惆怅”。

老实说,巴洛克整个世界之所以吸引我,原因之一正是“巴洛克惆怅”叫我心醉。“根本惆怅”是不可言说的,它通神。那是创造主造人时的事先安排。

莫扎特音乐便给后人遗留下了许多个“惆怅的大空筐”,任凭21世纪的西方人和东方人去填,又总是填不满。这才是“宇宙美学”(A Universal Aesthetics)的特点。

七、莫扎特(1756—1791)

多年前,我出过一本专著《莫扎特之魂》。今天我只想作点补充。

国外有些音乐史家把巴洛克音乐划定为1600—1750年。我则主张为1600—1791年，即把莫扎特看成是最后一个伟大的巴洛克作曲家。

有人说，18世纪是莫扎特世纪。

从音乐角度去看，这样说没有错。但巴洛克是个大约前后两百年的宏伟、浩博和悲丽的大时代，音乐仅仅是大文明群落中的一个"物种"，无法囊括巴洛克整体。

巴洛克时代出了一个莫扎特，真是奇迹，归根到底，这是上帝送给人类的一件最珍贵礼物，为的是用巴洛克音乐的"悲丽"和"雅颂之声"去安慰受到各种创伤的人的心灵或灵魂。

我国最早一本音乐理论专著《乐记》有言：

"听其雅颂之声，志意得广焉……故乐者，天地之命，中和之纪，人情之所以不能免也。"

看来，我们中国听众只有借助于《乐记》才能恰如其分、准确地对莫扎特音乐艺术世界加以解释或哲学概括（德文是个动词Philosophieren）。

按我的音乐解释学，巴洛克音乐在本质上是巴洛克时代的反应，是发出声音的音响符号，是巴洛克时代"强力意志"的表述，也是巴洛克灵魂状态的刻画和写照。

就在昨天，我同刚从音乐学院研究生院钢琴系毕业的Rosemary在咖啡屋畅谈了莫扎特小提琴和钢琴奏鸣曲，以及他的钢琴独奏作品，再就是他的大量舞曲，比如《德国舞曲》（Deutsche Tänze），非常优美、亮丽，属于巴洛克的秀丽和欢快，受德国民间舞曲影响很深，经莫扎特过滤、提升，更符号化了，乐化了，通神了：

"乐则安，安则久，久则天，天则神。"（《乐记》）

《乐记》把"通神"的音乐看成是最高境界。我双手赞成这种音乐解释学。这种高超的"哲学美学"（Die Philosophische Aesthetik），也是对整个巴洛克文明群落（艺术、科学和哲学）最中肯的哲学概括。巴洛克艺术、科学和哲学在最高处都通神，即与至高的神合而为一，也就是"太一"。

最近我读了西方学者写的有关论文和专著，题目是《Plotinus on the Good or the One》（普罗提诺论至善和太一）。新柏拉图主义重要代表人物、古罗马哲学家普罗提诺（Plotinus，约公元204—270）认为"太一"是宇宙最高本原，是其他万物存在的原因，也是万物的开端，更是万物的终极目的。

↑ 18世纪中叶，即莫扎特出生的前后，西方殖民主义者（英、荷、西、法）在北美辽阔大地开拓时的场景。

假设莫扎特在这里的木屋诞生，日后还会有莫扎特的伟大钢琴协奏曲吗？当年美国的一切环境场能够贡献出一个莫扎特吗？

"太一"和"至善"都是普罗提诺哲学的"万物本原"。太一是真正的王，是真正的本原，也是真正的至善。它有点像老子的"常道"。作为最高本原的"太一"也是不可言说的。

宇宙万物都必须(是必须，不是应该)有个生成的原因，而往前追溯，便遇上了"第一个原因"(The First Cause)，即太原因，这便是"太一"，即"神"。

巴洛克文明群落最后、最高指归应是"向上帝走去"。这也是莫扎特音乐所追求的最高境界。

物理哲学家(The Physical Philosopher)、量子论创始人、德国好几百年科学、艺术和哲学伟大传统最后一个代表人物普朗克(M. Planck,1858—1947)认为物理学的最高目标是：

Hinzu Gott！(朝上帝走去)

这个术语同中国古代哲学家所说的"通神"有异曲同工之妙。东西方两种说法指向同一个终极目标。

普朗克终生都热爱德国经典音乐。所谓经典即巴洛克音乐加上19世纪德国浪漫派乐曲。其中当推巴赫、莫扎特和贝多芬为最。当年在柏林时期，爱因斯坦拉小提琴，

→ 二十世纪二十年代滇西北高原弓弩手，洛克摄影。

这样的狩猎或生产方式，又在当时当地的纳西族，能营构出莫扎特的交响曲吗？莫扎特音乐能在18世纪的滇西北高原横空出世吗？（图片选自我的文友王大卫的著作《天地无极》，2006年，工人出版社）

↓ 1928年我国滇西北木里乡民，美国著名探险家洛克拍摄，他在我国滇西北高原考察、生活了多年。

在当时，木里是个神秘的王国，从云南丽江到木里，高山峡谷中崎岖的山路十分险恶。多数地段是荒凉、绝无人迹的古驿道。假设莫扎特在这里诞生、成长，照样还能有日后的小提琴或钢琴奏鸣曲吗？

答案是否定的。同样是那个莫扎特，那个人，但不能脱离恰当的地点和时间。

↑ 云南丽江纳西族的金蛙舞，张桐胜摄影。

当然舞曲属于纳西古乐。我们能期望从中会诞生出莫扎特的舞曲吗？会出现巴洛克的舞曲节奏吗？

莫扎特音乐永远也不能脱离恰当的地点和时间。此处地点包括建筑风格和风土人情。

巴洛克音乐需要巴洛克五大秩序共同参与：

自然秩序、政治秩序、经济秩序、社会秩序和人的内界（精神）秩序。缺一不可！

↑ 美国牛仔生活方式只能产生牛仔音乐和牛仔舞，而不是莫扎特鹅毛笔下的德国舞曲。

普朗克钢琴伴奏，曲目多半是莫扎特的小提琴奏鸣曲，比如第33—35号小提琴钢琴奏鸣曲（Sonatas for Violin and Piano），分别创作于1785年、1787年和1788年，那正是巴洛克建筑运动接近尾声时期。

这些曲子是莫扎特奏鸣曲形式中的珍品，清澈、透亮和悲丽，且兼婉约。作曲家为每个音符，各象其形，含情万里，把巴洛克美学境界推向了极至。

巴洛克每个领域的伟人都是为了"通神"才到世上走一遭的。

当演奏完毕，爱因斯坦总是发感慨：

"妙不可言啊！"

毕业于研究生院钢琴系的Rosemary今后主攻方向是音乐学，重点是分析"德奥经典音乐产生的大文化背景"。陆游说"功夫在诗外"。出于同样道理，Rosemary和我也可以说：

"功夫在音乐外。"

我们认为，为了走近、识听、识读、解释并理解德奥经典音乐王国的语言，有必要从以下七个方面入手：

1. 德奥自然地理环境和条件，包括气候、山峦、森林、河流、山坡、山谷、生态环境和动植物，尤其是莱茵河及其沿岸古城堡，教堂。

↓ 小时候的莫扎特即表现出了音乐天才，受到皇室接见。

站在钢琴旁边的正是穿着礼服的小莫扎特。

皇宫的一切，尤其是建筑气场、氛围和舞曲节奏，他都一一储存在大脑里。日后只要灵感附身，他便会从中取出来，写成一个个金灿灿的音符，组成一首曲子。

让我来假设一下，如果巴赫和莫扎特在我国滇西北玉龙雪山、哈巴雪山、格聂雪山和贡嘎雪山一带出生和成长，建筑（宗教建筑和世俗建筑）是当地的，政治秩序、经济秩序、社会秩序和人的内界（精神）秩序也是当地当时的，还会产生他们的巴洛克音乐语言吗？还会有莫扎特的伟大

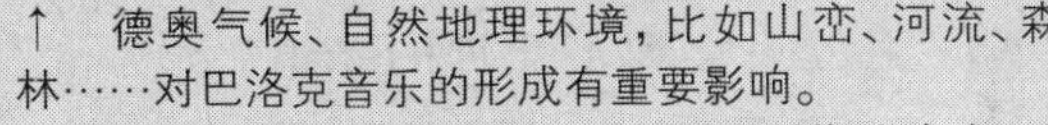

↑　德奥气候、自然地理环境，比如山峦、河流、森林……对巴洛克音乐的形成有重要影响。

音乐学学者不可忽视这一点。否则你的论述、分析和解释便没有说到点子上。

钢琴协奏曲吗？

2. 如果巴赫和莫扎特同基督教感情和信仰脱离、断绝关系，还会有他们的音乐吗？

3. 如果他们同哥特建筑场、文艺复兴建筑场和巴洛克建筑场脱离关系，并同它们绝缘，他们照样还能创作出巴洛克曲子吗：

至近而意远，至丽而自然。这才是巴洛克唱歌兼唱情，而不是唱歌惟唱声。

4. 德奥经典音乐同民间音乐（民歌）关系密切。它深深扎根于其中。

5. 它同德国诗歌以及日耳曼神话和童话也有很深的缘源。歌德、席勒、海涅和乌兰德的诗是作曲家的至爱，是谱成曲的灵感重要源泉之一。舒伯特的套曲《冬之旅》正是为诗人穆勒谱成的千古绝唱。

6. 德国泛神论（即大自然的上帝或上帝的大自然）对作曲家的世界观有很深广的影响。

7. 德奥经典音乐语言符号体系同德国哲学是分不开的。因为音乐的极至既是哲学，也是诗。

或者说，诗是音乐语言符号体系的开端，而哲学便是它的终结。

莫扎特的伟大作品《A大调单簧管协奏曲》（作于1791年10月）不就是最好的证明吗？它把巴洛克的“悲丽”推向了极至而通神。——这回是通死神。莫扎特预感到了死神即将来临。他说他已经用舌头尝到了死神的味道。最后他用音乐语言说出了尝到死神的感觉。他是平静的，淡定的。

死比生更基本。死是永恒，生是暂时。

生仅仅是死的一个特例，就像直线是曲线的一个特例。当曲线很短很短的时候便成了直线。

↓　18世纪维也纳皇宫华丽的巴洛克装饰符号。

这也对莫扎特的音乐语言产生了潜在的影响。从他的音乐中，我们时常会看到、见出这种装饰语言符号在若隐若现：

光彩照人、富有绚丽的曲线美；当然有时也会感慨沧桑，低徊不置，声泪俱下。

上者可以惊心动魄，次亦沁人心脾。——这才是莫扎特音乐的妙绝，不同凡响。

↑ 维也纳一座巴洛克建筑风格的华美、亮丽教堂。

在这里的建筑语言符号系统中没有浮词累句，莫扎特常来这里。他是望表而知里，触毛而辨骨，睹一事于句中，后三隅于字外。

他的音乐深受各地（西欧、南欧和中欧）建筑风格的潜在影响。

莫扎特在他一生最后几首曲子中，他通过音符的绚丽作了对生的沉思和对死的默念，从中生出了哲学性质的"根本惆怅"。

今天，我们若是体验不到莫扎特的"根本惆怅"，就没有听懂，即便你是伟大的指挥、伟大的演奏家。

我这一生是从"根本惆怅"吸取营养的。我怕内心生出"根本惆怅"。若是生出了，又爱咀嚼、品味、省悟它。刚过"古稀之年"的我，"根本惆怅"有告别尘世、回到永恒的依依不舍。

Rosemary的钢琴专业知识丰富、深厚、扎实。她告诉我，毕业前夕，走出研究生院大门前的一个月，她还在听德国专家、访问学者讲解海顿的钢琴曲。

"你看，这里又涉及音乐解释学。不同的人有不同的解释。没有唯一、绝对正确的海顿或莫扎特。但又不可以作出任意性的解释。把握度是关键。世界就是度，"我说。

我和Rosemary的关系是互补的。

我忘不了我们在咖啡屋畅谈巴洛克音乐的情景。

"半个多世纪我作为发烧友听下来，巴洛克音乐的节奏正是牧场上的风车和穿过城乡道路上的马车。不能是别的节奏。风车、马车和帆船是当年时代的速度。"

↑ 约1770年左右维也纳皇宫广场的建筑、马车、军官和士兵的场景。

不用怀疑，它对莫扎特的创作会产生潜在影响。因为音乐语言无法挣脱作曲家所处的社会环境。莫扎特音乐妙迹，在于用思沉郁，宛与理会，含于和气，曲若天成，并非冥搜得来。——这便有天然去雕饰的效果了。

这是莫扎特音乐最凸显的特色，也是我半个多世纪的不断感悟和体认得出的结论。

↑ 这是一座典型的巴洛克风格的教堂建筑。只要你一走进去，你马上便会意识到：

17—18世纪的建筑是凝固的巴洛克音乐，而巴洛克音乐则是流动的巴洛克建筑。两者的关系是互通的，可转换的。

瑰丽的筋脉是它们转韵的基础。这里有月色横分窗一半，秋声正在草丛中。

↓ 这是2004年我在德国小城镇漫游时拍摄到的民居，还有一股巴洛克建筑风格的遗存韵味向我迎面扑来。

莫扎特短暂的一生常乘公开马车在欧洲作巡回演出旅行。沿途经过的城乡建筑给他的印象是深刻的。日后这些视觉印象会转换成声音符号，铸成由音符写成的曲子，婉而成乐章。

↑　这是我在德国拍摄到的古屋，建造年代为1727年，写在醒目处。

29年后，莫扎特才出生。

我很欣赏德国人的时间意识，把屋子的建造年代刻在醒目的地方。我们中国人没有这种意识，这是我们的不足。

←↑　德国西南部小城镇古色古香，没有遭轰炸，巴洛克时期的建筑保存至今，完美无损，还在呼吸，鲜活。底楼为商店，楼上住家，完全现代化设施。

我特别欣赏古为今用。今天的巴洛克建筑还活着！试问：我国活着的18世纪古屋为什么很难见到？

↑ 莫扎特在维也纳搬过多次家。

这是其中一条叫“Dom Gasse”（大教堂胡同）的莫扎特故居。因胡同紧靠一座大教堂而得名。所以莫扎特的音乐摆脱不了两种建筑场的潜在影响：

宗教建筑场，世俗建筑场。

巴洛克建筑场影响巴洛克的声使我乐，音使我哀。心应感而动，声从变而发。

← 巴尔托兰姆卡庄园，18世纪初巴洛克建筑风格。莫扎特接受庄园主的邀请，在此度过了好几个日夜，并在此进行创作。

我看重这栋乡间别墅的造型和建筑场。它对莫扎特的创作心情和思绪有直接影响。

看来，莫扎特的音乐总是同典雅、亮丽的建筑捆绑在一起。莫扎特拒绝丑陋的建筑。请注意建筑废墟并不丑陋，更不恶心，比如野寺、破庙、中世纪城堡断垣残壁自有它们的荒残之美，动心惊耳。

↑　18世纪奥地利皇宫大型宴会的排场。

在莫扎特的许多乐曲中，我们都能见出这种喜庆盛况的氛围或气场。他的音乐为其心声、心画，不过从中又常常会透出飞鸟之号、秋风鸣条的伤感和天地间的长太息。

这才是莫扎特音乐语言感动人深的过人之处，之秘诀。

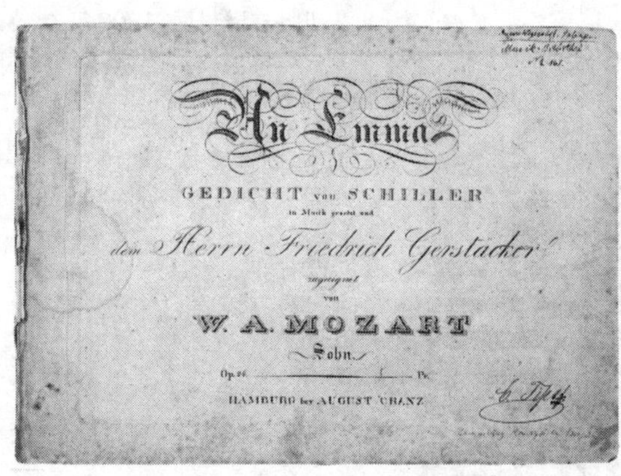

↑　这是莫扎特为德国大诗人兼剧作家和思想家席勒的诗歌谱曲。

德国诗歌、文学、神话、童话和哲学思想像母乳一样养育了德国巴洛克和19世纪浪漫派音乐。

↑　莫扎特的手稿《D大调布拉格交响曲》，1786年，作品第504号。

同年他还创作了《C大调钢琴协奏曲》，作品第503号，以及《A大调钢琴协奏曲》，作品第488号和《C小调钢琴协奏曲》，作品第491号。

他的灵感如泉涌，不择地而出。这正是神来之笔或乐思必有神助的天才现象。

所以当有人说18世纪是莫扎特的世纪也不为过。

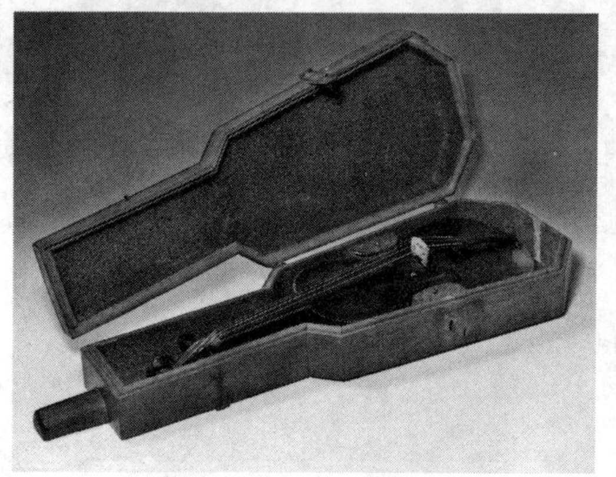

↑　莫扎特晚年时期的小提琴和琴盒。

巴洛克乐器有一种神气弥漫。莫扎特音乐只有同乐器和演奏家（比如海菲茨和克莱斯勒）合在一起愤于志，积于内，和于心，盈而发言，最后才能通神。

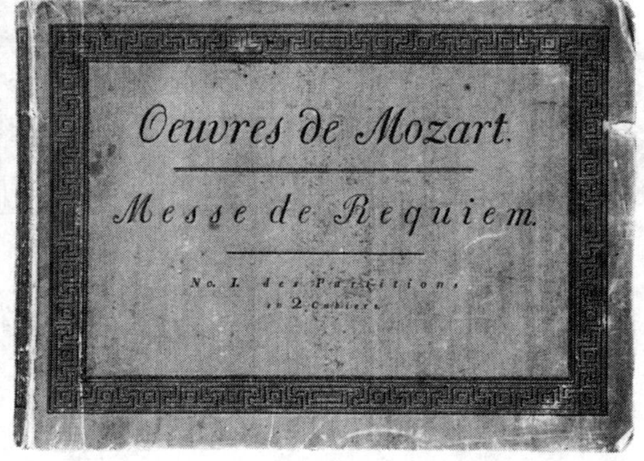

↑　莫扎特《安魂曲》（作品第626号）

初版总谱封面，1800年。

这是最后一部未完成的遗作。《易经》最后一卦叫“未济”，指没有完成，表示大千世界还有缺憾，尚待完善。的确，巴洛克作曲家所能表现的一切，也是“未济”。

没有完成才是一个人和一个时代最高境界。“未济”是世界哲学。

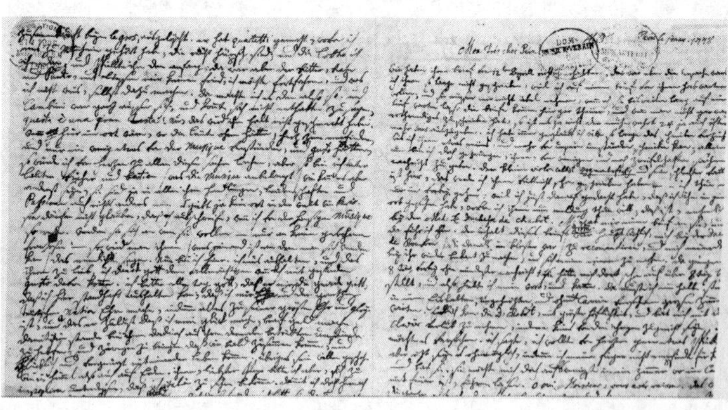

←　1778年5月1日莫扎特写给父亲的信。

“德国专家也重点提到了风车和马车的节奏”，Rosemary坐在对面对我说。

那是上海西区5月初的一天，不冷不热。她说她打算对莫扎特的全部钢琴奏鸣曲进行作品分析。这是她的功课。我马上意识到，她使用的是细线条。我是粗线条。

粗细是互补的。

我想起长城。有两种角度踏察、观照它。细看一块块砖（甚至动用放大镜），判断它是秦砖还是汉砖或明代砖？——光用这种视角是不够的。还要同长城拉开一段距离，甚至乘坐直升机，作一立体式的鸟瞰，并从历史哲学去观照。这便是我所说的粗线条，大框架或大文明视野。

用粗线条是我的长处；动用细线条是Rosemary的优势。比如节奏。因为巴洛克作曲家比以往更加懂得乐器表现节奏的能力和重要性。民间舞蹈和宫廷舞蹈节奏在莫扎特音乐中有凸显表现，这成了他的器乐作品的基础。

巴洛克建筑、雕塑、绘画、音乐有着同一个节奏，马车时代的节奏。

巴洛克艺术世界因巴洛克节奏才变得生气勃勃、悲丽。我国古人曰：“乐也者，节也。”

同勤奋、好学的Rosemary在咖啡屋讨论巴洛克音乐是有益的，尤其是在我撰写本书稿的过程中。很难说我给予她的多些，她给我的少。感谢她给了我许多珍贵的细节。

没有生动的细节，由粗线条构成的大框架只能是空荡荡的，只有骨格和筋骨，没有血肉，干瘪得很。

八、贝多芬和帕拉第奥

在西方艺术史上，这两个人属于不同领域，好像互不沾边，不搭架。其实不然。帕拉第奥的建筑艺术符号系统对贝多芬的创作便有若隐若现的潜在影响。

在他的交响曲、钢琴协奏曲和其他主要乐曲中便有帕氏建筑以形写神的风韵、风骨和气魄：

悲慨、旷达和壮丽。

是的，海之波澜，山之嶙峋，是贝多芬用音响营构出来的壮丽，在气质上它和帕氏建筑有相通处。——这涉及巴洛克美学课题。巴洛克美学直接影响了19世纪欧洲艺术创作。

1822年10月3日，贝多芬为维也纳一座改建的剧院写了一首《大厦落成典礼序曲》。他有意识地参考了亨德尔的巴洛克风格，即在引子中使用了庄严仪式性的“附点”节奏，在赋格曲中使用了亨德尔式的主题：

第一小提琴、长笛、双簧管

1＝C $\frac{4}{4}$ 5 － | 3 45 6 6 2 34 5 5 | 1 23 4 4 7 12 3 3 |

令人百思不得其解的是，在整首曲子中，贝多芬用长笛二、双簧管二、单簧管二、大管二、圆号四、小号二、长号三、定音鼓和常规的弦乐组奏出了帕拉第奥建筑的神为精魄，心含沉静的氛围。最典型者，当推帕氏的“天鹅之歌”——维桑查（Vicenza）的人文学院的一座剧院“Teatro Olimpico”。

设计完成后不久，帕氏便溘然去逝，回归到了永恒。他深受维特鲁威剧场建筑美学的影响。帕氏服从古罗马建筑语言符号体系原理。该原理以一种高古的神韵薰陶、影响着贝多芬的音乐创作：

借彼之情，写我之情，自然倍觉深厚、雄浑。无高古之气驱驾，便无法避免浅薄或单薄。——这才是贝多芬音乐哲学美学的根源之一。

也许，最可比较处是这两个人所处的位置：

帕拉第奥是承意大利文艺复兴建筑之前，启整个欧洲巴洛克建筑风格之后的建筑大诗人，语言符号时而精思结撰，奇险诘曲，惊人耳目；时而言简意深，看似华藻，实则雅洁，一语胜人千百。

贝多芬则是承巴洛克之前，启19世纪德国浪漫派音乐运动之后的“音响诗人兼哲人”。

两个人都是继往开来的集大成的大人物。东西方人类文明之旅的不断进步，少不了这种类型的或起这种关键性的、转折点式的、链接性作用的伟人。关于贝多芬承前启后的作用，我想用他的钢琴作品的发展轨迹来说明问题：1803

← 帕拉第奥最后作品——维桑查人文学院一座剧院的内部，既典雅又沉雄，从中有贝多芬的第五和第四钢琴协奏曲风骨或神韵透露出来。

也许迎面扑来更多的是《D大调庄严弥撒》，作品第124号，1817—1823年。

贝多芬之所以能成为贝多芬，全然是因为他继承了巴洛克音乐和建筑丰厚遗产的结果。

年前，他在某种程度上模仿了前人（海顿和莫扎特）；1803年—1815年，他凸显了自己的特点；1815年之后他才开拓了一片新天地，即19世纪伟大的浪漫派音乐世界。

九、向巴洛克乐器制造著名家族致敬

每个时代，若是没有过硬的乐器，再好的音乐语言也是空谈，这恰如没有过关的精密仪器，一切数理化科学都是白搭。

巴洛克时代是这样一个时代：

它是西方有史以来器乐（The Instrumental Music）的重要性可与声乐平分秋色、并超过声乐的时期。这样，无标题音乐或纯粹音乐（The Pure Music）才成为可能。

什么是纯粹音乐？

↓ 每当我聆听贝多芬钢琴协奏曲《第五》和《第四》，在我的脑海中便会转化成一幅幅雄浑、壮阔的视觉印象（如图）：

卓然独立，块然独处，上通九天，下贯九野。

这种气势和风骨是贝多芬音乐所独有的。它源自巴洛克，又超越了巴洛克，最后达到了“观乎天文以察时变，观乎人文以化成天下”的境界。——这已经是音响哲理诗了。

其性质和价值相当于纯粹数学（The Pure Mathematics）。在西方音乐发展史上，这是一件大事，也是巴洛克音乐的一大成就。正是这种性质玉成了莫扎特和贝多芬的钢琴协奏曲和小提琴协奏曲，还有后来的柴可夫斯基的钢琴协奏曲和他的伟大的小提琴协奏曲。——不论你在何时何地聆听它们，同它们不期而遇，或在夕阳山外山、春水渡旁渡的江南湖畔，或在西山日又斜，今夜宿谁家的南非漂泊羁旅中，你从心底都会蓦然升腾起一团幕天席地、友月交风的情怀。

↑ 16世纪一本“竖笛教材”的扉页。

图片所示有两大要点：

1. 竖笛、短号和左右两名歌手根据印刷的分谱在演唱，说明印刷术的发达是日后巴洛克音乐兴起的前提之一。

2. 墙上挂了三把维奥尔琴和一把琉特琴。

17世纪意大利出现了制作小提琴的专业户，为手艺精湛、高超非凡的家族，即便是今天的电脑也无法超越他们的手工艺。他们的琴弥漫着一种神性，巴洛克乐器的神性。

17—18世纪，人们对器乐的兴趣促进了旧乐器的完善和新乐器的发展。

巴洛克作曲家和演奏家们的心理动机既是为了表现自己，也是为了表现时代——充当时代的喉舌。

对乐器的兴趣引出了两个结果：

1. 用精湛、高超的手工艺制作“通神”的乐器。巴洛克乐器传达的是上帝的声音：

望秋云神飞扬，临春风思浩荡；天地人神，皆在有意无意的隐约之间显露，登场。

2. 引起熟练掌握演奏技巧的迫切愿望。

幸福是什么？

幸福就是通过巴洛克不同乐器（弦乐器、木管乐器和铜管乐器）的色彩及其变化传达至高上帝（The Most High God）的声音。

只有这样，巴洛克音乐才宣告自己成立，并显示出自己的价值。

世界上拥有巴洛克名贵小提琴如“斯特拉地瓦利”和“瓜乃利”的人大致可以分两类：

著名提琴家；收藏家。

我崇拜前者，对后者则冷眼去看。

↑　意大利人斯特拉地瓦利是正宗的巴洛克时代小提琴制作大匠。这个世家的英名如今已名垂史册。

是上帝托梦给他，传授了手工艺的秘诀。

图片是一把斯特拉地瓦利小提琴，它是一件神品，成了上帝喉舌的符号。21世纪世界级小提琴演奏家们以拥有它为上帝的恩赐。他们总是含着眼泪，把琴接到手中，深感幸福。他们知道，这世上巴洛克珍宝，是经上帝亲吻过的。

我国古人有句话最中肯："古琴无俗韵。" 17世纪制作的斯特拉地瓦利小提琴正是这种古琴，包括它的音质和音色，可以直接打进人的心坎。

意大利共诞生了三个制作巴洛克小提琴的世家：

A. 阿玛蒂（N. Amati, 1596—1684）；

B. 斯特拉地瓦利（A. Stradivari, 1644—1737）；

C. 瓜乃利（G. B. Guarneri, 1698—1744）。

上帝先后对他们说：

"让你们出世吧！去制作富有神性的小提琴！光靠声乐还不足以通神。人声戛然而至的地方，正是小提琴扬起自己悠扬、婉约、悲丽色彩声音的时候。天地相荡，阴阳相摩；奋之以风雨，动之以四时。乐者，天地之和也。——用琴声去安慰、净化人心吧！"

"记住中国古人有言：'琴者，禁也。禁邪归正，以和人心。'（刘籍《琴议篇》）整个巴洛克音乐美学都说不出这句一语胜人千百的格言！中国古代音乐哲学水平在西方人之上，尽管西方音乐艺术水平在整体上高于中国音乐。"

*　*　*

古人有言："天地不能言，圣贤为喉舌。"

这里的"圣贤"由以下三个黄金环节构成了一条闪闪发光、堪与日月争辉的链接：

巴洛克作曲家→巴洛克乐器制作大匠→巴洛克演奏家

三者决一不可，缺一不可！

在西方文明史上，巴洛克时代是手工艺的黄金时期。它继承了中世纪一笔丰厚的遗产。

有制作乐器的杰出家族，也有制作钟表、仪器（包括光学初级仪器、温度计和显微镜）的世家，一代接一代，父传子，子传孙……

这是巴洛克物理、化学和生物学崛起的大前提。在这一点上，中华文明落后了！我们欠缺科学仪器制造大匠和代代相传的家族。

风车和马车时代节奏的巴洛克绘画
——包罗万象的诗

> 不错，在整个巴洛克时代，西方文明之旅前进的步伐在各个领域都在提速，但基本上还是风车和马车时代的节奏。惯性是一个重要原因。
>
> 用风车和马车的节奏去统一观照、把握巴洛克时代的整个艺术还是可行的，恰当的，中肯的。
>
> ——2011年4月底于田子坊咖啡屋

巴洛克是个日夜在涌动、永不停息的时代，这是人性（体内基因）决定了的。运动本身成了目的，最后究竟奔向何处，并不明确。巴洛克的时代精神需要通过各种语言符号去表述自己。绘画是其中一种。这是视觉艺术。

说句心里话，我热爱、崇拜巴洛克绘画语言和19世纪浪漫派绘画艺术，而厌恶19世纪末至20世纪的抽象派，尽管毕加索一幅作品可以卖到几千万美元。因为画人难，画鬼容易。

西方绘画世界的异化现象令我百思不解。

异化其实是精神病理现象。20世纪的精神病理现象还少吗？核武器的出现，1986年4月26日发生的切尔诺贝利核事故造成的灾难以及今天的福岛核泄漏都是科学技术的严重异化。

幸好西方现代绘画艺术的异化不会伤及世界物质环境和人体，只会对人的视觉神经和审美产生破坏。——当然这仅仅是我个人的感觉。

从巴洛克绘画世界迎面扑来的是一股自然、沁人心脾的清澄淡远之风。它出之于想像，寓托于形象，却显得更鲜明、真切、设身而处巴洛克时代之境会。——这才是呈于象、感于目、会于心的视觉艺术效果。这才是我心目中的视觉艺术。它与人性、人脑同在！

巴洛克绘画艺术是从伟大的意大利文艺复兴绘画世界脱胎出来的。它作为巴洛克的语言符号体系，荷载着17—18世纪西方人的新视野和世界观，它企图用“天文地文人文神文”的大框架去网罗一切，充当时代的喉舌。——是的，绘画也会说话，述往事，论当前，思未来。绘画也是语言，担当起时代的代言人，扬起巴洛克时代精神的声音。

关于本章副标题“包罗万象的诗”原是19世纪德国浪漫派美学的一个重要概念，即广义的诗——Universalpoesie。

我想起我国明清之际重要思想家黄宗羲（1610—1695）有关文学同时代关系的见解。他认为文学若不遇上风云激荡的时代，便不会有磅礴的气势生出来。他对“文章”下了一个很雄浑的定义：

“夫文章，天地之元气。”

用这个定义来描述、刻画伟大的巴洛克文明群落是很中肯、到位的。

黄宗羲心目中的诗同巴洛克“包罗万象的诗”也是一拍即合：

“夫诗之道甚大，一人之性情，天下之治乱，皆所藏纳。”

“诗也者，联属天地万物而畅吾之精神意志者也。”

→ 这是“美洲壁画”，主题富有巴洛克的世界视野。

作者为18世纪威尼斯巴洛克画家第波罗（G.B. Tiepolo）。

画中有两个主要形象：印第安人部落首领；鳄鱼。这是17—18世纪西欧人征服新大陆的结果或反应。

↑ 巴洛克画家把教堂、王宫的天花板看成是自己大显身手、英雄有用武之地的空间。题材广泛，从宗教、神话到海外风土人情，展示了巴洛克时代的广阔视野，成了时代精神的代言人，使欣赏者总不免低徊感慨，俯仰人生于天地之间的根本处境，内心升腾起一团悲丽和悲愤之情。

巴洛克天花板壁画是从意大利文艺复兴绘画伟大传统中继承来的。

→ 第波罗的天花板"美洲壁画"主角使我联想起这位典型的印第安人，非常野性、勇猛，富有男性荷尔蒙的慓悍、雄风和力度。

欧洲人征服北美和南美，屠杀原住民是巴洛克罪恶的一面。再就是对新大陆野生动物（比如野牛）的斩尽杀绝。

别忘了，巴洛克有血腥的阴暗面。

↓ 这是被巴洛克殖民主义者赶尽杀绝的美洲野牛和狼。

巴洛克是人性的善与恶的复杂编织的代名词。

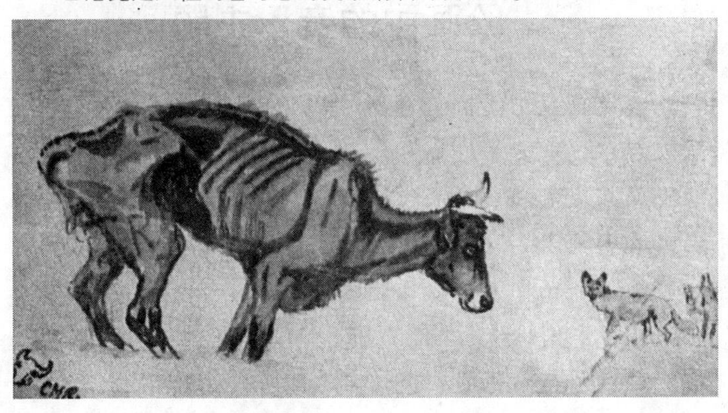

↑ 向世界扩张的巴洛克时期西方殖民主义者对美洲印第安人和野生动物世界是赶尽杀绝的办法。这是巴洛克的不人道一面。巴洛克时代并不是样样好，也不是件件坏。

↑ “印第安人狩猎归来”，罗素(C. M. Russell)，1900年。

他是19世纪末和20世纪初的一位美国画家，专以印第安人和美国牛仔生活为题材。

图片中的这幅油画可以帮助我们理解第波罗的“美洲壁画”。

艺术解释学的关键之一是“文本”解释者动用自己的内外阅历和世界观去拓展原作者的视界，并提升它。

19世纪德国哲学家谢林说：

“超凡脱俗只有两条路：诗和哲学。”

将这两者合而为一便是广义的诗。它包括了巴洛克绘画世界。它是17—18世纪的风车和马车时代节奏的产物，而不是19世纪末和20世纪火车的快节奏。西方抽象派绘画语言同快节奏有关。

下面分以下三个课题(侧面)加以论述：

一、绘画中的音乐主题

巴洛克画家常爱以音乐为主题进行创作，发泄，这样，视觉艺术和听觉艺术便有了纽带，得以沟通。

我国古人有言，音乐为心声，绘画为心画。巴洛克绘画语言和音乐语言有关联、沟通，正是巴洛克“包罗万象诗”的披露。

17世纪巴洛克荷兰画家维米尔(J. Vermeer)笔下的《音乐会》(The Concert)便是一幅具有代表性的作品。这并不是绘画艺术本身的高超水平的缘故，只是它揭示了巴洛克音乐兴旺、发达的深厚根基。共两大源泉：

宗教音乐；民间音乐。

两条腿走路，或左右两个轮子同时滚动，才贡献出了巴赫、亨德尔、海顿和莫扎特。

在17世纪的荷兰巴洛克绘画中，出现了大量有关描绘家庭音乐会、乐曲和乐器的作品。维米尔的《音乐会》只有三个人：少妇看着歌谱在咏唱；背朝我们坐着的男人在弹奏为她伴奏。站着的女人正在做针线活，凸显了家庭和睦、安祥的氛围，说明在荷兰人的血管里流淌着两股矛盾的力：

征服全世界的海洋，开拓海外殖民地。——这是向外冲力的涌动；

渴望“水村渔市，一缕孤烟细”的家庭生活，安定、温馨、满足。——这是向内、向自己内界寻找灵魂归宿的力。

↓ 维米尔的《音乐会》，布面油画，约1660年。

请注意画面在地板上有一把巴洛克的低音提琴。

这种普通家庭音乐生活导致了大量为业余从事音乐活动的人们谱写的乐曲，避免了使用那些纯粹为了显示技巧的复杂结构的音乐语言。

这两种方向截然相反的力相互交叉、编织与其说是巴洛克时代精神的特征，还不如说是人性普遍的结构——哲学结构。

这才是人类的双重人格或性格。

中国传统知识分子一般有“入世”与“出世”的表现。更复杂的是：入于儒，出于道，逃于佛。或者是“以儒治世，以道养身，以佛修心。”

可见巴洛克的精神构造具有多重性并不奇怪。

巴洛克时代的荷兰常给人这种印象：

出过许多大画家，几乎没有一个大作曲家。

这的确是事实。不过我要说，贝多芬的祖上却是来自荷兰。他的姓

↑ 《绘画艺术》,维米尔,约1665—1670年,布面油画,请注意在这幅作品上我所提到的两个重要细节:小号和墙上的地图。

氏是Ludwig van Beethoven,其中van即表明了他的荷兰身世。17世纪荷兰家庭音乐的普遍性营造了贝多芬身上的音乐DNA,后来带到了德国的波恩,再来到维也纳。

维米尔的另一幅布面油画《绘画艺术》,约1665—1670年,同样值得注意,有两个细节:

1. 一位女子左手拿着一支小号,说明当年荷兰人的家庭生活是离不开绘画和音乐;

2. 墙上挂着一幅世界地图,有远涉重洋的船队,表明荷兰人是一个富有海洋性格的民族。从这幅地图中,透露出来的是巴洛克时代精神最本质、最核心的东西,也是包罗万象、广义诗的大背景。

17—18世纪我们中国人欠缺这种世界眼光和向世界拓展的心胸。明末和清代画家在画室里,可曾挂过一张世界地图,上面有庞大舰队?

郑和下西洋的船队和荷兰、西班牙、英、法船队的性质并不相同。

贺加斯(W. Hogarth, 1697—1794),英国巴洛克晚期油画家、版画家、艺术理论家。他的《伯爵夫人的晨会》(布面

→ 《伯爵夫人的晨会》,贺加斯,1744年,布面油画。

画面左侧有一位男子(像是伯爵)正在手拿谱子放声歌唱,身后有一位吹长笛者,凸显了贵族家庭生活中的音乐气氛。

可见,巴洛克时代的人需要音乐,为的是寻找灵有寄,魂有托。——这才是巴洛克音乐存在的最深根源和理由。这时的亨德尔来到英国才是以有为之人,逢有为之时,据有为之地。

油画）值得一提。画面左侧有个吹长笛的演奏家，说明音乐在贵族家庭日常生活中的重要性。——这才是巴洛克音乐艺术兴旺发达的基础之一。

演奏家在贵族圈子里的地位不比仆人高多少。当年的海顿和莫扎特也是这样。到了贝多芬时代，情况才发生了变化。

↑ 《音乐和诗歌的比喻》，康卡，1707年，27岁的他来到罗马，1718年被选为院士。

画的标题英文为《Allegory of Music and Poety》。Allegory的意思是：艺术上运用人物形象来比喻某种哲学抽象观念，比如古希腊罗马人用神话来比喻哲学上的正义或善。

画中的比喻是个“文本”。今天我们作何理解和解释呢？整个巴洛克绘画世界也是个“文本”。巴洛克音乐和建筑同样是。

意大利巴洛克画家康卡（S. Conca, 1680—1764）的作品《音乐和诗歌的比喻》凸显了中提琴的形象，有位长翅膀的小天使在替她翻乐谱，说明当年的记谱法已经高度科学化和符号化了。

画家把音乐同天使捆绑在一起。因为音乐和数学都通神。这是巴洛克美学的最高原理。在本质上，数学和音乐均属于“包罗万象的诗。”

到了19世纪末，数学（开头第一个字母是M）和音乐（开头第一个字母也是M）便成了人类性灵或精神（Spirit）最抽象、最有创造力的产物。它们植根于巴洛克时期，是从巴洛克的数学和音乐继承和发展而来的。——指出这一点是本书稿的主脑之一。

二、绘画中的建筑

巴洛克画家喜欢在自己的作品中安排、布局一些建筑形象或建筑构件（比如古希腊罗马柱式），凸出了巴洛克哲学一个重要命题：

建筑是人在这个世界上的生存本身，是生存的立脚点。本质上，人是“屋人”（The House-Man）。

从哲学层面说，建筑比绘画、雕塑和音乐，还有戏剧文学，更为深层。因为建筑触及到存在本身。

巴洛克绘画中的建筑有三种情形：

1. 建筑形象仅仅是作为整个画面上的大背景而出现的。建筑不是主角，是配角。

这种情况占了大多数。

2. 画面上描绘的建筑风格（即便是配角，作为背景而出现）多半为古建筑，包括古希腊罗马建筑，中世纪的罗马风和哥特建筑。文艺复兴时代的建筑风格较少，同时代的巴洛克建筑就更少。因为巴洛克画家认为：

只有古建筑才能同人们（画家自己，即“文本”的作者，以及广大观众或解释者、欣赏者和理解者）拉开一段时间的距离。

正是这段时间的距离营造了高古、厚重、深沉和雄浑，从中才生出了艺术的力度。

此处的“沉”为深，而意远曰沉。

巴洛克绘画的艺术力度是画面布局的经天纬地气势和风韵造成的。其中富有魅力的细节是不可缺少的重要内容。

画面上的古建筑增加了整个绘画的苍劲、沧桑和怅惋感：

“蜃散云收破楼阁，虹残水照断桥梁。”（白居易《江楼晚眺》）

尽管我在这里引用的是唐诗中的古建筑，但它与巴洛克绘画中的古建筑在普遍世界的美学（或审美）心理学上是相通的。

3. 巴洛克绘画中的古建筑形象常常是古建筑的废墟或是一些碎片（古希腊罗马柱式的片断或残存），增添了整个画面的悲壮气氛。——这便是我国唐五代的“意境说”。

“意境”不仅是中国古典美学的一个重要范畴，也是巴洛克哲学美学关注的一个观念。东西方美学观念的相通是因为人性（Human Nature）相通，基因相通。

地球上只有一个唯一的人性，所以今天21世纪的中国人才能理解、激赏、解释巴洛克绘画世界。

唐代诗人和巴洛克画家都不约而同追求“境生于象外”，从有限进到无限。画家借建筑废墟以尽意，表达巴洛克哲学，“极象外之谈”。

首先我要提到的是久居意大利的法国伟大巴洛克画家洛兰（C. Lorrain, 1600—1682）。在17世纪一大批伟大画家中，他是我最推崇的一个，而不是荷兰的伦勃朗和比利时的鲁本斯。

我崇拜洛兰和鲁伊斯达尔至今已有五十三年。他们的绘画世界进入我的视野，成了形成我的世界观的“第一课”（Lesson One）是同巴洛克音乐一起打进我的心坎的。地点还是北大朗润园温德教授家的客厅，那里放着巴洛克大画家的画册，为我咯吱一声推开了一个令我惊叹的绘画世界。

洛兰擅长历史风景画，尤其是海港风景。在画面上，他念念不忘的是建筑，即便是废墟，他也赋予断墙残壁以生气和风韵。

他牢起巴洛克时代的格言，并用自己的绘画语言符号去大声说出它，在蓝天底下、大地之上久久回荡：

人生就是一场戏，人生是大梦一场，“全世界是一座大舞台”（All the World's a Stage）。——这是他的绘画所要表达的最高主题。

他要用他的画去营构这种意境，即象外之象，景外之景。他追求远淡之境，或古远、幽远和迷远。——历史风景的要害正是这三远。

在历史风景的画面，洛兰追求包罗万象的诗品，其中最主要的元素同我国唐末美学家司空图（837—908）的“二十四诗品”有相通处：

豪放、疏野、悲慨、旷达、沉着、雄浑、劲健、绮丽、典雅和洗炼。——合在一起，便是巴洛克包罗万象之诗的诗品。

首先我要列举洛兰的代表作《圣·乌尔苏拉在登船装货港口》，1642年，布面油画，113×149 cm，伦敦国家博物馆。

乌尔苏拉（Ursula）是传说中的布列塔尼基督国王的女儿。巴洛克画家体内的基因有个历史、传说“情结”。洛兰便是其中一个。他热衷于生活在“很久很久以前”这样的神话传说世界。地点多半选择在某个海港。他爱海港的氛围。

这幅作品的主角是传说中的乌尔苏拉以及有关的一群人，配角是古罗马建筑（包括在远处水气雾中的高高城堡）以及远洋帆船和海港码

↓ 洛兰的代表作《圣·乌尔苏拉在登船装货港口》。

我一直崇拜这幅巴洛克油画。古罗马建筑、远洋帆船、海港闪烁的微微波浪和码头搬运工成了主角，乌尔苏拉和有关的一群人反而成了不显眼的配角。

半个多世纪我一直崇拜这幅画，而厌恶毕加索的作品。当然我的厌恶并不妨碍他的画在索思比拍卖行拍出1.041 7亿美元。我指的是《拿烟斗的男孩》。

↑↑ 《夏芭女皇在登船装货港口》,洛兰,1648年。

主角有三个:停泊在海港里的大小船只,人,古希腊罗马建筑(其中最凸显的是科林斯和塔什干柱式)。

画家洛兰总是念念不忘用巴洛克绘画语言符号去发泄他内心的“情结”:登船载货港口和矗立在港口里的古希腊罗马建筑。

他常用这个主题作些变奏。我并不觉得这是老调重弹。

↑ “太阳升起的海港”,洛兰,1674年,布面油画,72×96 cm,慕尼黑,巴伐利亚州油画馆藏。

头工人。

事实上古建筑和帆船成了主角,人物却退居到了并不凸显的地位。在画面上古罗马塔什干柱式非常耀眼。也许在洛兰的内心有两个“情结”:

海港,古希腊罗马柱式这个建筑符号。

洛兰另一幅披露他的内心两个“情结”交叉(海港和古希腊罗马建筑)的作品是《太阳升起的海港》。

港口弥漫着一层很浓的晨雾。洛兰善于用他的画笔去表现晓阴翳日,雾霭烟横的海港。所以在巴洛克绘画史上他有“光影画家”(Painter of Light)的美称。

画面的右侧是一处古希腊罗马建筑废墟(Classical Ruins),科林斯柱式营构了巴洛克美学推崇的“悲丽”和“雄浑”:

积健为雄,返虚入浑;超以象外,廖廖长风。

洛兰内心有个“海港情结”是巴洛克时代精神所使然吧?他生活在西欧几个富有海洋性格民族扬帆起航、乘风破浪去发现新大陆的巴洛克时代。海港既是起点,也是终点。尽管画面人物是古代,是神话中的一群人在活动。

弗埃(S. Vouet, 1590—1649)是法国巴洛克画派主将之一,多作壁画,题材选自宗教、神话和历史。为了加强画面的壮观,背景常选用古希腊罗马建筑的柱式。

创作于1641年的《耶稣在神庙中显身》便很有代表性。弗埃描绘了圣母玛丽亚用双手把婴儿交给高级教士西蒙的情景。画家把这个宗教事件安排在一座华美神庙建筑场内。庙内凸显了好几种古希腊罗马柱式,其中科林斯最显眼。

弗埃之所以作这种“事件–空间”的安排或布局，是想借助古希腊罗马柱式这个庄重、神圣和崇高的符号通向至高的上帝（The Most Hight God）。——这也是整个巴洛克艺术世界的最高目标。

仅用一种巴洛克绘画语言要接近这个目标毕竟显得势单力薄，必需动用建筑、雕塑和音乐等多种艺术语言符号——巴洛克包罗万象的诗才有望完成时代的使命。

↑ 《耶稣在神庙中显身》，法国弗埃，1641年，布面油画，383×250 cm。

整个画面的人物和事件是主角，配角是古希腊罗马柱式，包括爱奥尼克柱头的卷涡。

可见，在整个巴洛克艺术世界，巴洛克建筑是领头羊，而在整个巴洛克建筑中，各种柱式符号又是最凸显的符号。

其实在它的背后是“数学的绝对美”。这才是澄心运思、在至微至妙之间不可言说的深层原因。

三、绘画中的巴洛克上帝若隐若现——大自然的上帝或上帝的大自然

在东西方的绘画史上，大自然是个永不褪色的永恒主题。只是到了巴洛克时代，大自然才蒙上了泛神论（Pantheism）的色彩。

这是个巴洛克哲学的重要课题，涉及“人与大自然”的最根本的关系。在本书稿的第三编“巴洛克哲学编”，我会作些详尽展开。

我偏爱巴洛克画家用绘画语言符号去表述对泛神论的感悟和内心的惊叹。

这一回，我们又要回到洛兰的绘画世界，比如他笔下带乡村舞蹈的风景（Landscape with Country Dance）。他把乡民的舞蹈安排在山谷、山峦、山坡、原野、四周有茂密树林、远处有中世纪城堡废墟和风车的大自然怀抱。

大自然是第一重风景，建筑是第二重。

荷兰不是巴洛克建筑艺术和音乐的中心之一，却是巴洛克绘画创作的圣地之一。这里出了一大批世界级的大画家。除鲁本斯外，还有别的主将，为我所推崇。

十七世纪的凡·德·威尔德（Esaias van de Velde）是其中一个。他是第一个运用新观念创作风景画的巴洛克艺术家。这里的“新观念”（The New Concept）有两层意义：

← “带乡村舞蹈的风景”，洛兰，1640年。

这里有“天人合一”，有照烛三才，辉丽万有。——这才是动天地，感鬼神，莫近于包罗万象的诗，巴洛克泛神论的诗。

洛兰偏爱大自然大舞台，而不是室内人造建筑的舞台。

→ “带舞蹈者Satyrs和Nymphs的风景”，1646年。舞蹈者均为神话中的仙女。神话的美学功能是刺激画家的想像力。大自然的上帝或上帝的大自然是最大、最高意义上的神话。21世纪更需要这种性质的神话来安慰迷茫的人。

← “带有舞蹈者的风景”，洛兰，1669年。

有脱离人的感觉印象的独立的大自然上帝吗？独立于人的上帝大自然有意义吗？——这是巴洛克哲学提出的一个很根本性的课题。

到了20世纪的量子力学哲学，这个追问或叩问便更为迫切，让人揪心揪肺。巴洛克哲学只有一代代人的追问，而没有一个水落石出的最后答案。巴洛克哲学的最高价值在于不断追问，不在得出最后答案，也得不出。

↑ “通道渡口”，凡·德·威尔德，1622年，布面油画，7.5×113 cm。

渡船是荷兰水乡主要交通工具。民居和船，还有船上的双轮马车、牛羊和家禽都是组成巴洛克文明的成员，而且是物质文明的基础，之后才有巴洛克艺术世界。——这是一条重要原理。在写作本书稿的过程中，我一刻也没有忘记该原理。

请注意，画面远处有荷兰风车。这样，风车和马车都到场，这两个符号合在一起表征了巴洛克时代的节奏。它会以微妙的形式反映到巴洛文明群落中来。

1. 大自然神庙；上帝的大自然；

2. 未经人类文明加工、改造过的原始和蛮荒大自然对人是不友善的。

巴洛克风景画歌颂“天人合一”，即经过巴洛克文明改造、加工、修饰过的大自然。其中必有建筑符号加盟，包括教堂、瓦屋、风车和磨坊，还有牛圈和羊圈……原始、蛮荒的大自然不值得眷恋。

* * *

荷兰的鲁伊斯达尔（J. van Ruisdael, 1628—1682）是另一位巴洛克伟大风景画家，主题多为海洋、平原、乡野，作品有《风车》、《波涛汹涌的海岸》、《森林之路》、《爱格孟特乡村风景》和《犹太人的墓地》等。

从画面中隐隐约约透露出来的是上帝的大自然或大自然的上帝的身影——那是巴洛克美学“包罗万象诗”的大框架。

他的画才是“笼天地于形内，挫万物于笔端。”

他笔下的大自然有一种忧郁缠绕，这便营造了巴洛克美学所推崇的悲丽：

既有寒木，又发春华；咫尺之内，而瞻万里之遥。

↑ 《带有庄稼地的森林风景》，鲁伊斯达尔。

庄稼地（估计是麦田）和羊群只是配角。创作这幅作品时，他只有27岁。10年后他的观念发生了改变。

下面，我仅选出三幅有代表性的作品（文本）作出审美和解释，同各位读者一起欣赏、评论，自娱而已：

第一，《带有庄稼地的森林风景》，约1653—1655年，103.8×146.2 cm。

画面最醒目的是两位主角：

橡树林；布满了厚重的白色如棉絮的云团。

夏天，我在荷兰和法国的乡野漫游过。天空各种几何造型的云彩变幻令我惊叹！

上帝本人从不显身、露面。他永远是通过大自然的各种现象——他的大小作品——来披露自己存在的蛛丝马迹。人类只有通过这些蛛丝马迹去感悟上帝的无时无处不在（The Existence of God）。

这是巴洛克泛神论最核心的观念。后来的贝多芬便是这样去敬畏大自然的。《田园交响曲》是他敬畏上帝的大自然或大自然的上帝最具代表性的乐曲。贝多芬继承了17世纪巴洛克上帝或巴洛克的泛神论。

上帝不仅创造了天，还营造了各种色彩和几何曲线的云彩。

各个时代的画家迷恋天空云彩的造型美以及它的绚丽，在本质上正是对上帝大自然或大自然上帝的惊叹不已。巴洛克画家的惊讶则带有明显的泛神论感情。鲁伊斯达尔便很典型。

他不直接用荷兰语或文字去表达他所敬畏的泛神论，他只通过他的画笔去描绘云彩在天、瞻望神气弥漫、终古独绝。

画面的另一位主角是橡树林，茂密，幽暗，宁静。——

中世纪哥特大教堂的神圣、崇高、庄严和宁静是从自然界的森林那里学来的，模仿来的，至少受到启发。

在荷兰、法国和德国，我曾多次一人独自走进森林的幽暗，见到松鼠在倒地的枯树上上蹿下跳。突然我便会在冥冥中觉得上帝的存在（The Existence of God），并想起马克思在他的青年时代发表了一段有关德国哲学的定义：

“哲学，尤其是德国哲学，喜欢幽静孤寂、闭关自守并醉心于淡漠的自我直观。”

德国哲学是从德国巴洛克哲学发展来的。德国森林有一种很典型的幽静孤寂气场。这是我的内心感悟和体认。

《带有庄稼地的森林风景》画面上还有四个配角：

A. 呈黄色的、已经成熟等待收割的庄稼。——粮食是巴洛克文明赖以存在的基础。画家把它镶嵌在风景画中是正确的。

被人类文明加工、培育或驯服过的大自然对人类才是友善的。巴洛克文明群落是让人安居乐业、灵有寄魂有托的“场所”或“避风港”。

B. 小池塘有几朵黄花。关于水体中的较详细的生态系统，画家是无法表现出来的，但我们作为“文本”的解释者，可以作出这样的想像和理解。

就是说，若是我们今天把池塘生态系统的详尽知识放进画面“文本”，不仅是允许的，而且是件好事，使这幅作品生机勃勃、有层次、有细节、有活力。

比如在我们的想像中有浮游植物、浮游动物（比如剑水蚤科）；还有水生虫（幼虫和成虫），摇蚊幼虫等。

老实说，在池塘生态系统的细节中，大自然上帝或上帝大自然的身影才会更生动、清晰、叫人更信服泛神论是智信，而不是迷信。

C. 有条沙道，呈曲线，向右。

D. 在小道那头有几只绵羊在低头吃草。

早年我放过一百多只绵羊。比起别的解释者，我的解释会把我个人的这段经历附加进去。

总之，按我的解释，鲁伊斯达尔这幅油画的主题便是赞美上帝的大自然或大自然的上帝。

在这里我想指出，荷兰泛神论哲学奠基人斯宾诺莎只比画家小四岁。不同的是，一个用普通语言文字来陈述泛神论，另一个则用巴洛克画笔表述上帝大自然。两者都需要。——这是时代的兴趣和要求。

在画家笔下，大自然不是原始的，蛮荒的，而是用人类农耕文明的手段稍微加了工，远没有像今天21世纪用了科技的大马力和高速动摇了大自然的根基

（比如海上油井漏油对海洋生态环境的破坏以及农药对大自然的伤害）。

画面上已经有了人类农耕文明的两大符号或象征：作物栽培和畜牧业。

看来，鲁伊斯达尔这幅油画的内涵是多么丰富！

它首先是有关巴洛克上帝，即上帝大自然或大自然上帝——巴洛克泛神论——的表达，然后是巴洛克“包罗万象之诗”——巴洛克“哲学美学”（The Philosophical Aesthetics）——的吟唱。

所有这一切运作的节奏都是风车和马车时代的节奏。

所有这一切都是含蓄的，混茫的。

“混茫”是个大褒词，也是巴洛克艺术、科学和哲学所追求的极至和最高境界。

杜甫说：“篇终接混茫。”

然只有混茫人，而后有混茫“包罗万象之诗”。所以庄子说：

“古之人在混茫之中。”

依我看，巴洛克风景大画家们在本质上都在混茫中。

上帝大自然或大自然上帝总是被一团混茫包裹着，从不直接显身、露面。

↓ 《海岸边的谷物地》，鲁伊斯达尔。这是他37岁的作品。他更强调麦田的重要性和地位，在画面上凸显了黄色，同云彩变幻的广阔天空处于同等的位置。

这一变化反映了巴洛克文明哲学对农业生产的看重。饥荒的巴洛克是不能持续发展的。

温饱和有屋可居永远是“巴洛克包罗万象诗”的物质基础。否则整个“巴洛克文明群落”会轰隆一声倒坍、解体、散架。

风车和马车的缓慢节奏会有助于混茫的生成，快餐方式或病态的提速只会破坏、毁掉混茫。诗意只在混茫中显现。

第二，鲁伊斯达尔的另一幅油画是《海岸边的谷物地》，1660—1665年，61×71 cm。

画面上有两个主角平分秋色：

缓坡上大片成熟的庄稼，根据暖调金黄色，估计是麦田；

变幻、涌动的层云，底下左边远处是海景。

右边布置了两株不大也不小的橡树，使画面达到平衡。

鲁伊斯达尔用“谷物地的主题”创作风景画的作品大约有20幅，说明他重视经农业文明加工、养育和改造过的大自然。

画面上有收割完了一半的庄稼地和正在休憩的荷兰北部农民。画家有清晰的意识：

“民以食为天”。每日有了面包，然后才有巴洛克文明群落的灿烂、辉煌和伟大。

第三，《犹太人的墓地》估计是1655年创作的，其时鲁伊斯达尔还是青年时期，年仅27岁。

↑ 《厨房里的少女》，维尔麦（J. Vermeer），约创作于1660—1661年。

我之所以重视这幅荷兰巴洛克民俗油画（45.5×41 cm）是因为画面上的内容：面包和牛奶。

它是巴洛克农业（作物栽培加上畜牧业）生产出来的农产品。正是它支撑着伟大的巴洛克文明群落。

农业是基础。没有粮食，一切文明都是空谈。我国古人有言：“民非谷不生。”巴洛克时期也不例外。

今天，21世纪的我们，怎样去理解和解释这个“文本”呢？这里有巴洛克时代的“死亡观”。它是巴洛克人生哲学一个很重要的部分。因为生死是一个金币的两个面。

作品的主题只有一个：

死亡的悲怆和气脉断绝的枯槁。

画家为了表述这个主题，作了如下5点安排和布局：

1. 大背景是天空厚重的乌云，从中透出了醒目的亮光；

2. 中世纪教堂巨大废墟（断墙）；

3. 右边有一株呈白色的枯树，左边有一小段树桩，并不显眼；

4. 有座呈白色的墓，很醒目，处在画面的中心；

5. 只有咆哮的小溪表现出了生气。

整个画面的氛围和气场是阴沉的，压抑的，伤感的。画中透露出了一种天地间的根本凄清和悲凉，且夹杂了一种心理上的恐惧感。

唐诗“雨中山里落，灯下草虫鸣”弥漫着天地间的一

↑ 《犹太人的墓地》，鲁伊斯达尔，油画，估计创作于1655年，84×95 cm。

主题涉及巴洛克的生命哲学。生和死是生命这枚金币的正反两个面。巴洛克艺术家和思想家通过各自的方式进行了探讨，只能触及死亡现象，无法揭示死亡的本质。

我国古诗也只能描述死亡表层现象，尽管很生动：

“空山夜月来松影，荒冢春风变木根。”

唐代诗人刘沧的这两句很适合描绘这幅油画的阴森、悲怆和骸骨不存的虚无。

种幽静或肃穆，却没有恐惧，没有令人不寒而栗的气场。这是很大差别。

在荷兰，我踏察过多座古坟场，但像《犹太人的墓地》如此阴森的地方，我还没有见过。

这幅油画引起过歌德的关注。因为他是位业余画家。他对这幅作品的评价是：“有关逝去昔日的图景。”（Ein Bild der Vergangenheit）

人类的语言无法穿透死亡，因为死亡的秘密归根到底是有关时间的秘密。

人把时间的流驶分成三段：

过去→现在→将来

逝去的昔日往事属于过去。它是一去不复返，永不回头的。

人生如大梦一场。巴洛克两位大哲学家笛卡尔和休谟尽管一生充满了超人的创造力，但也时时透露出了悲观情绪。

笛卡尔说：“因此我把人生仅仅看成是一场梦。”（Therefore What I Call Life May Only Be a Dream）

此话不假，是颠扑不破的真理。

休谟则说：“所以，毕竟我明白，太阳也许在明天不再升起。”（So, for all I know, the sun may not rise tomorrow.）

这也有可能。太阳、地球并不是永恒的。宇宙间没有一样东西是永恒的。

有生必有死。恒星、行星也不例外，总有一天会毁灭。

这是智者的大悲愤，从中透露出来的是巴洛克美学的悲壮或天地间根本的愤闷和根本的怨恨，并引出了下面的课题。

巴洛克美学：什么是美？

——人的美感是天生的吗？

> 人类美感（审美意识和判断）是与生俱来的吧？有DNA分子生物学基础吧？当然体内基因有个漫长进化过程。今天的审美判断肯定和五万年前的审美意识有差异。后天的教育和社会环境影响也参与了美感形成和塑造。
>
> ——2011年5月4日晚于上海汾阳路150号
>
> 贝可利咖啡面包店楼上

60岁的A先生是我的朋友。他对我说，在电梯封闭小空间，若是有个丑女，他会马上转过头，避免看见她；若是有个充满女人味的性感（Sex）女子，她就恨不得多看她几眼。

现在我要问：A先生的审美意识、观念和判断标准是从娘胎里带来的吗？当然是个进化过程，人的道德、良心意识或观念同样是天生的，但也有个漫长进化过程，后天教育参与了塑造。

巴洛克时代对美的真正本质追问和探索特别活跃、热心和执着。在整个西方美学史上，它占有重要地位。直到今天，它仍旧有它的价值。因为真正的哲学美学有能力抗击时间老人在它上面撒下无情的、厚厚的尘埃。

巴洛克哲学美学是对得自"仰观宇宙之大，俯察品类之盛"的反思；是对得自"俯视清水波，仰看明月光"的咀嚼；是对得自"仰视碧天际，俯瞰绿水浜"的提炼；当然也是对得自"目送归鸿，手挥五弦；俯仰自得，游心太玄"的哲学概括。

所谓巴洛克美学是我杜撰出来的一个术语，写成英文是The Baroque Aesthetics，其实就是十七至十八世纪西方美学，再细分英国美学，法国美学，德国美学，意大利美学。如果要对它们作出详细介绍和评论，恐怕要分别写出四部厚厚的专著。在这里，我只想从中选出几个最有特色的课题加以剖析如下：

↑ 当今非洲爱打扮的少女。

在她的体内有爱美的基因，有DNA作为基础。据考证，人类起源于非洲。这样，美的意识和爱美的种种行为便通过基因遗传到了地球上的整个人类各民族，成为普遍世界现象，令我惊叹！

←《炼铁车间》，英国赖特，巴洛克油画，105×140 cm，1773年。

我把这幅画放在这里是想表明，当时兴起的冶金工业和农业是巴洛克文明群落的物质基础。冶金工业支撑着晚期巴洛克建筑，还有乐器制造（比如钢琴和铜管乐），以及马车轮子等。

同样，巴洛克物质生产水平也支撑着巴洛克美学。18世纪的物质生产才使得巴洛克时代有能力综合过去偶然出现的结果（包括美学观念）。无数零星、杂乱的认识得到了梳理，作了分类，成了巴洛克的各种体系，比如英、法、德、意的各自美学体系。核心课题是探究美的真正本质是什么？

一、美是什么？

这是巴洛克时代最感兴趣的课题。这是个迷恋美、惊叹美，也创造美、探究美的本质为何物的生机勃勃的昂扬时代。它既是过去艺术创造活动的总结，也是为今后继续开拓提出多种美学理论，成为脚前的灯，照亮道路的光。

英国巴洛克大思想家培根（1561—1626）为了探讨什么是美，便撰写过三篇论文：

“论美”、“论建筑”和“论园林”。

写完了，倾吐了，他才吃得下，睡得着。因为追问美的本质的“情结”暂时得到了满足。

英国十七、十八世纪的文学、诗歌、建筑和绘画（音乐却显得逊色许多）是继文艺复兴时期的莎士比亚之后又一个富有创造力的伟大时代。（培根比莎翁大三岁，是同时代人）

英国的弥尔顿（1608—1674）是一位堪与荷马和但丁相媲美的伟大、崇高的悲剧诗人。那么，崇高是什么？悲剧的哲学意义和美学内涵又是什么？——这是整个巴洛

← 这是培根时代英国乡村一栋典型的别墅。

在十七世纪的英国，建筑艺术是领先的。这一实践和创作活动无疑会深深触动极其敏感的培根。首先，他的视觉神经系统具有超人的灵敏性，然后才引出了他的哲学美学思考，包括他的建筑美学，比如：

“应当有三五个精美的小圆顶阁”和“匀称而美观的拱门”构件或词汇等细节。

把建筑的每个细节都忽视了，整体的美从何而来？人的一生是生生死死同美纠缠不休的一生，包括今天女人涂口红和追求鞋子的式样。

↓ 这是16—17世纪英国乡村一栋石材别墅，它的屋顶、窗户和高高烟囱的几何造型估计给培根深刻印象，并引出了他对建筑美学的沉思。

从别墅中透露出的风骨和格调的美也许诱发培根生出了这种感悟：

美感为万事根本。

从这种石材别墅的粗犷建筑气场走出了牛顿这样的自然哲学家难道没有心理逻辑上的联系吗？

莎翁和牛顿的成长能完全脱离他们所处的建筑场吗？

克美学探索的课题。

培根提出了三个概念表明了他对美学现象思考的深度：A. 美是有等级和层次的；B. 秋天比夏天美。真正的美是秋天；C. 自然美和艺术美的区别。

在园林中，培根提出在讲究精致的同时，还要有野趣，要“尽可能地做成荒野的样子”。

关于秋天的美才是真正的美，我们可以写篇有份量的博士论文。对此，我深感兴趣。

记得2008年我参加过一次房地产研讨会。在讨论别墅区的绿化问题时，涉及到树种这个细节。有人提议栽种一年四季常绿、秋冬不落叶的树木，以此美化环境。我提出了反对意见，说：

“我建议在池塘周围小道多种高大的水杉。落叶是这种树种的特点。晚秋的满地落叶有种萧瑟、悲丽的美感。它比夏天茂盛、绿的美更深层，更能触动人的灵魂。萧瑟、苍凉、残破和慷慨悲歌的壮美，属于哲学范畴，对人的精神更富有营养。”

培根特别讲究艺术（比如音乐）美对精神素质的养育。

中国古诗更多的是歌颂秋天的大美，犹有一种起唱高古、大气魄和叱咤之气弥漫于天地间。刘邦的《大风歌》是开头第一诗，从中透露出慷慨伤怀、含怆然之音。再就是汉武帝的千古绝唱《秋风辞》：

“秋风起兮白云飞，草木黄落兮雁南归。”

秋风有种天地之间悲凉、悲怆的哲学力度，为什么春风和夏风没有？所以秋风是哲学性质的自然符号。

估计培根思考过这种现象。

那么，秋风富有哲学力度的美是客观的还是主观的？这是个纯哲学（The Pure Philosophy）拷问。也许是个不可解的追问，但一代代人又要不断地去追问。——这正是纯粹哲学最大特点。

我联想起一匹马。主人在马身上绑了一根长竹竿。竿的前方那一头捆了一卷芳香、新鲜欲滴的青草，老在马头前方诱惑，却又永远够不着。马不断地向前奋蹄，充满活力……

这正是人的命中注定。巴洛克艺术家、哲学家（包括美学家）和科学家同样是如此。

马和草的距离是哲学的、形而上的距离，为的是调动马的主观能动性和创造力。这是造物主的预先设计和安排。——把最后、第一个原因或太原因推到、追溯到上帝尊前是巴洛克哲学思想最高原理。（也只能到上帝尊前为止）

培根认定美的真正本质是客观的。

他反对柏拉图。培根认为美是不以人的主观意识、意志为转移的一种独立而存在的、客观的、可感的美物体。

在西方美学史上，这两派一直截然不同、针锋相对存在着，直到今天，没有一个水落石出的最后答案。——这才叫哲学。有最终、一了百了的解答，便不是哲学。

让人永远处在根本的、庄子所说的“混茫”处境中，才是哲学的真货，才是货真价实的哲学，即老子的“常道”。“常道”是不可言说的，我们只有沉默。20世纪西方大哲学家维特根斯坦提出过一个重要命题：

“有关不可言说的事物，我们只好沉默。”

这个著名命题很重要，我把它的原德文和英文写出来：

Wovon Man nicht sprechen kann, darüber muss Man schweigen.

Where of One cannot speak, there of One must be silent.

人生于天地间，的确有这种无法言说的神秘事物，比如美的本质是什么？人的审美（美感）究竟是天生的还是后天接受教育的结果？人类审美能力是十万年进化的产物吗？我们能想像一个没有审美意识和能力的当代世界吗？

包括香车美女。为什么车展上要有美女在名牌汽车旁卖弄她的风情万种？为什么当代人崇尚骨瘦如柴的模特，而巴洛克时代则推崇丰肌玉骨（肉感）的性感女子？审美标准是变动的。

当然，这里有个体差异。我就厌恶、排斥骨感者而崇拜丰肌玉骨的弹性肉感美。

归根到底这是个人的大脑反应。

柏拉图永远有他的追随者。德国的莱布尼茨便是近代最伟大的柏拉图主义者。

全部西方哲学史无非有两大类型或派别的思想家：

赞成柏拉图哲学，反对柏拉图哲学。

这种根本的格局也规定了巴洛克的哲学美学。

最后，培根提出的有关自然美和艺术美的区分和比较也不是三言两语能说清的。比如彩虹很壮丽，这个自然符号是上帝创造的；风景画中的天空彩虹作为艺术符号则是画家的创作。

用相机把雨后天空彩虹拍下来不值什么钱，而巴洛克画家西伯利希茨的作品《带彩虹的风景》则值百万美元。——这是为什么？

二、莱布尼茨的"预定和谐"

在读书界，一提起德国的莱布尼茨（1646—1716）这位巴洛克伟大学者，便会记起他同牛顿各自独立发明了微积分，而淡化了他在哲学领域的重要贡献。他享有"德国哲学之父"的美称，由此可见他在三四百年德国"科学、艺术和哲学"伟大传统中的显赫地位。

在这里，我只讲他的两个哲学美学观念：

第一，"预定和谐"。

这是莱布尼茨一个非常重要的观念，它的德、英文分别是Die Prästabilierte Harmonie; The Pre-established Harmony。关于它还有两种译法：先定和谐，前定和谐。它在后来的自然哲学，尤其是19世纪末和二十世纪二三十年代量子物理学的"科学美"中占有凸出的地位。

伟大的物理学家普朗克和爱因斯坦经常提到这个自然哲学最高美学观念。因为它通神。

它在现代自然科学的地位和重要性远高于它在艺术和人文科学的价值和作用。

莱布尼茨提出宇宙结构这个美学最高范畴是为了探求"世界的统一性"，揭示那些在整个世界运作中起作用的规律。——正是从这种存在的规律显示了"预定和谐"，即巴洛克上帝事先设置在宇宙结构中的和谐。

莱布尼茨认为，这最高阶的和谐才是一切美的根源或美的真正、最后本质。——巴洛克时期的思想家和美学家日夜念念不忘的，正是要去揭示这本质。

按照莱布尼茨的解释，世界上的一切、各种形形色色的美统统都是从"预定

↓ 巴洛克大思想家和全才莱布尼茨。

从他的一生创造中透露出来的正是巴洛克时代精神。该精神造就了他；他的成就也丰富了巴洛克精神。

伟大时代和伟大人物是相互的需要。巴洛克时代提供了大平台，若是没有莱布尼茨、牛顿、笛卡尔和伏尔泰……，平台不是空荡荡的吗？若是没有巴洛克时空大舞台，这些伟人在何时何处作出轰轰烈烈的演出？

↑ 《带彩虹的风景》，西伯利希茨（J. Siberechts），1690年，有英国风景画传统之父的美称。

画面上的彩虹或许使英国巴洛克主教兼哲学家贝克莱想起《耶利弥亚》的句子：“主，他使水汽上升；他使雨电交作；他从他的宝库中吹出风来。”

如果把上帝等同于大自然，即巴洛克时代的泛神论，宇宙–上帝或上帝–宇宙（Universe-God；God-Universe），那才是对头的。

巴洛克上帝是隐蔽中的上帝。不过贝克莱说：“感官的观念比想像的观念更强烈、活泼和清晰。”彩虹是有关巴洛克上帝的符号。

↓ 1712年莱布尼茨的数学手稿。他对巴洛克数学的最大贡献之一是他为科学、抽象和符号化的数学语言（普遍适用的语言）奠定了基础。符号化是关键。

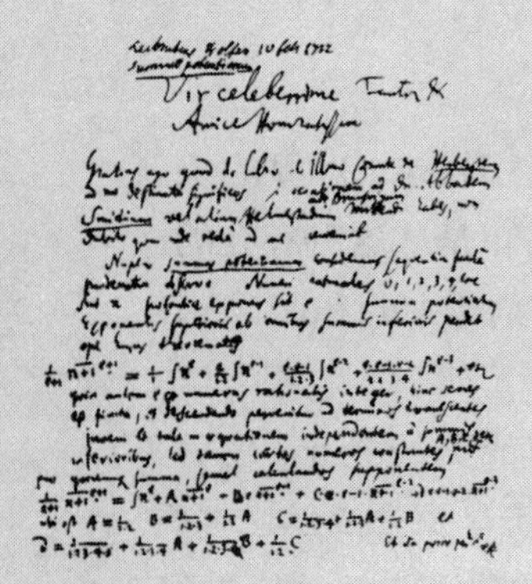

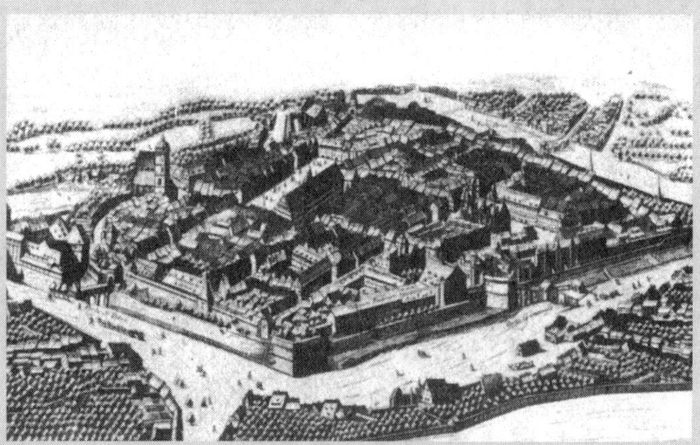

↑ 大约1617年的莱比锡。
莱布尼茨出生在这里，并在莱比锡大学读书。
谁能否认这里的建筑场不会对他有潜移默化的影响呢？

和谐”派生出来的。因为它是柏拉图的“美的理念”。

莱布尼茨对美的真正本质和最后根源的思考不是凭空从天上掉下来的。他和他的前辈有继承关系。

莱布尼茨至少受到以下三人的影响：

1. 柏拉图；

2. 古罗马新柏拉图主义最重要的代表人物普罗提诺，尤其是他提出的“太一”观念。

太一是无限的；太一是第一者，是其他万物存在的原因，也是万物的最高本原。

估计莱布尼茨从中受到启发，把太一引进了巴洛克美学领域，提出了“预定和谐”，并富有神性。因为它只能是上帝的设计。——所以才说是事先的、前定的或创世之前便预先安排、设计和布置好了的和谐。这才是美的最本质、最高根源。

3. 中世纪最大神学思想家奥古斯丁（公元354—430）有个重要命题：

上帝是光，人的灵魂是眼睛。

他还提出过一个最高哲学观念：“永恒的和谐”（Die Ewige Harmonie）。它是天上和地上秩序的最高原理。

秩序的本质即美。大秩序大美，小秩序小美。后来的巴洛克美学家一致赞同这个美学观点。它是颠扑不破的真理。

估计莱布尼茨的“预定和谐”源自“永恒的和谐”。

它是天上大秩序和地上小秩序（大美和小美）的统一和最高根源。

我想起18世纪欧洲油画家经常惊叹雨后天空的彩虹这个自然符号。它成了刺激油画家创作的源泉。在整个创作过程中，他们都心怀赞美和敬畏的思绪。在这些艺术家看来（视觉永远是审美的窗口——这是巴洛克美学家一种普遍的观点），“一曲彩虹横界断，南山雷雨北山晴”，正是“预定和谐”（大秩序）的折射。

莱布尼茨本人常用到的术语和表述是：

A. 在上帝创造的宇宙中，事物是极其繁多的。所有变化的细节都卓越存在着。这些细节也全部联系着。它们组成了一个“实体”。“这个实体状是我们所说的上帝。”

B. “上帝是绝对完满的”。绝对完满即是绝对的美。只有数学才有数学绝对的美。——这种美学观点在整个巴洛克美学中是最耀眼、最有价值的。

莱布尼茨有资格这样说，光凭他发明了微积分便足够了。

C. “上帝不仅是存在的源泉，也是本质的源泉。”——当然也是大美、永恒的和谐和预定（前定）和谐的源泉。

以上三点是巴洛克美学一个典型的、最高“文本”。今天，我作为一个中国读者，对大约三百年前产生的“文本”作何理解和解释呢？理解（Understanding）和解释（Interpretation）这两个环节永远是紧密相连的。正是这两者构成了释义学或解释学。

对一幅画，一首曲子，同样需要解释学。正如昨天Rosemary坐在贝可利咖啡面包店（The Deli & Bakery）楼上紧靠汾阳路梧桐树窗户旁的一个幽静角落对我说：

“我刚分析了柏辽兹的一首交响曲，很难。”

“你看，Rosemary，我多次在你面前提到的解释学是多么重要！它是无法回避的。当然，没有标准、唯一正确的答案。各有各的理解和解释，允许有不大的差异。各个人的个性、素质和内外阅历造成了差异”。

对上述莱布尼茨的美学，也是这样。

首先我要动用老子的哲学，把它作为把握“文本”的强有力的参照系。

道在天地万物之先，为一切之母。

道为太极，即太一，也是“预定和谐”，为一切之母，其他的一切秩序均由常道推出来，派生出来。

再就是求助于庄子。他是一语胜人千百：

“天地有大美而不言。”

大美（Big Beauty）即绝对的美，相当于莱布尼茨的“预定和谐”。和谐即秩序。哪里有秩序，哪里便有和谐，有美。

* * *

以上说法尽管很深刻，但毕竟是哲学性质的猜测，不免空洞、干瘪。在这里我想引用20世纪伟大物理学家普朗克对莱布尼茨“预定和谐”的解释。在他漫长的自然哲学生涯，在为世界观而搏斗的物理学探索中，“预定和谐”就像灯塔的一束光照亮了他的旅程，并用“普朗克常数”使“预定和谐”变得生动、有血有肉。——可以说，巴洛克美学为20世纪量子论和相对论的诞生作出过自己的贡献。（这段隐蔽的故事，对读书界还是鲜为人知的）

普朗克作为量子论创始人和二十世纪伟大的自然哲学家，被西方称之为

"整个人类思想家当中一位最具革命性的人物。"（The Most Revolutionary of All Human Thinkers）

他深受两位巴洛克大科学家的影响：牛顿和莱布尼茨。

他一生的思路框架也是柏拉图的。

柏拉图有三重世界：

观察天文学→几何天文学→哲学天文学。

普朗克的三重世界则是：

感觉世界→物理科学世界→实在世界。

普朗克和爱因斯坦科学哲学的核心都是带着一团诗化了的"宇宙宗教感"去揭示莱布尼茨的"预定和谐"。之后便是沉默，内心升腾起一团深深的敬畏。他们早已知道歌德的名言：

"研究了可以研究的事物，对不可究诘的事物则默默地加以敬畏。"

造物主为什么要在宇宙设计、安排最高的"预定和谐"，是人类能回答的吗？

这是一个不可解的叩问。

在《自传》中，普朗克表白过："寻求绝对的东西（Das Suchen nach Absoluten）是我一生最美好的科学使命。"

这绝对的东西正是莱布尼茨的"预定和谐"，也是庄子的"天地有大美"。

在普朗克的心目中，e, h, c这三个宇宙（普适）常数——Die Universellen Konstanten便是绝对的、普遍有效的和不变的永恒量。

读者哟，今天在你的手机里也有这些基本物理常数在日夜运作。否则你的手机会没有信号，除非手机没有电或者你关了机。

光速（c）、普朗克常数（h）、电子电荷（e）……等多个基本物理常数是近、现代物理学（理论物理加上实验物理）研究的伟大成果。它们丰富了、量化了莱布尼茨的"预定和谐"，使它变得生动、具体、可感，包括听觉印象、视觉印象。

人手一款手机，令我暗自惊叹这道风景！手机成了当代人一刻也离不开的"至爱亲朋"。它成了莱布尼茨的上帝和"预定和谐"以及庄子"天地有大美"的

↑ 英国巴洛克时代哲学家贝克莱(1685—1753)。

在我上大学的那六年,便反复读他的书。半个世纪过后的今天,我才顺便谈论这位思想家的观念。

应该承认,他想得很深,很透,被他一说,上帝就在我们身边,无时无处不与我们同在。

的确,如果把光(Light)看成是代表上帝的一个最生动符号的话。有了光,才有了人的世界。光是上帝存在最直接、最过硬的证据。你能想像没有光的世界吗?

可见,把光看成是上帝的代言人不是迷信,而是智信。

研究光学,听懂光的语言,就是听懂上帝的语言。

符号、象征和代言人。

它表征、刻画了我们时代科技文明达到的水平。巴洛克时代的哲学美学思考和探索可曾料到今天地铁里几乎人手一款手机,成了人的影子的蔚为壮观一道风景?

运笔到此,我想起英国巴洛克重要哲学家贝克莱(G. Berkeley, 1685—1753)的思想。在《人类知识原理》一书的第148小节,他说:

"不思想的群氓好像有一个普遍的借口,就是说,他们看不见上帝。他们说,只要我们能够像看见一个人那样看见上帝的话,我们就一定会相信他的存在,并会服从他的命令。不过,很奇怪,只要我们一张开我们的眼睛,就可以比看见任何一个同类人还要更明晰、清楚地看见万有的主宰。"

奥古斯丁有关上帝的定义影响是深远的:God is Light(上帝即光)。主教兼思想家贝克莱也把上帝称之为光:

"这个纯洁的、清透的光虽说照耀着每个人,但它本身却是大部分人看不见的。"

不过时至今天21世纪,我想告诉读者,上帝的身影就隐藏在你的手机里。因为里面有光速等多个自然界的基本物理常数。

巴洛克时代是一个信仰时代。信仰是巴洛克时代精神的核心部分。思考上帝的存在(The Existence of God)以及有关上帝的定义不仅是个纯粹哲学课题,它同样涉及巴洛克美学,涉及"预定和谐"。因为哪里有光照,哪里便有秩序与和谐,哪里便有美丽、壮丽和悲丽。——那正是上帝的影子,是上帝在显身,当然不是上帝本人。

上帝不是人;他既不是男人也不是女人。上帝就是上帝。爱因斯坦相信数学的绝对美。

柏克莱说,群氓看不见上帝是愚笨的。其原因估计是被过于强烈的光（光即上帝）照瞎了眼睛的缘故。

光的秘密也是上帝的秘密。

现代光的高深尖理论源自巴洛克时期。量子力学表明，光有波粒二象性。光同时表现为波动和粒子流。

光是上帝双重“人格”的披露。粒子性和波动性这双重“人格”是不可分割的！

人天天见到光，关于光的本质，我们知道多少？多奇怪的世界啊！多迷茫、混茫和困惑的人啊！

今天21世纪的人啊，注意你的手机，听它，看它，触摸它，那里有再明白不过的上帝身影。手机的信号正是上帝显示出来的符号。

巴洛克上帝不仅离我们不远，而且就在我们每个人的身边。巴洛克上帝永远是隐蔽中的上帝。他事先、预定了大和谐、大美，然后便隐藏起来。

尽管我心目中的上帝并不等同于基督教的上帝，即贝克莱主教的上帝，但我仍然同意《圣经》诗篇歌颂大自然的壮丽、和谐与秩序的文字：

“他降临大地，润之以甘霏；他祝福地上的泉水，用他的慈祥使岁有丰收；牛羊得以遍原野，五谷得以满山谷。”

巴洛克风景画正是试图用绘画语言符号体系去表达这种歌颂。地上的秩序、和谐和美丽归根到底是天上“预定和谐”的折射。——这是巴洛克美学一个非常重要的观点。

↓《沼泽地的森林风景》，鲁伊斯达尔，约1660年。

整个画面是“预定和谐”的折射。巴洛克画家热爱大自然就是崇敬上帝。——这是巴洛克美学的主旋律。

为了进一步走近、理解“预定和谐”以及“天地有大美”，让我们回到荷兰风景画家鲁伊斯达尔的笔下。比如《沼泽地的森林风景》，约1660年。

天空的天光和多姿绚丽的云彩，以及大地上的橡树和桦树残骸

↑ 鲁伊斯达尔笔下枯树的残骸。

令人惊讶的是，有几片绿叶从枯树干中生长出来。

这样，上帝的存在便更生动、明显了，从中披露出来的正是“预定和谐”以及“天地有大美而不言”。

这里也体现了中国传统的“荒残美学原理”。

是最醒目、凸显的主角。再就是静静的池水映着一片缓缓变幻的天。池旁有条林中小道（我非常熟悉这种小道），路上有三个人站着。

整个画面用无声的、吟唱的抒情诗句说出了大自然上帝或上帝大自然（Nature-God; God-Nature）的隐隐约约存在。用中国道家哲学的“天地人神”（天道地道人道神道）四重结构作出解释或许比“预定和谐”更丰富，更有层次，也更全面。这四重结构勾勒出的大框架本身就是一种大美。它是巴洛克美学追求的。

在鲁伊斯达尔的画面上常有枯死的树，这是巴洛克美学的一种表述。画家让这个悲壮的符号成为上帝的代言人：

宇宙间的一切都是演员，都有上台下台的时间。因为整个世界是一座舞台。莎士比亚的戏生动表征了这一哲学美学世界观。

枯死的树干残骸同“预定和谐”或“天地有大美”不抵触吗？不相容吗？不，有生必有死才是宇宙大和谐。

生死是对称的，平衡的，而且属于根本的对称、平衡，也是一种大和谐。从中透露出来的是大悲壮和大崇高。

只有生，没有死，这个世界才会失去平衡，也无法存在。多亏了死，生这一头才有理由存在。死是最大悲剧，从中又会生出崇高。——这是巴洛克美学观。

那么，我要问：火山、地震、泥石流这些天灾造成的破坏也属于“预定和谐”和“天地有大美而不言”的美学范畴吗？

当然。“天灾”只是人眼中的利害价值观。大自然、宇宙无所谓“天灾”。连死亡都是“预定和谐”和“大美”的一部分，更何况地震和海啸？

有“大美”就应该有“大美学”，它包容“荒残美学”。

三、悲剧和崇高

在巴洛克三十多位世界级哲学美学家当中（包括笛卡尔、伏尔泰、卢梭、莱辛、赫尔德和康德等人），多半人都追问过悲剧的哲学内涵和美学问题。有人则探讨崇高是什么?

在这里我则把这两大巴洛克美学范畴放在一起来观照。我对世界悲剧史的解释学是：

悲剧同人类的根本（哲学）处境关系密切。

悲剧是存在主义的悲剧，是人性的倒影。

探讨悲剧的根源必然要触及人的本性。

若是涉及今天21世纪人类文明的悲剧，就必然会越出巴洛克美学视野的悲剧广度和深度。核电站的悲剧对巴洛克美学悲剧是完全陌生的！巴洛克美学家做梦也不曾梦到过核泄漏性质以及海上油田泄油对海洋生态环境破坏的悲剧。

现在让我从巴洛克美学视野中的悲剧出发，然后再试图扩充、深化“文本”，获得新视野，富有21世纪的时代气息。——这才是发挥主观能动性的解释学的道路。我试着去这样做。

莎士比亚（1564—1616）的生卒年表明了他是文艺复兴与巴洛克时代交接点上的人物。他的十一部悲剧却引出了巴洛克时代美学家对悲剧本质——哲学基础和美学价值——的探索。当然古希腊的命运悲剧、伦理悲剧和社会悲剧，以及阿里斯托芬的悲剧批评、柏拉图的悲剧美学和亚里士多德的悲剧理论永远会激励巴洛克美学家去继续深掘世界悲剧的本质。

事实上，这必然要在至深层面上研究人性。

它同人类在这个星球上的生存基本状况有关。今天我可以说，世界悲剧归根到底是人的生存悲剧，是存在主义哲学悲剧，也是人的基因悲剧。

莎翁死后，欧洲的历史进入巴洛克时代。思想家们渐渐隔着一段时间的距离去观照、分析他的悲剧，期望看得更深些，包括解读他的政治悲剧、爱情悲剧和人格悲剧。

这些悲剧在巴洛克美学家看来，好像是面镜子，可以照出人的本质。喜

剧则没有这种功能。——为什么？悲喜剧的这种差别便足以引起巴洛克美学家的惊讶。

而哲学恰恰是起源于惊讶。

如果说戏剧是时代的镜子，那么，悲剧便从一个更深的层面揭示了时代精神这枚硬币的另一面，阴暗面。

法国巴洛克大剧作家高乃依（1606—1684）的四大悲剧对法国巴洛克美学家的探索也是一次重重的推力。高乃依的悲剧主旋律是讴歌王权，忠于国家，张扬道德、义务和责任感。

法国另一位巴洛克悲剧剧作家是拉辛（1639—1699）。他的震撼人心的成就可以从巴尔扎克谈及自己为何放弃悲剧创作的原因看出来：

“克雷毕勇使我安心，伏尔泰让我害怕，高乃依叫我激动，而拉辛却使我放下笔。”

有人把世界悲剧说成是“悲剧文化现象”。

不，世界悲剧是“世界哲学现象”。

↓ 1674年法国表现“哀悼主题”的巴洛克歌剧《阿尔切斯特》在凡尔赛宫大理石大厅演出。（从中我们可以看到典型的巴洛克建筑）

作者是法籍意大利著名歌剧作曲家吕利（J. B. Lylly, 1632—1687）。他是法国巴洛克歌剧（又叫“抒情悲剧”）的奠基人。他的大量创作引出了法国巴洛克美学界对“悲剧”的探讨。

悲剧一旦同抒情结合，便富有强烈的感染力，效果倍增。

从悲剧中，可以测量出人性的复杂度、广度和深度。

什么是悲剧？

有人酒后驾车，冲上人行道，压死5人，伤6人。这是社会学性质的惨祸，够不上哲学性质的悲剧。它的层面很浅，不值得咀嚼。

只有多种矛盾的对立，才能形成悲剧，从中才会生出崇高。在这里我想借用黑格尔的一段话：

“因为人格的伟大和刚毅只有借助于矛盾对立的伟大和刚毅才能衡量出来。心灵从这对立矛盾中挣扎出来，才使自己回到统一。环境的相互冲突愈多，愈艰巨，矛盾的破坏力愈大而心灵仍然坚持自己的性格，也就愈凸显出主体性格的深厚和坚强。”

矛盾的性质、层面和破坏力的大小同生出的崇高成正比例。

我确信，崇高作为一种美学现象，归根到底是人脑现象。巴洛克美学家作了有益的探讨，只是无法触及脑层面，因为受时代限制。

毕竟巴洛克的悲剧理论给世界悲剧哲学留下了一笔丰富的遗产。

从深刻、震撼人心的悲剧中会生出神圣、庄严的崇高感。——巴洛克思想家们早已观察到了这种哲学美学现象。时至21世纪的今天，“悲剧和崇高”仍然是一个扣人心弦的课题。它不但没有过时，反而成了一个恒提恒新的叩问。

因为人性进化得很慢很慢。所以当代人虽拥有手机和电脑，但动摇不了“悲剧和崇高”的地位。

“夜深鹤透秋空碧，万里西风一剑寒。”

为什么是西风，而不是东风、南风或东南风呢？只有从深秋的西风，萧瑟、苍凉、荒寒；只有独上荒台，秋色苍然自远来，心中才会生出一团悲壮的崇高或崇高的悲壮。——估计深层原因来自人脑组织的秘密。

我注意到，在世界悲剧史上，复仇的悲剧占有重要地位。比如它在我国传统武侠小说中便有典型表现。

在人性（基因）里头有复仇的本能或情结。纽约“9.11”的本质是复仇；拉丹被美军特种部队打死也是复仇。当代脑科学研究（通过高科技磁共振成像扫描）发现表明，古老的复仇念头和行动会激活人脑的兴奋，产生一种叫多巴胺的化学物质，如同吸毒一样快感、满足。

今天许多美国人便在杀死拉丹后享受报复带来的无比兴奋，过了把瘾。

不过，今天还有一种悲剧却是巴洛克美学家陌生的：

核泄漏。(前面提到过)

大地震和海啸造成的灾难,他们见过。但核电站事故则是现代科技文明闯下的大祸。人类发明它的目的是为了为自己谋福,结果到头来核能却来加害自己。这就像儿子杀老子!——这是当代科技异化的悲剧,哲学含量很多,层面很深。这是潘多拉盒子。

不过今天的原子物理学正是起源于巴洛克时代。

* * *

巴洛克时代精神由多个侧面或元素构成。

其中一个便是提倡哲学思维和哲学探索。或者说是把世界予以哲学化,把哲学予以世界化。

巴洛克教堂建筑空间作为基督教信仰的典丽符号,它的最高使命应是教导人们,从一开始就要从内心深处升腾起一团"敬天爱人"的情怀。否则这座教堂便是虚设,没有存在的理由。

伟大的法国巴洛克哲学家和数学家笛卡尔(1596—1650)说:

"我们之所以有别于野人和生番,只是因为有了哲学,而且当相信,一国文化和文明的繁荣,全视该国真正哲学的繁荣与否而定。"(《哲学原理》)

今天日本福岛核泄漏悲剧全怪西方定量自然哲学和仪器本不应该去揭开原子世界的秘密,把核能这个魔鬼放了出来。上帝并没有开口答应人类去这样做。

事实上,原子能一开始就不应诞生,存在于当代世界。(Atomic Energy should not Exist in the Modern World)

不过要追溯原子能诞生的历史渊源,巴洛克时代也有一定的责任。因为正是巴洛克时代创造了西方最初的科学哲学(定量)仪器,才有19世纪末和20世纪前半叶原子物理世界的秘密大门被人咔嚓一下撬开!

今天用历史眼光来审视和重建巴洛克时代(甚至包括得失和功过),是多么需要!

巴洛克文明群落远不止是个建筑、音乐、戏剧和美学问题。巴洛克实验室的双刃剑——天堂和地狱两重性——才是重建的焦点。

这涉及对近现代西方科技文明功与过的评估。

一切历史问题都同当代人类文明和人类命运有关。

四、把巴洛克美学遗产安放在当代脑科学基础上

当代脑科学表明，人类审美（美感）意识和观念是创物主（莱布尼茨心目中的上帝）预先设置在我们大脑中的。

当代高科技脑部扫描结果显示，人在作出审美判断的时候，至少部分依赖于预先设置的观念。

运笔至此，我要问：上帝预先设置该观念是为了人有能力欣赏、惊叹和赞美莱布尼茨所说的“预定和谐”吗？这符合事物存在的逻辑。

“Logic and Existence”（逻辑与存在）原理高于一切。上帝的存在也遵守该原理，否则他就不存在。

当代脑科学特别看重大脑右侧“杏仁核”（又叫扁桃核）这个解剖组织或部件。英文术语是Amygdaloid Nucleus，形状类似于一个杏仁，故而得名。它有复杂功能。动物的情绪与性行为受它支配。杏仁核群若被破坏，动物会出现厌食和情绪低落现象；狗则会变得不再与人友善，表现畏惧和忧虑。

今天的脑科学家正在推测，人脑的杏仁核是负责对情感记忆反应的组织，它同人的审美意识和观念有关。

巴洛克美学是三百年前的遗产。今天我们可以用当代脑科学的成就去修正、补充和刷新它，比如探讨爱情悲剧、复仇悲剧、人格悲剧的脑根源；以及惆怅和崇高。当然还有自然美和艺术美的区别。再就是数学美的脑根源。

美感（审美意识）是发现数学真理的指路牌。它是一座灯塔，指引、照亮数学家找到通向真理的道路。巴洛克数学家早有这种神奇的经历。

今天的脑科学研究表明，人类大脑将美感或审美意识与发现真理联系在了一起。

今天，我们可以做到把整个巴洛克美学遗产安放在脑科学的基础上，作出重新的观照和解释。——这便是老问题新看。（New Light on the Old Problems）也是我所说的重建“巴洛克文明群落”。否则我们就辜负了21世纪的科学技术的光明面。（核泄漏悲剧是它的阴暗面）

在世界悲剧史上还有一种最深层、命中注定的悲怨人生苦短的根本悲剧：

“天下欢之日短而悲之日长，生之日短而死之日长。”

因为生是短暂，死才是永恒。

人对生死这种形而上的哲学结构发出阵阵“太息”才是根本的、无法改变的悲剧。

只有人才会有这种意识、感悟和预感。它同样来自人类某个或某些个大脑解剖部位。

一切戏都是人脑的戏。

无脑不戏。脑外无戏。

巴洛克科学编

巴洛克物理学

——真正科学意义上的物理学的诞生

前面我交待过，“巴洛克科学”（The Baroque Sciences）这种叫法，这个术语，是我的杜撰，为的是同“巴洛克建筑”和“巴洛克音乐”同处在一个屋檐下，名正言顺地归结到“伟大的巴洛克文明群落”这面高高飘扬的历史大旗下，便于我们作出统一的鸟瞰和观照。

人类最根本的限制是时间、空间的限制。巴洛克文明群落发生的时间和空间都是同一个。——这才是我杜撰“巴洛克科学”这个术语的理由或根据。

一、物理学的觉醒和伽利略的想像力

“觉醒”是人认识自身及其外部世界最关键的一步。这在巴洛克科学、艺术和哲学创造过程中都是如此。

“觉醒”即“顿悟”。它要有个潜在（潜意识层）过程。西欧人从中世纪和文艺复兴时代一路走来，进入17世纪，在物理学领域开始出现了“顿悟”。正如佛教哲学所说：

“顿悟资于渐修。”

没有长年累月渐修工夫的积累，决不会出现巴洛克物理学的“顿悟”。其代表人物是伽利略（1564—1642）。从他的生卒年看，他是站在意大利文艺复兴晚期和巴洛克早期交接的伟人。他的顿悟主要表现在以下5个方面：

1. 思维（思想）方式的革命。这便是伽利略提出的第一个“理想实验”。它的德、英文叫法（术语）分别是Ein idealisiertes Experiment; A Thought Experiment。我在这里要公正地称它为“巴洛克理想实验”，表征了巴洛克自然哲学顿悟的到来，事关重大，也宣告了近代物理学的真正诞生。

在伽利略的巴洛克时代以前，大多数自然哲学家对司空见惯的“运动”现象的真实本质（恰如美的真实本质）并不理解，而且是误解。他们一直是“未悟之

人”,认为:

若要使物体沿一直线作匀速运动,就要有某种外来的作用力不断地推动物体,否则该物体便会自然而然地停止运动。(这一由直观思路得出的推理还不是天经地义的绝对真理吗?)

比如把一块木头放在坚硬、光滑的平面上,我们去推动木块,使其滑动。当外力被撤消,木块运动便停止下来。——这个实验结果看起来(好像)支撑了上述直观的观点。

但伽利略反对这种直观的思维。“直观”的德、英文都叫Intuition。仅凭这一点,他便是一位真正伟大的巴洛克自然哲学家。

伽利略的巴洛克自然哲学智慧推理是:

让我们用较光滑的木块和较光滑的平面再做一次实验。这时我们会看到,木块的速度比以前要减小得慢些。如果继续用更光滑的木块和更光滑的平面做多次实验,我们就会发现,木块的速度减小得越来越慢,移动的距离则是一次比一次远……

这时伽利略的伟大想像力引导他得出下面的结论:

如果当所有的摩擦力(包括空气阻力)统统都能被消除时,物体就会沿着直线以恒定的速度永远不停地运动下去!

把所有的摩擦力统统消除掉是不可能的。因为我们无法消灭所有外界的影响;因为我们不能移开地球。况且达到“绝对的光滑”也是一种理想。

所以伽利略的这一理想实验只是他在头脑里的一种由大胆、卓越想像力编织而成的奇妙产物。在现实中,这种实验是无法实现的。理想实验的功能是使物理学家能够深入运动现象的本质。

伽利略是第一个做了理想实验的伟大自然哲学家。后来的科学发展表明,几乎所有科学大发现都少不了“理想实验”这个神奇工具。

伽利略从他的“理想实验”得出结论:

维持物体的速度并不需要外力,改变物体的速度才需要外力。

爱因斯坦特别看重这一发现。他在多处提到它:“在整个人类思想史上,它标志着物理学的真正开端。”(Die Entdeckung ...... in der Geschichte des menschlichen Denkens und markiert den wirklichen Anfang der Physik)

爱因斯坦在《物理学的进化》一书中,再次指出这一抛弃直观观念的发现是"物理学的诞生时刻"(Die Geburtsstunde der Physik),评价极高。

诞生地又在意大利。可见,巴洛克物理学、建筑和音乐都是从意大利走向世界,影响世界的。

这才是以有为之人、逢有为之时、据有为之地。

后来,伽利略的这一发现被牛顿(牛顿出生的1642年恰好是伽利略去世之日,这好像是上帝的有意安排,安排接班人)采用为他的三条运动定律中的第一条:

"任何物体都保持静止状态或沿着直线作均匀的运动状态,直到力作用在物体上迫使它改变这种状态为止。"(这才是上帝"强力意志"的披露)

我国宋朝大哲学家朱熹有言:

"天地不会说话,倩他圣人出来说。"(意谓圣人是为天地立言,为天地的代言人。倩:借助)

说得很到位,只是跳过了科学实验这个伟大的中间环节。

伽利略和牛顿都是巴洛克圣人,也是大自然的代言人,或者说他们是"巴洛克上帝"的代言人。

构成伽利略"理想实验"的核心成分或精华是想像力。德、英文分别叫Die Vorstellungskraft; Imagination,在整个巴洛克时期的美学,它都是热门话题。不过当年的美学家并没有把它同物理学、数学的创造活动联系起来,只限于诗歌与想像力的关系。

爱因斯坦特别看重想像力,说:"想像力比知识更重要。"

道理很简单:在知识的基础上,想像力会有神奇的创造力。

上述伽利略的自然哲学推论是一次巴洛克的顿悟:"未悟之人说道理,如月夜看物;已悟之人说道理,如白日看物。"(《中峰广录》)

伽利略的有关运动本质的发现和物理学的觉醒是"一唱雄鸡天下白",表明了巴洛克的自然哲学智慧如一灯一智:

"一灯能除千年暗,一智能灭万年愚。"(佛教经典《坛经》)

伽利略发现的真理居然逃过了古希腊伟大的亚里士多德明察秋毫的眼睛!

2. 伽利略(即巴洛克时代)之前的物理学家总是大处着眼,无处着手。

从伽利略开始,才走上了另一条路线,即从大处着眼,小处着手。比如研究一石块自由落体的高度、速度、加速度与时间的关系。

在伽利略之前,一石块是卑微的,微不足道的。思考它,怎能走到神圣的上帝尊前?

但伽利略和牛顿做到了。——这是巴洛克自然哲学思路和手段的胜利。

3. 伽利略把实验手段推到了主角地位。

正是巴洛克时代开始了真正科学意义上的实验研究,包括伽利略用望远镜对准月球进行观察,以及提出光是否有速度这个概念,并用手提马灯对光速进行了测量。尽管无法测出,但他提出了"光的传播速度"这个概念便是一次突破。

4. 伽利略同时又把物理概念(Concept)推向了王位。分析概念宣告了巴洛克物理学的真正到来,也是真正科学意义上的物理学重要标志,当然它要同实验和数学(定量语言)捆绑在一起。

对"能量"这个最高自然哲学概念的分析和形成便是始于巴洛克时期,直到19世纪中叶(约1860年左右)才最后确定下来。为此莱布尼茨迈出了第一步。

热力学中区分"热量"和"温度"这两个概念决不是一目了然的事。它需要作出分析。17—18世纪巴洛克物理学家完成了这一分析。在同时代的中国知识分子头脑里可曾出现过"热量"和"温度"这两个物理学(自然哲学)概念?没有!

设有两个锅子,一个盛有少量的水,另一个盛有大量水。把两个锅子同时放在同样的煤气炉上加热,经历相等的时间。显然最后的结果是:盛有少量水的温度比盛有大量水的温度要升得高些,但两锅水得到的热量却是相等的。

研究巴洛克物理学史,考量西方自然哲学史,我们会看到,科学大厦是由概念搭起的脚手架完成的。只有这样,人类才能通神,达到科学的境地。

人类只有借助于一个个决定性的物理概念才能通向莱布尼茨和牛顿心目中的上帝(不是人格化的上帝),感受到"预定和谐"的神圣、庄严和崇高存在。物理学研究的本质是"朝圣",朝上帝(Universe-God或God-Universe)走去。

这时的概念成了一个个驿站。"朝圣"的道路是无尽头的。因为上帝的本质就是时空的无限性。

巴洛克大思想家莱布尼茨一再强调"先天地的原则"、"宇宙秩序"和"作为建筑师的上帝”，原是开普勒和伽利略这两位前辈自然哲学的继承。(伽利略死后四年即1646年莱布尼茨才呱呱落地。可见巴洛克是一个需要天才也贡献出了一大批天才的伟大时代）.

5. 伽利略把数学看成是上帝的语言。

只有实验加上数学才能通神。

伽利略坚信大自然这本大书圣书是用数学(代数、三角学和几何学)写成的。

以上5点是巴洛克物理学觉醒的主要内容。伽利略是最先也是最伟大的觉醒者。牛顿是他的后继人。他从伽利略手中接过了巴洛克物理学觉醒的火炬，照亮了物理学的许多领域：

“拨开千嶂云，放出一天月。”

二、牛顿的想像力和他的上帝

牛顿(1642—1727)的生卒年，他所生活和工作的时期，无疑属于巴洛克时代。他的自然哲学风格和他的上帝也是巴洛克时代精神的凸显标志和体现。

他的代表作《自然哲学的数学原理》这个书名的叫法便表述了巴洛克物理学的特色和风骨。它明明是部物理学专著，他却要称之为“自然哲学”。因为牛顿觉得这种叫法有种神圣和崇高性，比“物理学”高贵很多，也更通神，通“预定和谐”，尽管牛顿没有使用莱布尼茨这个术语，但他们俩人心目中的上帝是相通的，都是同一个，只是表述、说法不同。正如莱布尼茨所强调的：

“只有一个上帝，并且这个上帝是足够的。”

“上帝是绝对完满的。”

这里的上帝是指“宇宙-上帝”(The Universe-God)，它和基督教的上帝，同巴赫、亨德尔的上帝并不矛盾。

牛顿的上帝更适合自然科学探索，他说：

“自然哲学的目的在于发现自然界的结构和作用，并且尽可能地把它们归结为一些普遍的法则和一般的定律——用观察和实验来建立这些法则，从而导出事物的原因和结果。”

最高目的是追溯“第一个原因”(The First Cause)，即“太一”。

牛顿强调“物体的属性只有通过实验才能为我们所了解。”时至21世纪，物理学依旧要遵循这条巴洛克自然哲学原理。

如果说，伽利略推开了巴洛克物理学的大门，牛顿便为巴洛克物理学

大厦奠定了基础，并影响了后来整个西方科技文明之旅，直到今天，当然也包括福岛核泄漏的悲剧。2011年9月，东京数万名抗议者要求政府关闭所有核电站（共54家）。日本约70%的公众赞成取消核电。

可以说，21世纪人类科技文明大厦的基础是由巴洛克物理学、数学和哲学奠定的。

也许今天的青年一代读者会百思不解：

像伽利略、牛顿和莱布尼茨这样的大思想家怎么会相信上帝？

我的解释和回答是：

他们的上帝不是人格化的上帝，不是一位躲在云端后面的白胡子长发老者。他们的上帝不是迷信，是智信。

西方人的迷信太多，历史悠久，直到今天。比如对黑色星期五的恐惧。当然还有13这个不祥数字，以及在室内不得打开伞，黑猫在你走的路上横过……

这和巴洛克自然哲学家（以及后来的爱因斯坦和普朗克）的智信没有共同之处。

应该承认，牛顿对康德有重要影响，使得他懂得天高地厚。

关于牛顿的想像力，一定要提到他发现万有引力的推理过程。——本质上这又是一个巴洛克"理想实验"（纯大脑里的实验）。

牛顿因为看到一个苹果落向地面而联想到月球绕地球的运动；想到苹果的加速度同月球的加速度有内在、隐蔽的关联；想到这两种在表面上彼此毫无牵连、互不相干的加速度有着一个共同的深层原因，从而为他的万有引力（定量）定律提供了理论基础。

没有牛顿的、巴洛克时代的想像力，便不会发现万有引力。——它的浩瀚、广博、深远、幽远、渺远、宽远、宏远和迷远才是巴洛克时代精神的反映。该定律的说出，才是巴洛克时代的气魄，才成了天地有大美的代言人。

本质上，牛顿有关地上天上的加速度关联想像是"理想实验"；是有关"大自然大统一原理"的白日梦。

"理想实验"的本质正是睁大双眼做梦。

德国巴洛克晚期大诗人兼思想家席勒（1759—1805）有言：

"只有在梦的王国才有自由。"

牛顿的想像力从卑微的地上霍地一下子提升到了广袤无际的天上，这正是巴洛克追求的自由，崇高也由此产生。席勒作为巴洛克重要的美学家，他深入探讨过崇高观念。

巴洛克数学

——美感引导巴洛克数学家找到真理

"The Baroque Mathematics"（巴洛克数学），这种叫法，这个术语，本身就有一种壮丽、崇高和神圣的氛围。它同巴洛克建筑、巴洛克音乐有相通处。它也通向"预定和谐"，通向莱布尼茨和牛顿的上帝。别忘了，伟大、壮美的微积分正是他们俩人各自独立创造、发明出来的。

——2011年5月8日于汾阳路贝可利咖啡屋

今天的西方数学大厦已经是属于世界的了。但它的基础却是巴洛克时期奠定的。文艺复兴的数学没有作出这种贡献。

我所说的奠定了西方数学大厦的基础有多个涵义。其中之一是数学语言的符号化、抽象化和系统化。在拙著《人和符号》(文汇出版社，2011年6月)一书中我已详尽论述过这个课题，这里就不再重复。

运笔到此，我想起苏格兰的巴洛克数学家马克劳林(C. Maclaurin, 1698—1746)和另一位英国巴洛克数学家泰勒(B. Taylor, 1685—1731)。

青年时代，出于对高等数学的崇敬，我读微积分，经常同这两个英名及其定理不期而遇。当年的我便懂得把他们的定理看成是"包罗万象诗"的一部分，而且是精华。

因为巴洛克数学的高阶和谐有助于我瞥见"预定和谐"，庇护我安然度过残酷的阶级斗争。

当年的我就懂得对巴洛克的自然神学观念"隐蔽的神的秩序"表示惊叹和击节称赞，而数学语言可以通向"神的秩序"。

青年时代，泰勒公式给我留下了难忘印象，大大有助于我走近"隐蔽的神的秩序”以及“预定和谐”：

$$f(a+h)=f(a)+f'(a)h+\frac{1}{2!}f''(a)h^2+\cdots+\frac{1}{n!}f^{(n)}(a)h^n+o(h^n)$$

若用x代替$a+h$，那么，上述泰勒公式就变成这样的形式：

$$f(x)=f(a)+f'(a)(x-a)+\frac{f''(a)}{2!}(x-a)^2+\cdots$$
$$\cdots+\frac{f^{(n)}(a)}{n!}(x-a)^n+o[(x-a)^n].$$

特别情况是，当a=0时，我们便得到马克劳林公式：

$$f(x)=f(0)+f'(0)x+\frac{f''(0)}{2!}x^2+\cdots+\frac{f^{(n)}(0)}{n!}x^n+o(x^n)$$

可见，马克劳林公式是个小圆圈，泰勒公式是个大圆圈，大包容小，小是大的一个特例，恰如平面几何是立体几何的特例，牛顿力学是相对论力学的特例。可见数学最高境界是巴洛克艺术。在阶级斗争天天讲、月月讲、年年讲的卑鄙和混浊岁月，巴洛克数学的高阶和谐和美感就像一阵清凉、和畅的惠风，安慰了我的心。

上述两个公式堪称为巴洛克数学诗。我国传统诗论有助于我们理解、解释巴洛克数学诗的“文本”：

“诗成泣鬼神。”

“诗应有神助。”

“诗而入神，至矣尽矣。”

马克劳林和泰勒公式才是风清骨峻，篇体光华。更为重要的是，它们在后来的科学技术领域有着广泛实用，成了有力工具。

泰勒的业余爱好是巴洛克音乐和绘画。他写过一篇“论音乐”，他是业余画家，主题是风景。这样，巴洛克数学、音乐和绘画在他身上便成了巴洛克“包罗万象的诗”。

这无疑加强了他的美感，有助于他发现真理。

尽管今天的大脑研究取得了一定的进展，但数学美感意识或审美判断与数学真理的发现之间的真正关联对于我们仍然是个哑谜。

青年时代的爱因斯坦受巴洛克数学哲学的审美观念影响，特别崇敬数学的绝对美，并在暗中引导他去建立相对论力学和广义相对论。20世纪英国杰出量

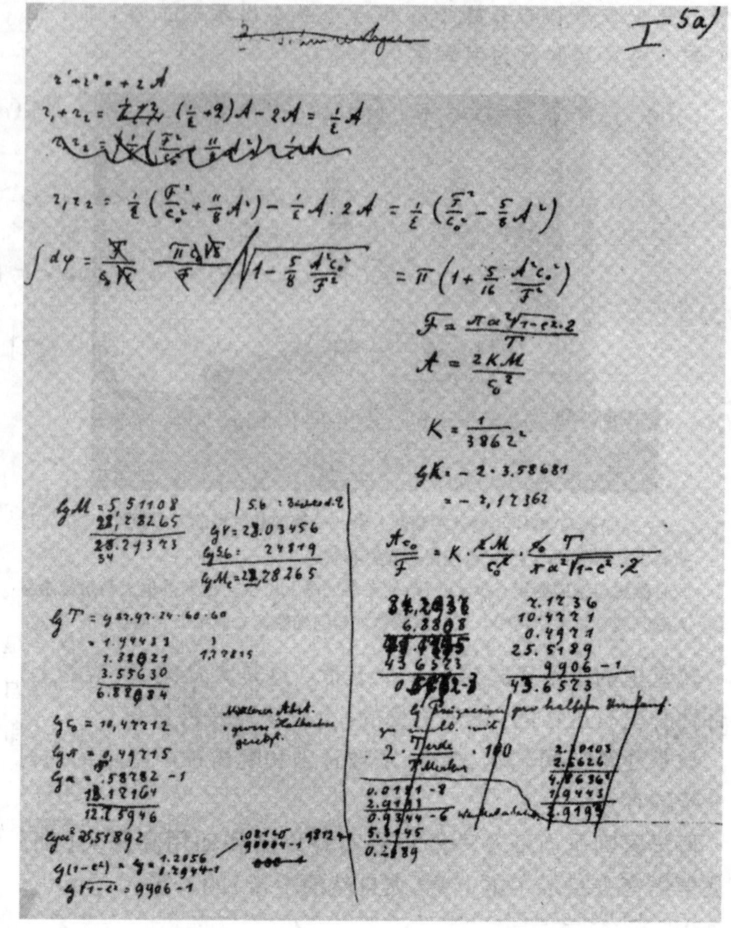

→ 爱因斯坦在青年时代写下的一页手稿，其中有几个数学物理方程式，少不了有巴洛克数学的几粒珍珠在那里发光。

他尊重基督教的上帝，但他崇敬只能由数学的引导才能瞥见到的宇宙－上帝（Universe-God）。他一再提到莱布尼茨和斯宾诺莎的上帝。这是智信，不是迷信。

子力学大师狄拉克（Dirac）于1933年荣获诺贝尔奖。他一再自白，是对数学的美感引导他走在发现大自然深层秘密的道上。

的确，作为人类文明史上的欧洲巴洛克文明群落，它的驱驾气势对后世的影响是广大、深远的。

最后我想说：

就科学技术水平而言，今天我们已远远超越了巴洛克时代。但它的艺术和自然哲学依旧在我们前面引路：

巴洛克的雄劲、高广和严正的气盛，是我们容易超越的吗？

在迷茫中缓慢进化的巴洛克化学

——燃烧现象的本质是什么?

> 在“巴洛克科学编”中,我想着重指出:17世纪,欧洲一些国家纷纷成立了科学院。这是件大事。1649年英国在伦敦成立了皇家学会,1666年巴黎科学院成立,1700年柏林科学院成立,之后俄罗斯在圣彼得堡也成立了科学院。
> 它们成了巴洛克科学崛起的繁荣的标志。
>
> ——2011年5月

化学是自然哲学的一个分支。人类精神要发挥出哲学,需要经过漫长、曲折和间接的道路。化学便是一个例子。

巴洛克化学是从中世纪炼金术脱胎来的。那是欧洲化学科学的“原始形态”,除去它的荒诞一面,也积累了一些真知识。任何一个伟人都有穿着开裆裤、站在巷口流鼻涕的童年阶段。

一般来说,巴洛克化学总是跟在巴洛克物理学的后面,从物理学借来一束光,照亮自己的道路。

一、巴洛克科学仪器制造

为巴洛克化学真正到来作了准备的是德国化学家格劳贝尔(J. R. Glauber, 1604—1668)。他的著作《新的哲学炉》(1648年出版),记载了许多新的实验仪器、设备和实验成果。在这里,我想有必要指出两种非常重要的东西,它们对整个巴洛克科学都是生死攸关的,从中也透露出了巴洛克的时代精神:

1. 觉醒到了制造相应精确的科学仪器的重要性。这是巴洛克科学真正到来的先决条件。没有相应的仪器,近、现代科学便是一句空话。

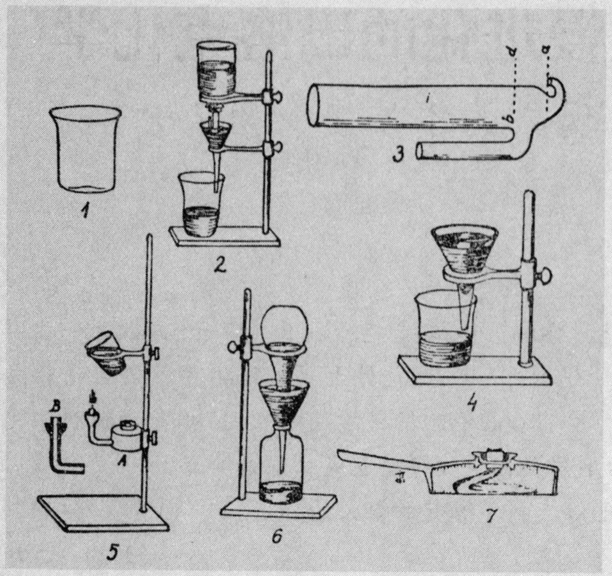

图. 贝采里乌斯分析实验室中所用的仪器
1. 烧杯　2. 自动洗涤沉淀　3. 仪器 -2 的毛细调节器　4. 过滤架与漏斗　5. 灼烧沉淀　6. 自动过滤仪　7. 酒精灯

← 贝采里乌斯（J. J. Berzelius，1779—1848）为19世纪重要分析化学家之一，瑞典人。为了从事原子量的测定工作，他把一些新的分析仪器引进到分析化学中来。这些仪器比巴洛克仪器要先进，因为时代不同了。

但巴洛克仪器毕竟是19世纪较先进仪器的先导。——这正是巴洛克仪器的历史功绩。

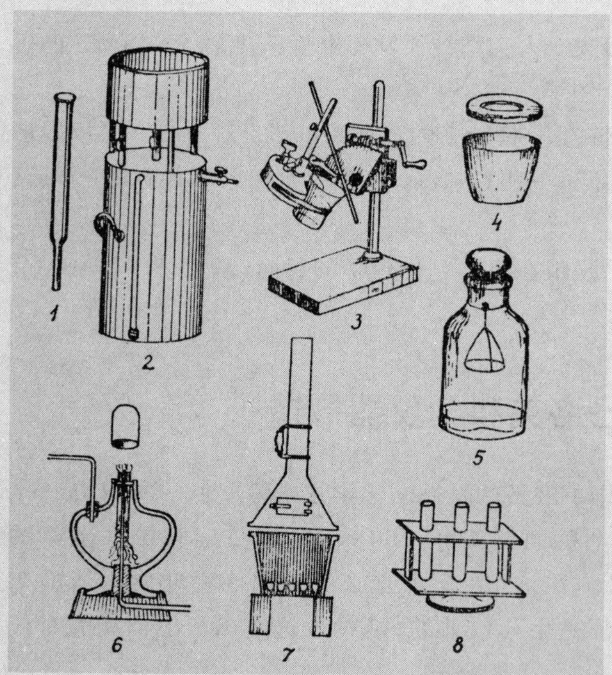

图. 贝采里乌斯分析实验室中所用的仪器
1. 过滤漏斗　2. 煤气计　3. 过滤器　4. 水浴　5. 干燥器　6. 乙醚喷灯　7. 灼烧炉　8. 试管

在17世纪巴洛克时代，人们相继发明了六种重要的仪器：温度计、气压计、空气泵、摆钟和望远镜，特别是显微镜。当然从今天的眼光去看，这些仪器太粗糙，但在当时却起到了“芝麻芝麻，开开门”的作用。

在今天的大学物理学教科书中，劈头盖脑第一章便是讲“测量”。时至今日21世纪，我们才明白（当年的巴洛克时代，人们并不十分清楚）：

物理学和化学是建立在测量之上的科学。而测量又是同人类的感官知觉联系在一起的。所以物理学和化学的所有基本概念均来自人的感觉世界。

那么，有建立在“狼、虎、野羚羊……”的感觉世界之上的物理学吗？这种物理学同建立在人的感觉世界之上的物理学有区别吗？还是完全相同？

2. 格劳贝尔的书分明是本有关化学的著作，他却用了《新的哲学炉》。在巴洛克时代，“哲学”的称谓很高贵、神圣，有通神的崇高性和庄严性。

英国化学家道尔顿（J. Dalton, 1766—1844）是介乎于巴洛克和19世纪重要化学家。他把巴洛克时代崇尚“哲学”的精神继承了下来。他把自己的著作冠名为《化学哲学新体系》（*The New System of Chemical Philosophy*）。青年时代的我读到这个书名，顿时被触动。许多年后我才明白，这是巴洛克自然哲学通向隐蔽神的秩序、一种天地有大美的气韵在震撼人心的缘故。

我国古人说：“形而上者谓之道，形而下者谓之器。”（《系辞上》）

化学说的只是形而下层面的东西，哲学揭示的才是形而上的“道”。

自然科学致力的崇高目标是：

揭示“世界秩序”；聆听自然界“预定和谐”的神韵。

康德说过：“如果在宇宙的结构中显露出了秩序和壮丽，那就是上帝。”

基督教（教堂里）的上帝是万民老百姓的上帝；宇宙和谐结构发出的神韵则是极少数人的上帝。都需要。不同的上帝，满足不同人的需要。——从巴洛克时代起，便定下了这两种标准。

就我本人而言，我更偏爱、倾向“自然科学的上帝”。不过我也爱在哥特风格、巴洛克风格的教堂落座，聆听管风琴的低沉、共鸣声音。两种不同性质的上帝同时在我心中并存，不矛盾，我都爱，都需要。上帝是人性的需要。

双重的上帝是双重的安慰。我国传统知识分子不是常常采取“三重人格”活在世上吗？

以儒治世，以佛修心，以道养身。

这是人生于天地间的艰难、极其复杂环境逼出来的，只能这样活着。

↑ 英国巴洛克化学家和物理学家波义耳（R. Boyle, 1627—1691），相当于我国明末、清初的人。

在当年的中华大地上出不了这种类型的、手脑并用的、开拓一片新天地的思想家。大约两百年后，英国在鸦片战争中击败了古老、守旧的中国。这是两种文明的较量。胜负早在巴洛克时期便决定了。

二、巴洛克第一个化学家波义耳

英国化学家、物理学家波义耳（R. Boyle, 1627—1691）有"化学之父"（The Father of Chemistry）的美称。巴洛克是这样一个时代：

在许多领域，它都贡献了该领域之父的伟大时代，可见它在西方近代文明史上的地位。比如巴赫为近代西方音乐之父；笛卡尔为近代西方哲学之父；伽利略为近代西方物理学之父；斯宾诺莎为近代西方泛神论之父；莱布尼茨为近代西方符号化之父……

正是这样，我才最后拿起笔，表示对多豪杰之士的巴洛克时代的崇高敬意，并试图去重建或重构它。

1662年，波义耳发现了日后以他的姓氏命名的波义耳定律，标志近代化学的诞生：

"一定量的气体在一定温度下，它的体积与压力成反比。"

或者说，在恒温下，一定量的气体在压缩或膨胀时，其压强与其所占有的体积成反比。

这里披露出了巴洛克科学的4个特点：

1. 过去是海口浪言，大处着眼，大处着手（实际上是无处下手）。进入17世纪巴洛克时代，才改为小处着手。空气还不司空见惯、还不卑微、还不是小处吗？

过去东西方自然哲学家都想直截天地的"本根"，结果收效甚微。巴洛克科学家改变了实验对象，从空气、光、雷电、声、石子自由落体和苹果落地，以及热和力开始着手。之后，再一跃，霍地上升到普遍世界最高原理，站在造物主的尊前！

2. 波义耳手脑并用，自己做了有关空气（气体）"压强与体积"关系的实验。他说，空气有弹力（当时他说的是"弹力"，其实是"弹性"）和重量，它的弹力比我原先想像的要大得多。"为了清楚地证明这一点，我们来做下面的实验"。

3. 同时动用定量的数学语言。比如下面的空气压缩试验数据表:

A	*A*	*B*	*C*(原表中遗漏此字母)	*D*	*E*
48	12	00		$29^{2}/_{16}$	$29^{2}/_{16}$
46	$11^{1}/_{2}$	$01^{7}/_{16}$		$30^{9}/_{16}$	$30^{6}/_{16}$
44	11	$02^{13}/_{16}$		$31^{15}/_{16}$	$31^{12}/_{16}$
42	$10^{1}/_{2}$	$04^{6}/_{16}$		$33^{8}/_{16}$	$33^{1}/_{7}$
40	10	$06^{3}/_{16}$		$35^{5}/_{16}$	35
38	$9^{1}/_{2}$	$07^{14}/_{16}$		37	$36^{15}/_{19}$
36	9	$10^{2}/_{16}$		$39^{5}/_{16}$	$38^{7}/_{8}$
34	$8^{1}/_{2}$	$12^{8}/_{16}$		$41^{10}/_{16}$	$41^{2}/_{17}$
32	8	$15^{1}/_{16}$		$44^{3}/_{16}$	$43^{11}/_{16}$
30	$7^{1}/_{2}$	$17^{15}/_{16}$		$47^{1}/_{16}$	$46^{3}/_{5}$
28	7	$21^{3}/_{16}$		$50^{5}/_{16}$	50
26	$6^{1}/_{2}$	$25^{3}/_{16}$		$54^{5}/_{16}$	$53^{10}/_{13}$
24	6	$29^{11}/_{16}$	加 $29^{1}/_{8}$ 等于	$58^{13}/_{16}$	$58^{2}/_{8}$
23	$5^{3}/_{4}$	$32^{3}/_{16}$		$61^{5}/_{16}$	$60^{18}/_{23}$
22	$5^{1}/_{2}$	$34^{15}/_{16}$		$64^{1}/_{16}$	$63^{6}/_{11}$
21	$5^{1}/_{4}$	$37^{15}/_{16}$		$67^{1}/_{16}$	$66^{4}/_{7}$
20	5	$41^{9}/_{16}$		$70^{11}/_{16}$	70
19	$4^{3}/_{4}$	45		$74^{2}/_{16}$	$73^{11}/_{19}$
18	$4^{1}/_{2}$	$48^{12}/_{16}$		$77^{14}/_{16}$	$77^{2}/_{3}$
17	$4^{1}/_{4}$	$53^{11}/_{16}$		$82^{12}/_{16}$	$82^{4}/_{17}$
16	4	$58^{2}/_{16}$		$87^{14}/_{16}$	$87^{3}/_{8}$
15	$3^{3}/_{4}$	$63^{15}/_{16}$		$93^{1}/_{16}$	$93^{1}/_{5}$
14	$3^{1}/_{2}$	$71^{5}/_{16}$		$100^{7}/_{16}$	$99^{6}/_{7}$
13	$3^{1}/_{4}$	$78^{11}/_{16}$		$107^{13}/_{16}$	$107^{7}/_{13}$
12	3	$88^{7}/_{16}$		$117^{9}/_{16}$	$116^{4}/_{8}$

4. 波义耳虔信神学。他一生致力的崇高目标都是用科学去走近上帝,证实上帝无时无处不在。

巴洛克自然科学家的这种观点影响了后来一大批大科学家:

“我对上帝的信仰,给我带来了丰硕成果。”

意大利电学家伏打(1745—1827)的自白。

青年时代的我,读到它,内心受到了极大震撼。其时,圆明园正值西山落日,寒鸦噪晚,四周旗人的荒村,更让我领悟到巴洛克自然神学的真谛。

“每一种基本的自然研究都会引导我们对上帝的认识……我们终将明白,我们不是在背离上帝,而是在接近上帝。”

↓ 波义耳使用的第一个空气泵。

它简陋,粗糙,但它是第一个,巴洛克时代需要它,也创造了它。

波义耳用它在实验室倾听大自然上帝的声音。只有通过巴洛克实验室,而不是直接在赤裸裸的、蛮荒的自然界才能看到、听到上帝大自然的秩序发出和谐的神韵。

西方真正意义上的实验室是从巴洛克时代开始诞生的。这点特别重要。之后,才有了近代西方科技文明。(其中包括今天的核泄漏这个负面)

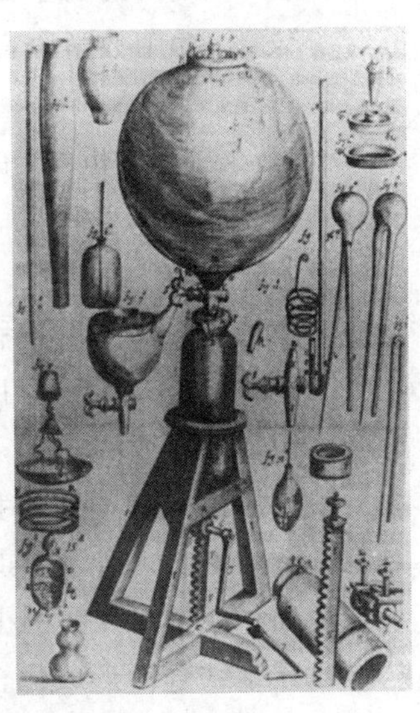

这是丹麦物理学家奥斯特（1777—1851）的自白。他的英名永远同电磁效应的发现联系在了一起。他为我们今天的手机作出过贡献。

“我们对大自然了解得越多，对大自然上帝以及它在宇宙大戏剧中所扮演的角色就会更加理解。”

说这话，听起来多么像是巴洛克科学家的心声！

其实这是二十世纪美国著名实验物理学家康普顿（1892—1962）的一句名言。由于“康普顿效应”，他荣获了1927年诺贝尔奖。今天该效应已经写进了全世界高等院校有关量子物理学教科书。从他的话，表明他是一位具有深沉、虔诚宗教感的人。

这是“宇宙宗教感”（The Cosmic Religious Feelings），他渴望通过实验和数学，再上升到哲学提炼和概括，瞥见到、聆听到宇宙“预定和谐”的神韵。普朗克和爱因斯坦也怀有深沉的“宇宙宗教感”。否则他们不会有划时代的发现。

三、抛弃燃素学说

人类最熟悉、司空见惯的自然现象之一是火，当然还有水、光、冷热、声和雷鸣闪电等自然现象。只是进入17世纪，欧洲人才开始追问：

燃烧（火）的本质是什么？

明末、清初中国思想家依旧没有一个人站出来拷问这个问题，并通过实验仪器，动用数学语言。——这是很奇怪的一件事！是中国人不够聪明吗？当然不是。

进入17世纪，有一批巴洛克科学家在苦苦追问“火”是什么？在本质上，这是个自然哲学叩问，也是个“老大难”问题，至少有50万年的历史，同人类自身一样古老。即便是今天，要彻底、水落石出地揭开它的最后秘密也是办不到的！也许在“火”的最后面，站着的正是造物主（上帝）本人。——这才是自然科学家或自然哲学家心目中的上帝，同巴洛克教堂里、管风琴歌颂的上帝并不相同，但也不矛盾。

按人的本性，对万事万物都要找出它发生的原因。这是人体内的基因驱迫的结果。人身上有追问“为什么”的DNA基础。这已经深入到了分子生物学层面。火是由无数细小而活泼的微粒构成的物质实体。这种火的微粒既能同其他元素结合而形成化合物，也能以游离方式存在，因为它是“火之动力”。大量的火微粒聚集在一起便形成了明显火焰，它弥撒于大气中给人以热的感觉。由这种火微粒构成的火元素便是“燃素”。

于是“燃素说”在巴洛克时期大约统治了一百年，即从17世纪末至1774年法国伟大巴洛克化学家拉瓦锡提出了“燃烧的氧学说”才真正解释了物质燃烧的本质。

最近我落座在汾阳路“贝可利”咖啡屋，时而萌念想写本《人类错误观念史》。流行大约一百年的“燃素说”(Phlogiston Theory)便是其中生动、有教益的一章。一部错误观念史比一部正确观念史对人类也许更富有启发性。

歌德说过，只要人在追求，就难免不犯错误。

巴洛克时代精神正是不断追求。德国巴洛克重要思想家莱辛(Lessing, 1729—1781)说过，不是静止占有真理，而是不断追求真理才显得更珍贵。

爱因斯坦经常引用这句箴言，从中得到鼓舞。可见，爱因斯坦是汲取巴洛克时代精神长大的，其中包括牛顿力学和巴赫的音乐。

爱因斯坦精神世界的根系，深深扎在巴洛克的遗产和宝库中。

巴洛克生物学

——走向近代生物学的第一步

巴洛克常常同第一步联结在一起，这是它在人类文明之旅中的真正哲学意义。

氧是一种重要的化学元素，它是由巴洛克瑞典化学家舍勒（C. W. Scheele, 1742—1786）和巴洛克英国化学家普利斯特里（J. Priestley, 1733—1804）各自独立发现并制得的，时间大约是1774年。这年拉瓦锡正式命名它为“氧”。

只有氧被发现了，科学燃烧学说才能建立起来。

在这一章，我为什么还要重提氧气的发现这一项巴洛克化学的成就呢？今天我们才觉醒到，氧气同地球上的生物进化（尤其是人类进化）关系密切。人之所以最终成其为人，是因为有了足够的氧气。

如果没有氧气，我们人类还能成功进化至今吗？在原始大气中即早期的地球，氧气十分罕见。直到大约23亿年前氧气才显著增加。今天在空气中氧气约占21%。——这是造物主（即庄子的造物者）对人类的仁慈。如果只占5%，人就无法生存。人体内存在着一种极其复杂的生物化学反应，即把葡萄糖、氨基酸和脂肪酸转化成可以储存能量的三磷酸腺苷分子，即ATP。这一生死攸关的生化反应过程叫做“有氧呼吸”。——这只能是造物主的设计和安排，从中反映了“预定和谐”。或者说，它也是宇宙“预定和谐”在人身上的一种折射。当年的巴洛克科学家对人体的认识还不可能达到今天认识的深层面。毕竟他们发现了氧气，这是他们的历史性功绩。

“有氧呼吸”的重要性或生死攸关性在于人体可以获得足够多的能量，并进化出肺部，结果是开口说话，形成了人类独特的语言符号体系。

人之所以成其为人并最后脱离野生动物界，有两大关键性要素：

手脑并用；人类复杂、精致的语言符号系统形成。手、脑和语言的进化是相互促进的。

这里涉及一门很大很深的学问：语言哲学（The Philosophy of Language），包括语言与人的思维、语言与人、语言与人类文明以及语言与社会……

巴洛克有些全面（百科全书式）的大思想家已经开始研究了“语言哲学”，比如莱布尼茨。他的语言哲学（Die Sprachphilosophie）是同数学和逻辑学捆绑在一起的。

这是他的优势，也是他的特色。因为他是巴洛克大数学家、逻辑学家和符号学家。

令我们惊讶的是，莱布尼茨对物种变异现象也有见解，说：“在某一时间或在某一地域，动物的种或许是（或许已是，或许将是）比人种更容易改变。虎、狮和鬣狗的形成与猫相似；从前它们或许是属于同一种；现在或许还能承认它们是猫的新亚种。”

生物进化现象引起了17—18世纪巴洛克一批敏锐思想家的惊讶和思索，并成了后来19世纪达尔文进化论的先驱，推动了生物学的发展。

由于17世纪是西欧人向世界各大洲扩张的时代，结果所采集到的动植物标本数量和多样性也是空前的，这就要求分类。——这是时代的兴趣和要求。

瑞典的林耐(Linne, 1707—1778)这时出世了。他是巴洛克最大的博物学家。1751年，他的《植物哲学》(*Philosophia Botanica*)问世。

读者哟，请注意这个书名，明明是本植物分类的专著，却要加上“哲学”，为的是把植物世界从形而下的底层面霍地一下提升到形而上的高水平，通向、走近、便于瞥见到大自然隐蔽的“神的秩序”。——巴洛克科学家把它看成是科学研究生涯最美好的使命和最高奖赏。

这种观点和研究的动机是巴洛克科学研究伦理学的精华，它深深影响了日后19—20世纪西方一大批自然科学家。比如歌德、普朗克和爱因斯坦。于是歌德这段著名自白又一次在我们耳边响起：

“研究了可以研究的事物，对不可究诘的事物则默默地加以敬畏。”（Das Erforschliche erforscht zu haben und das Unerforschliche ruhig zu verehren）

1776年林耐的《大自然分类学》问世。

巴洛克另一位大博物学家是法国的布丰（Buffon, 1707—1788）。他精力旺盛，视野广阔，且多产，是一位很典型的巴洛克百科全书式的大学者。他用五十五年的时间独自一人完成了四十四卷《自然史》的巨著。

他的文字优美，有着散文诗的清新、流畅和亮丽，丰富了法文的表达力，构成了“布丰文风”。

作为进化论者，他领悟到了地质年代（The Geological Eras）的久远。对大自然进行哲学思考，成为有哲学气质或有哲学倾向的科学家或思想家（The Philosophical-minded Thinker）是巴洛克时代精神的反映，在我早年偷偷地形成自己世界观的日子里它有着关键性影响。

最后我要列举的巴洛克最伟大的业余科学家和显微镜制造者是列文虎克（1632—1723）。他是荷兰人。他热衷于吹玻璃、磨光学透镜和制作金属工艺品。——这是制造科学仪器的必备条件。

巴洛克是真正意义上的科学仪器制造时代。对着浩瀚的星空有伽利略手中的望远镜——我更喜欢最早的叫法"窥天镜"——；对着微生物世界，有列文虎克的显微镜。

上对天拓展，下对地深究，这正是巴洛克时代精神所具有的"浩然之气"或浩博心胸的生动体现。

巴洛克避免了空泛的虚谈。科学家在实验室动用了仪器和数学，为西方近代科技文明奠定了坚实的基础，直到今天，我们还在受惠于巴洛克的种种遗产。

2011年8月18日，有则科学新闻报道说，国际商用机器公司（IBM）开发出了比任何时候都更接近人脑微处理器（即脑芯片），向复制人脑迈进了一大步。——老实说，这则消息让我有点惊恐。这是福还是祸？人正在扮演上帝的角色。这妥当吗？

科技文明从巴洛克时代一路走来，走到现在，是不是走得太离谱了？

我们切勿只顾低头拉车，而没有抬头看路的人。

哲学的最高使命便是抬头看路。今天低头拉车的太多，太热衷，抬头看路的人太少。——这很危险！核武器便是一例。

巴洛克实验室的本质
——“从相对到绝对”

“实验室”是17世纪西欧近代资本主义的产物。这是时代的需要。在这之前，没有真正科学意义上的“实验室”。中世纪炼金术士在一间乌烟瘴气的屋子里，升起炉火，日夜守候在炉旁，等候将普通的金属点化成黄金，仅仅是“前科学实验室”。虽然它荒诞，但它为巴洛克实验室的到来作了准备。

真正科学意义上的“实验室”是“巴洛克实验室”。它起源于伽利略时代。在这种意义上，他又堪称为“近代西方科学实验室”的创始人。当然还有牛顿。

巴洛克实验室的灵魂不是什么建筑空间，而是那里面拥有一套仪器。巴洛克自然哲学家称呼仪器是“实验哲学仪器”。——这个称谓很高贵，比单纯的仪器称呼要高贵得多。

“实验室”的主角是“自然哲学仪器+数学（定量语言）”。

巴洛克实验室是经过自然哲学（科学）文明加工过的、精巧的、符合科学家设计要求的大自然；是大自然的一个缩影。它不是原始、蛮荒、原汁原味的大自然。

科学哲学家（The Scientific Philosopher）或自然哲学家（Naturphilosoph）预先按计划和目的进行了设置和安排，企图通过一套仪器，得到一批感觉（主要是视觉）印象，即基本的经验事实。

就是说，科学哲学家向大自然提问，企图听到大自然上帝或上帝大自然一声回答。

前面我提到过，巴洛克自然哲学家创造了一个非常生动、意味深长的术语：“The Temple of Nature”（大自然神庙）。对于科学家，实验室便是人造的一座“大自然神庙”，是神庙的一个缩影，是人企图倾听大自然上帝或上帝大自然回答的一间“密室”。

千百万老百姓走进寺庙或哥特大教堂去朝圣，巴洛克科学家（实验自然哲学家）则走进实验室，通过仪器和数学语言，去朝拜Nature-God或God-Nature。

走进实验室的巴洛克科学家的内心充满了一种敬畏、神圣、崇高和庄严的

↑ 西欧的巴洛克实验室是由中世纪阿拉伯炼金术进化来的。图片是用阿拉伯文描述的炼金术设备。

荒诞如同神话，里面往往孕育了真理的萌芽。

情怀。时至21世纪的今天，这种灵魂（心理）状态理应不变。

只有不变，得诺贝尔奖的可能性便会增加一点。内心有没有这种情怀，关系重大。

科学家同大自然密谈的语言是数学定量的语言。因为数学是上帝的语言。

随着仪器精密度的不断提高，自然哲学家也越来越走近上帝。——这也是19世纪末和20世纪初西方一批重要科学家的努力方向：

从相对到绝对，即相对→绝对。

绝对境界是理想，是永远达不到的最终目的。“绝对的和形而上意义的实在世界”，德文叫Die Reale Welt im Absoluten, Metaphysischen Sinn，也是巴洛克的上帝，即莱布尼茨、牛顿和斯宾诺莎的上帝。

时至今天21世纪，这个上帝并没有过时。

巴洛克上帝管千年万年百万年。地球最后一个人若是死了，巴洛克上帝（The Baroque God）还在。——这才是巴洛克给21世纪一份最珍贵的遗产。

不是巴洛克实验室把上帝大自然（自然律）强加给了人，而是相反，大自然上帝通过或借助于巴洛克实验室把自然律教给了人：

“山花落尽山常在，山水长流山自闲。”（王安石）

巴洛克哲学编

笛卡尔的哲学思想价值

笛卡尔（1596—1650）是巴洛克最伟大的思想家之一。他既是大哲学家又是大数学家。

他去世了至今三百六十一个春秋。今天看来，他的珍贵遗产有4个：

1. 他发明的解析几何语言符号系统今天还在各个领域广泛使用。所以说，笛卡尔虽已骸骨不存，但他的思想和观念还活在21世纪。

解析几何在几何学和代数学之间架设起了一座最最简便或简洁的桥梁。——这需要伟大、大胆的“巴洛克想像力”。伽利略和牛顿都用它创造了包裹天地、陶冶万物的物理世界。

他从少年时代起便养成了一种习惯：早晨醒来不起，他不是赖床，是躺在那里想心事，海阔天空，探究天地之美而达万物之理。

据说，解析几何原理是笛卡尔清晨躺在床上，睁大眼睛想出来的。其本质是：

在几何空间形式语言与代数数量语言之间建立起密切关系。或者说，笛卡尔通过坐标方法把几何曲线与代数方程联系起来，也为日后微积分的创立铺平了道路。

本质上，解析几何学是笛卡尔的“白日梦”（Day-Dram）的产物。这里有数学内部发展的规律。另一方面它也是巴洛克时代的兴趣和要求所使然。因为这种新的数学语言凸显了变量和函数的地位。

在中世纪，社会、经济秩序用不上过多的、复杂的变量和函数理论。时至16—17世纪，随着近代资本主义生产方式的出现，包括航海以及战争炮弹射击等出现了新的数学问题，则成了构成解析几何诞生的时代大背景。

世界是座大舞台，它需要笛卡尔带着他的“形与数”奇妙结合的解析几何登台亮相，扮演时代的重要角色。

从巴洛克美学观点去看，它才是一首“包罗万象的诗”：

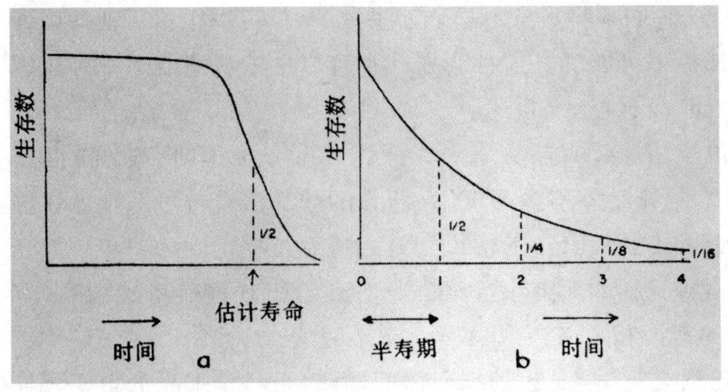

← 今天，笛卡尔的坐标（解析）几何语言可以表征、描绘动物（包括人）和原子核的生存曲线。在数学上这叫指数曲线。不同的放射性元素有着不同半衰（半寿）期。铀在450万年衰变50%；镭是1590年。——这是上帝的规定。

当年的笛卡尔躺在床上可曾想到他的“白日梦”在21世纪日本福岛核泄漏事故中会派上用途？这才是“昨天的抽象，今天的具体”。

思理为妙，神与物游；思接千载，视通万物。

在本质上，巴洛克美学和中国传统美学理论（比如《文心雕龙》）是相通的。我常用中国传统美学作为强有力的参照系去理解、解释巴洛克美学，包括巴洛克数学美。

可以说，解析几何这种最简洁的语言是通神，通上帝的。笛卡尔的上帝是把自然规律建在大自然中或之上的上帝。这一神圣、崇高的观念对西方文明有着深刻影响。它是在巴洛克时代正式形成、确定下来的。比如它支配了贝多芬的创作。贝多芬是个泛神论者。

巴洛克为我们留下了许多珍贵遗产，笛卡尔的坐标（解析）几何则是一个堪与日月争辉的大舞台。在它上面可以上演多少惊心动魄的戏！

在我看来，它也是巴洛克的一座宏伟建筑，不怕地震、海啸和火山，永远耸立在蓝天底下、大地之上，波澜层叠，变幻纵横，雄视百代。

2. 推崇、敬畏数学，期望数学。

笛卡尔谈起过他在青年时代求学的心得和经历：“我当时顶喜欢数学，因为数学推理确切而明白，但是我那时还没有觉察到它的真正用处，当我想到它只不过用在机械技术上时，我觉得非常奇怪，它的基础既然这样稳固，这样坚牢，人们竟然没有在上面建造起更高大的建筑物来。”

关于笛卡尔所惊叹的“数学推理确切而明白”，我想起爱因斯坦12岁的一次惊奇：“那是当我得到一本关于欧几里得平面几何小书时所经历的。书里有许多断言，比如三角形的三个高交于一点，它们本身虽然不是显而易见的，但可以很可靠地加以证明，以致于任何怀疑都是不可能的。这种明晰性和可靠性给我造成了一种难以形容的印象。”（爱因斯坦六十七岁《自述》）

笛卡尔死于1650年，牛顿的伟大著作《自然哲学的数学原理》问世于1685—1686年。在笛卡尔死后差不多两百年，西方的数学语言符号系统才在物理学许多分支大显身手，其中微积分在18世纪开始成熟是决定性的一步。但在当时微积分的一些基本概念（如无穷小量、极限和连续性）还没有得到精确、严密和经得起逻辑推敲的审视和定义，一些数学家正在迷茫、彷徨中。

就在这时，法国巴洛克哲学家、数学家和物理学家（百科全书派的重要领导人之一）达朗贝尔（1717—1783）说出了一句鼓舞人心的名言：

“向前进，你便会获得信念！”（Go on, the Faith will come to you）

信念是最重要的。在前面，笛卡尔表达的也是对数学的期望。期望的后面是信念。信念来自对数学本质的真正洞见，从中才生出了信念。

巴洛克是一个对世界充满信念的时代，它表征了西方近代资本主义崛起的心态。

3. 笛卡尔的“形而上沉思”是崇高的、神圣的。

他的沉思总是和怀疑捆绑在一起。——这是巴洛克时代的沉思和怀疑，表明西方文明之旅迈进了一个比较成熟的新阶段。

毕竟，刚过去的文艺复兴时期是西方人为认识自己、认识大自然和外部世界作了准备。而真正拉开近代西方文明之旅序幕的还要靠巴洛克时代这个大驿站。

这需要用哲学性质的怀疑去驱散一些沉积下来的迷雾，让坚固、可靠的基础显露出来，再在上面建起宏伟大厦——巴洛克文明大厦。

于是笛卡尔作为时代的代言人出现了！这里他要借助于上帝这个巴洛克哲学概念作为指归、依靠和基础。所以我才说，巴洛克是一个理性主义、信仰的时代。

清晨卧床不起是笛卡尔的怀疑最活跃的时光。“我昨天所作的沉思使我心中充满了那么多的怀疑，以致于今后再也不能把它忘掉。”——笛卡尔如是说。他要寻找最确定无疑的东西，阿基米得的方法、信念给了他勇气：

→ 1649年笛卡尔应瑞典王室的邀请去斯德哥尔摩作为访问学者。

图片是17世纪初瑞典皇宫的巴洛克建筑风格。正是这种建筑场参与了笛卡尔的数学和哲学思想形成。

“给我一根足够长的杠杆和一个恰当的支点，我便能够移动地球。”

从古希腊哲人那里学到的是哲学智慧、胸襟，而不是知识。巴洛克时代推崇各科知识，但更崇拜智慧。因为智慧高于知识。

笛卡尔的人生之旅需要一个想像中的上帝，让他的精神有依靠、依托和归宿。他自白过：“上帝这个名词，我指的是一个无限、永恒、不变、独立、全知、全能的实体。”

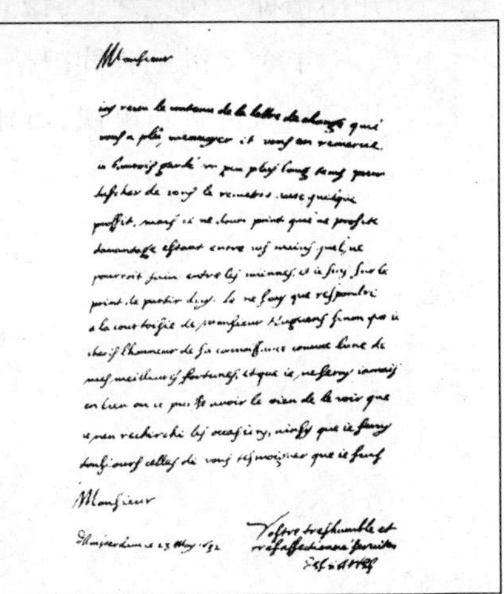

Monsieur

Monsieur

↑ 笛卡尔书信手稿

笛卡尔相信这样的上帝存在。这是巴洛克时代的上帝，于是才出现了巴洛克伟大文明群落的辉煌。上帝渗透到了巴洛克每个部门。

笛卡尔怀疑论哲学的推理是：

“我从早年以来曾把大量错误的意见当作真实加以接受，而我以后建立在这样一些不可靠的原则上的东西也只能是极其可疑、极不确实的；从那时起，我就已经断定，如果我想在科学上建立一些牢固的、经久的东西，就必须在我一生中有一次严肃地把我从前接受到心中的一切意见统统去掉，重新开始从根本做起。……因为基础一毁整个建筑的其余部分就必然跟着垮台，所以我将首先打击我的一切旧意见所依据的那些原则。”

根据我一生成长的经历，一个人最好在23岁前后来一次严肃地把你先前接受到心中的所有值得怀疑的看法、观念统统去掉，为的是重新开始，从根本做起。我国宋代学者张载也说：

“于不疑处有疑，方是进矣。”

西方哲学有句名言：“从相对到绝对。”

这样，人的一生有三五次从根本做起也有必要。这对一个人的真正成熟大有裨益。

就这样，笛卡尔成了“近代哲学之父”(The Father of Modern Philosophy)。

巴洛克是贡献许多领域“之父”的伟大时代，从中透露出了一种生机，一种开拓精神。相比之下，17世纪的中华帝国落后了！

半个多世纪我同巴洛克文明打交道，这是最深刻的印象和认识。于是今天，我想到对它重新审视，重建或重构。

帕斯卡尔

——骚动不安的灵魂

> 他的不安是人性固有(有其DNA基础)的不安,只是帕斯卡尔太过,成了有病理性质或色彩的基本疑俱(Basic Mistrust)或基本焦虑(Basic Anxiety)。
>
> 据我的分析,他属于病态人格,但还不是精神病。
>
> ——2011年5月于小书房

天才和病态人格的界线是很难区分的。他们是"一梯两户"的关系,或者干脆就是一家人。

17世纪的巴洛克法国是天才辈出的时代。帕斯卡尔(1623—1662)又是一个。他只活了三十九岁。他比笛卡尔晚出生27个春秋。死后,人们给他的头衔是:

数学家、物理学家、计算机制造先驱、多种科学仪器的发明家、哲学家、散文大师和宗教狂热分子。

这种多方出击和发泄,正是他的灵魂(基因)骚动不安的表现和证据。他力图去各个领域寻找自由自如自在,寻找解脱和最后归宿,但总是迎来更大更深层次的不安,于是再换个方向或领域去开拓,加倍狂热地去呼喊、觅寻。

一部西方科学史,不能缺少他的英名!我把他放在巴洛克哲学编讲,还是放在科学编加以评述,着实让我尴尬、为难。——这是巴洛克时代精神的特点所造成的架势、格调或气派。

不过想到在巴洛克时代科学和哲学(其中包括神学,包括证明上帝的存在这个核心课题)的界线是非

↑ 帕斯卡尔(B. Pascal,1623—1662),法国巴洛克初期最重要的思想者之一,一个宗教狂热分子。他研究数学,也是为了听到上帝的声音。他的短暂一生是作为一个疯狂觅寻上帝者(a God-Seeker)的一生。

他的宗教信仰的出发点是:人只有在呻吟中去寻找他的上帝;因为只有苦难才能缩短人与神的距离。

他的思想影响了托尔斯泰和20世纪的法国存在主义。

常模糊的，我的为难、尴尬程度便降低了许多。

1957年英国数学史专家斯科特在《数学史》一书中特别强调了1600年，说："这年可能是数学史上最重要的一个世纪的开端。"

这便是巴洛克时期的开端。斯科特只列举了三个关键性人物：笛卡尔、帕斯卡尔和费尔马。"这三个人注定要改变整个数学面貌。他们最大贡献是在几何方面。"

帕斯卡尔的童年即披露了他的惊人早慧。(数学天才和音乐天才都有这种表现)据说还不到13岁他就精通了欧几里得的《几何原本》。(今天这本经典的价值依旧是对一个人的检验：如果你对它不惊讶，不赞叹几何逻辑的美，你将来就不适合去从事科学或哲学研究)

16岁，帕斯卡尔写过《论圆锥曲线》一书。那个时代的巴洛克数学家着迷于曲线的纯粹数学美。因为曲线的数目是无限的，它通神，通巴洛克的上帝(The Baroque God)。圆、抛物线和椭圆便是经过上帝亲吻过的曲线。

直线是什么？它只是曲线的一种特例。它最简单，却是唯一的。帕斯卡尔沉醉于圆锥曲线，与其说是出于数学原理专业知识的原因，还不如说是宗教原因。那个时期(17世纪)的数学家和哲学家认准数学是上帝的语言。

↓　19世纪的几何学家深入研究了抛物曲线是对帕斯卡尔研究曲线的继承和发扬光大。

这些后继者用抛物曲线探索了古希腊罗马、文艺复兴和巴洛克时期著名雕塑相貌和身材的秀美、均匀和符合比例。(见图)这样，巴洛克的美学理论便被提升到了数学定量的语言。

今天21世纪的人不再这样认识数学，好像是进步，是摆脱了迷信。恰恰相反，我认为是倒退、落后。

后来，帕斯卡尔转向对摆线的研究，发现了许多性质。

18岁，他发明了第一台计算机。

数学史上，对概率论进行最早研究的是他和费尔马(P. Fermat, 1601—1665)。后者是法

↑ “驯马人”，法国巴洛克雕塑家科斯托（G. Coustou）创作于1745年，大理石，高约350厘米。

19世纪的几何学家试图用抛物曲线——这上帝的语言——去解开这件巴洛克大理石雕塑作品壮美的数学根据或理由。

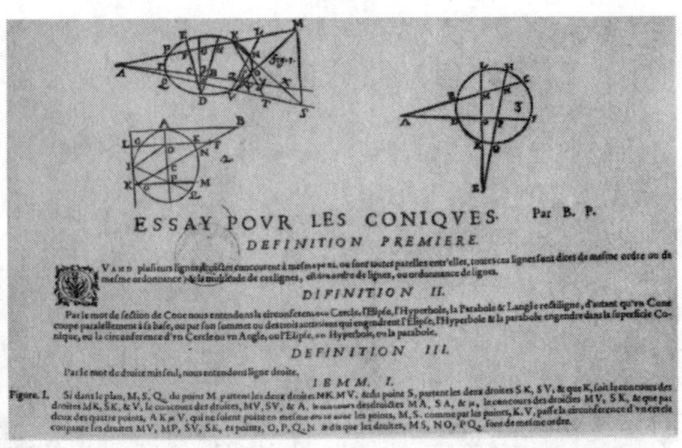

ESSAY POVR LES CONIQVES. Par B. P.

DEFINITION PREMIERE.

DIFINITION II.

DEFINITION III.

Par le mot de droite mis seul, nous entendons ligne droite.

LEMM. I.

↑ 帕斯卡尔的数学论文之一页，1640年，巴黎。

↑ 帕斯卡尔发明的一台计算机。由此可见他的数学天才。巴洛克的天才常常是手脑并用的类型。他既动脑，也动手。

↓ 约1620年左右（巴洛克早期，相当于我国明末）巴黎的全景，木刻家梅里昂（G. Merian）的作品。

帕斯卡尔正好生活和工作在这种建筑场内，并影响了他的思想和观念的形成，参与了塑造。这幅视觉艺术品有助于我们今天解读帕斯卡尔的世界观。

国巴洛克伟大数学家。他们从赌博问题见出了概率论和数理统计的原理。在幽远、渺远、淡远、深远和迷远的后面，帕斯卡尔仿佛见到了上帝的身影。

他的短暂一生有两大特点：

1. 健康状况非常糟。

2. 宗教感情非常虔诚、热烈。他日夜都在寻找上帝。在数学、物理学领域，他也是一个寻找上帝的人。

他一方面动用科学仪器（自己动手制造）去觅寻上帝，企图听到上帝的一声回答，对他而言便是人生最大幸福；另一方面他也习惯沉醉在宗教冥想和沉思的神秘状态，如同着魔一般。

他深感身心的尖锐矛盾。他千恨万恨造物主给了他一个多病、孱弱和虚脱的躯体。（多种慢性病缠身，曾中风瘫痪过一段时期，最后死于恶性胃溃疡和癌肿，成了短命天才）

因为病痛，对人生、世界意义的思考便更迫切。对死的预感刺激他探究生。可怜的躯体迫使他向多个领域出击，弘扬精神——归根到底是17世纪巴洛克时代精神。

生命根本处境的悲惨压迫他用百般的勇气去求得安慰和拯救。

他身上、灵魂上的双重无助、孤独、痛苦、怨恨和太息已经从个人上升为普遍世界、本体论和哲学的层面，最后成为“世界的孤独”、“世界的痛苦”、“世界的怨恨”。叹息成了存在主义的“太息”。（这是唐代哲学诗人李白的一个重要术语）。无助也成了人生于天地之间的一种根本哲学处境。

他沉思最多的还是人在天地间的根本处境。因为16世纪的航海活动拓展了人的视野，逐渐成了“巴洛克时代

↑　巴黎卢森堡宫的立面，我多次路过此地，并在它面前作久久徘徊。

这座巴洛克宫的建造时间与帕斯卡尔从事圆锥曲线研究的日子大致相同。两者都是建筑师。巴洛克时代的数学家坚信，上帝是最最伟大的建筑师。直到今天21世纪，有关上帝的这个绝妙定义也没有过时！而且越来越生动、丰富、有说服力。随着21世纪天文学的进步，作为建筑师的宇宙上帝（Universe-God）越来越清晰了。巴洛克的上帝存在清楚地呈现在我们面前。

作为巴洛克的典型建筑符号卢森堡宫有助于我们走近帕斯卡尔的数学和哲学思想。两者在气质、神韵上有相通处。

的眼界”。帕斯卡尔在一篇题名为“人在宇宙中不相称”的哲学随笔中用定性的形象语言论述了人在一个荒谬宇宙中的尴尬处境：

大自然赋予人的躯体（物质）形骸处在无限大和无限小这两个无底深渊之间。“人们没有考虑这两个无限才轻率地研究起大自然，好像他们同大自然还是相称的……要探求大自然的秘密，若不具备像大自然一样无限的智力，就是傲慢。”

当然也是狂妄。

帕斯卡尔这种不可知论来自他对造物主的敬畏。

这对吗？也对，也不对。自他死后三百多年过去了。欧洲人对大自然的态度一直在狂妄和傲慢，他们向大自然腹地进军的步伐一刻也没有停止过。巴洛克实验室的建立成了进军的桥头堡。20世纪宇宙论和量子力学的进展用定量语言对帕斯卡尔意识到的两头无限或多或少提供了一点定量背景的说明。

我只要指出两个宇宙常数（Die Kosmologischen Konstants）就能说明问题。它们又叫基本物理常数：

C（光速）；h（普朗克常数）。

今天的天文观测告诉我们，宇宙比我们原先所想像的要大，大得惊人！我们所能观测到的宇宙也许仅仅是一个小宇宙，是大（母）宇宙中的一个很小的组成部分。

至于普朗克常数则表明了我们的观测正遇到了一个基本限制。——这便是海森伯著名的“测不准原理”。

帕斯卡尔指出了人类本性的不自量力、狂妄和傲慢。也许正是这种不安分的DNA才使人成其为人。

他最后的一句遗言是：“上帝，别抛弃我！”

帕斯卡尔的不安灵魂骚动本质上是哲学的。这种骚动既不正常又属于健全范围。它是介乎于健康和病理之间的性质。

这种人格的创造力在东西方人类文明之旅中发挥了关键作用。正常、四平八稳、一日三餐、内心没有一丝骚动如一口枯井不波的人，怎能推动历史的车轮滚滚向前？

帕斯卡尔认定，人的一生需要通过根本性的悲观失望（绝望）、忧郁、孤独和太息才能认识自己，走向上帝。因为只有这样的处境，他才离上帝最近。

* * *

自帕斯卡尔死后至今三百四十九个春秋过去了。但他对生命、世界终极目的和意义的追问并没有过时。因为这是一个不可解的“死结”问题。

因为地球上的生命原本就没有意义，哲学家硬是要找出一个让自己心安理得的意义。它超出了巴洛克时代。

帕斯卡尔在《思想录》一书中写道（他思想是为了寻找上帝）：

“无限空间的永恒沉默使我恐惧。”

然而空间和时间总是捆绑在一起的。没有时间的空间是不成立的；而没有空间的时间也不存在。

其实，无限时间的永恒沉默也会使每个时代的一切够格的哲学家恐惧。不会恐惧就不是真正的哲学家。

这是一块试金石。

今天（2011年5月16日）我从国外科学新闻读到一则消息说，科学家可以制造出一种超级精确原子钟（量子逻辑钟）：使误差缩小到每37亿年为一秒左右！

这样，人类已经很接近揭示时间的本质了。

我现在要问：“无限时间的永恒沉默”还会使帕斯卡尔（如果他活在今天）和我们感到恐惧吗？

我的回答：恐惧不仅不会减弱或消失，反而会更加严重。

帕斯卡尔说：“我不知道是谁把我安置到世界上来的……我看到整个宇宙可怖的空间包围了我，我发见自己被附着在广漠无垠的一角，也不知道我何以安置在这一点而不是另一点……我所明白的全部就是我很快会死去，但我最无知的正是我无法逃避死亡本身。”

这便是我所说的问题的不可解性。

世界上的一切问题分三类：可解，不可解，不必解。

直面不可解的“死结”问题弥漫着一种敬畏，一种肃穆，一种宁静。——这才是宁静致远。

远到哪里是尽头？远到帕斯卡尔的上帝尊前。这便是上帝的七远，也是巴洛克美学和中国传统美学追求的极至：

广远、阔远、深远、幽远、淡远、渺远和迷远。

这也是老子所体认的“恍兮惚兮”。

即便是今天拥有超级电子计算机的人类也只能在此止步，打住。当然今天21世纪的“七远”和“恍兮惚兮”等级要高于巴洛克的“七远”和“恍兮惚兮”。

↑ 多少亿万年，这轮凄清、忧郁、孤独的月，总是按时升起，落下，临照这座荒山，究竟有什么目的、意义和价值，月球又能告诉我们什么呢？

从形而上的哲学层面讲，这是一个“不可解”的叩问。

毕竟帕斯卡尔的根本忧郁、孤独、怨恨和痛苦没有促使他自杀，而是自然死亡。20世纪法国哲学家、文学家加缪有言：“哲学的根本问题是自杀问题，决定是否值得活下去才是首要问题。”

任何时代的任何个体都只是在时空笛卡尔直角坐标中的一个匆匆旅途过客而已。谁也无法超脱巴洛克这个永恒的坐标。

毕竟，自古以来人类的绝大多数（99.999%）都没有选择自杀。许多年，我顺便采访过许多人（比如菜贩子、街头收购家用电器者和修理工人），我问他（她）们：

“你觉得活着有意思吗？”

他们想了两三秒钟，回答说：“没有意思又怎么办呢？父母既然把我生了下来，好歹也要活下去吧？总不见得去自杀吧？人家怎么混，我也怎么混。况且我也没有自杀的勇气。”

← 你去问雪地上的这只寒鸦：“生命的价值、意义和目的是什么？”它能回答什么呢？

它最后腾起身，“哇，哇”两声飞走了。这就是它的回答。帕斯卡尔能听懂吗？天才的哲学家、宗教家和数学家虽然拥有计算机也无法听懂。

↑ 我们既然被老爸老妈生下来，总得活下去吧；即便是去体验人生的哀伤、虚幻和无常。

原野上的小小黄花、红花和紫花，正在随风摇曳，它们追问过生命的意义和目的吗？

花自开，水自流；不为谁生，也不为谁流。

帕斯卡尔不必太跟自己过不去。“人生如寄，多忧何为？”人生一世，只当来世界作次旅游，不过七八十年光景。

最后我想引用两句名言：

“人生如寄，多忧何为？”（曹丕，187—226）

“难得糊涂。”（郑板桥，1693—1765）

在帕斯卡尔提出的“时空结构”永恒沉默面前，我们除了困惑、迷茫、孤苦无告、恐惧和无助外，我们只能糊涂。不糊涂，又能怎样？

我们每个人必须知道这个基本事实：

我们是在我们的父母并没有事先征得我们的同意情况下就把我们生了下来，让我们出生。

这里要问：若是现在来征求你的意见，你愿意来到这个世界走一趟，旅行一次吗？即便是人生如大梦一场。

若去问一位正悬挂在约650米高的陡峭花岗岩山壁上的徒手攀岩狂热者，听听他的回答吧。

在西方，在攀岩中找刺激的爱好者当中，女性几乎同男性一样多。她们光着脚，戴鼻环扎脏辫，多处纹身，攀起岩来勇猛无畏。如果帕斯卡尔看到这些少女选择这种活法，回去后他又会作怎样的沉思？

休谟的因果律思考与现代物理学的哲学

休谟（D. Hume, 1711—1776）是英国巴洛克重要哲学家，他的代表作是《人性论》（A Treatise of Human Nature）。

青年爱因斯坦自修哲学，特别是科学哲学，其中便有休谟这本经典，还有安培的《科学哲学论文集》，彭加勒的《科学与假设》，阿芬那留斯的《纯粹经验批判》……

他和几个志同道合的朋友聚在一起，重点讨论了休谟那本书，特别是涉及从哲学层面给因果关联或因果律下定义。神聊的时间断断续续长达几个星期。

休谟在书中有这样一句话：

“一个人如果在荒岛上发现了一块手表或其他器械，他就会断言，曾有人到过这座荒岛。”

这便是因果律，人们多半从结果去追溯原因。

休谟说：“原因与结果的发现不能通过理性，只能通过经验。”

这种哲学观念深深影响了康德，他把因果律更加拓宽、深化了，更加哲学化了——巴洛克哲学化，并深深影响了二十世纪初一大批理论物理学家的思维方式。

因为19世纪末和20世纪初是一个探求科学原理基础（即自然哲学基础）的英雄时代。

后来的爱因斯坦在探讨“量子论和物理学的基础”这个哲学问题时便触及到大自然的终极规律究竟是因果性的还是统计性的？（比如原子的放射性衰变）

20世纪贡献出了一个爱因斯坦有整个西方文明作为培育、支撑的大背景，其中便有伟大的巴洛克文明群落。

斯宾诺莎的泛神论

——巴洛克上帝

1961年我走出北大校门,结束了6年的求学时代,至今已有整整五十年!

若有人坐在咖啡屋问我,这6年的最大收获是什么?我便会如实回答(我已经到了如实回答的年龄):

有两点,但都不是知识,而是哲学智慧。

第一是巴洛克音乐,包括它的继任者19世纪德奥浪漫派音乐;

第二是斯宾诺莎(Spinoza, 1632—1677)的泛神论,他是荷兰杰出巴洛克哲学家。

他企图从一个整体去把握大自然和上帝。

早年他仰望上苍呐喊:"无限的大自然啊,我从哪里去把握你?"(Wo aber fasse ich dich, unendliche Natur?)

本质上,这声呐喊是巴洛克哲学的叩问。从气魄上讲,它才是寂然凝虑,思接千载,视通万里;才是风摇其巅,韵动崖谷:

"浮云起高山,悲风激深谷。"

斯宾诺莎继承了先辈的遗产,最后把遗产碾碎,再作出哲学概括,写成一个术语"上帝即大自然,大自然即上帝",两者合而为一,为一个整体。它深深影响了歌德,并形成了德国的泛神论,成为一种崇高、悲丽、包罗万象诗意的世界观。

于是日后德国科学、艺术和哲学领域的许多杰出人物都成了泛神论的忠实信徒,并声称:"那普遍世界的思维——大自然的上帝或上帝的大自然——在我里面思维着。"

这才是德意志之魂的核心,也是它的精华。

19世纪德国大诗人兼思想家海涅说:"德国是泛神论最繁荣的国土;泛神论是我国最伟大的思想家和最优秀的艺术家们的宗教……"

其中就有贝多芬和爱因斯坦。后者也是在德国文明氛围中长大的。比如在18岁那年,爱因斯坦便写道:

"竭尽全力的精神劳动和对上帝的自然界凝神默想,是将要引导我通过此身一切忧患的天使,他们安慰我,激励我,虽然严厉无情。"

"上帝的自然界"的原德文是Gottes Natur,这正是斯宾诺莎的泛神论核心概念,也是德国泛神论的表达。当然把它写成"大自然的上帝"(Der Nutürliche Gott)是一回事。爱因斯坦也这样表述过。

可见,斯宾诺莎的泛神论不仅成了他一生物理学研究的哲学智慧灯塔,对他的人生之旅也有最高的伦理价值。

后来,在他一生中经常回顾斯宾诺莎的哲学对自己的影响。比如:

1929年犹太教堂牧师发电报问爱因斯坦:

"你信仰上帝吗?"

他用电报回答:

"我信仰斯宾诺莎的那个在存在事物的有秩序的和谐中显示出来的上帝,而不信仰那个同人类命运和行为有牵累的上帝。"

可见,爱因斯坦不相信人格化的神。比如久旱不雨,万人跪地求上帝降雨,滋润土地,给人类和万物以仁慈!没有这样的上帝。没有!这是迷信。

康德深受斯宾诺莎的影响。康德的泛神论观念表述得非常生动(前面我说起过):

"如果在宇宙的结构中显露出了秩序和壮美,那就是上帝。"又说:"如果人们不认识宇宙结构最妥善的安排,不认识上帝的神手圣功在宇宙完善关系中的明显痕迹,就不会对宇宙肃然起敬。"

1930年爱因斯坦再次陈述了他的泛神论:

"宗教感情(The Religious Feelings)是对自然规律的和谐所感到的狂喜惊奇……"

"我认为宇宙宗教感情(The Cosmic Religious Feelings)是科学研究的最强有力、最高尚的动机。"

这种感情的根也深深扎在巴洛克莱布尼茨宇宙"预定和谐"之中。

* * *

青年时代,我读到斯宾诺莎有关泛神论的一句格言,是我不能忘怀的:

很难指出上帝究竟在哪里;但更难指出的是,上帝不在哪里。

当然这就是"巴洛克上帝"。

巴洛克伟大经济思想家亚当·斯密

> 巴洛克上帝有双看不见的手并设置了“预定和谐”，且波及、支配了人世间的市场经济生活。可见这个上帝既管天也管地。
>
> ——2011年5月于小书房

在西方经济学史上，英国的亚当·斯密（A. Smith, 1723—1790）是古典学派创始人，但从他的生卒年看，却是巴洛克经济学家。于是我把他纳入巴洛克的大框架内来观照，成为“文明群落”中的一员。

他是18世纪的人物。而青年恩格斯对18世纪总的评价是：“它是人类从基督教把它投入的那种分裂涣散状态中重新聚合起来的世纪……18世纪综合了过去历史上一直是零散地、偶然出现的成果……政治经济学被亚当·斯密所改造。”（英国状况，18世纪）

我指认他是位巴洛克经济学家，因为他不是我们今天所说的意义上的经济学家。在当时，经济学并不是一门独立的学科。要理解、解释他的经济学需从三个侧面（角度）去观照方能握有其全貌：

一、经济学和莱布尼茨巴洛克自然神学；

二、经济学与伦理道德学的关系；

三、经济学与法学的关系。

* * *

关于他的经济学与自然神学的关系便足见他所生活的时代的的确确是一个信仰时代。亚当·斯密深信宇宙是上帝创造的。他的上帝是宇宙上帝（Universe-God，或God-Universe），也是牛顿、莱布尼茨的上帝。

这位经济学家把这样的上帝作为他的经济学研究的出发点和终结。——这便是巴洛克经济学的特点。

"上帝"是个最最伟大但又被人误解得最多的"文本"。亚当·斯密所说的上帝并不是基督教那个为"来世"祝福的上帝，而是为"现世"人类祝福的上帝。

亚当·斯密的巴洛克经济学哲学认为，构成现世人类幸福的基础应是富裕的物质生活；只有国家财富的增长才符合巴洛克上帝的仁慈和意旨。——正是在这层意义上，我才说，他的经济学是构筑在巴洛克神学上的。

这里有两个要点：

1. "经济人"（即人的本性是自私自利的）是西方经济学研究的一个核心前提、假定和公理。它也是一切经济问题的出发点。它是颠扑不破的。

这是人的经济行为的原动力。这种利己本能非常强烈，"经济人"的行为随时有可能越出平静、合法状态。若是出现这种越轨行为，社会又该怎么办？

2. 斯密认为，他所描绘的"经济人"还有另一种本能（这也是孟子所说的"同情心"）——利他心。

利己心和利他心都是巴洛克的上帝（造物主）预先安置、设置和安排在人性中的左右手。——这便是斯密所说的"一双看不见的手"，也是莱布尼茨的"预定和谐"。

当然利他心比利己心弱得多。

两者的关系应是和谐关系。这就好比马车行驶到交叉路口因为看了交通法则信号灯，才避免相撞。

所以斯密的"经济人"要遵守"正义"的法。只有受到利他心的制约并遵守商业道德和法律，利己心才能成为近代资本主义社会的齿轮。

这便是巴洛克上帝的"预定和谐"。

近代资本主义的兴起迫切需要亚当·斯密这种巴洛克经济思想。——这里有巴洛克时代精神所崇尚的经济秩序，以及正义和道德。

亚当·斯密认为，公正、正义是支撑整个组织的支柱。"如果社会成员中的大多数人贫困凄惨，就断断不能说这个社会是繁荣、幸福的。"

* * *

亚当·斯密的巴洛克经济思想对我们是有现实意义的。

我国改革开放已三十多年，社会出现的种种"未启蒙的利己主义"现象（如毒奶粉）和贫富差距是严重的。中国最富的1%的家庭控制着40%—60%的总财富，这样的社会公正吗？能够长治久安、稳定吗？

据国外有关研究报告称，2010年，拥有超过100万美元财产的家庭，美国有522万户（世界第1），日本有153万户（世界第2），中国有111万户（世界第3）。

就是说，世界约1%的家庭拥有39%的全球财富。——这公平吗？合理吗？

如果亚当·斯密地下有知，他会说什么？

一个社会要稳定，站得住，应该建立自己的道德基础。——这正是亚当·斯密的巴洛克道德哲学体系的核心观念。

他所赞成的“利己行为”是社会所承认、公认、认可、允许的“利己行为”。

亚当·斯密把“巴洛克上帝”(The Baroque God)引进他的经济学哲学思想体系是想用上帝有双无形的手——多绝妙的神手圣功啊——来陈述他的多个原理，其中包括调节市场经济的供需关系。这里涉及人欲。其背后是人性。欲望经济学是个永恒的经济学课题。

所以说，上帝那双无形的手在暗中操纵、支配“社会分工和市场”。他重点考察的对象是市场——尤其是海外市场在资本主义早期发展过程中的重要性——经分工、生产力到交换，再回到市场。

“分工是发展劳动生产力的最主要因素”，亚当·斯密如是说。

有了分工才产生了商品交换。

有了商品交换，人类社会才得以存在。

在这里我们又碰到了“逻辑与存在”(Logic and Existence)最高法则。

这里产生了一个关键问题：决定商品交换的比例是什么？

它成了亚当·斯密这位巴洛克经济学思想家重点探索的课题。社会的不公正和不平等也由此产生。

后来的马克思深入研究了亚当·斯密的著作。

可见巴洛克文明群落在各个方面都同当代人类社会有着千丝万缕的联系。所以我才一再说，一切历史都是当代史。因为今天是昨天的今天。

下午是从上午发展来的；晚上是从白天脱胎而来。

时间是一支射出去的箭。没有回头的箭。

巴洛克上帝用一双无形的手把箭射了出去……

我们有理由为这支冷酷无情、永不回头的箭而惆怅、怨恨，甚至恐惧。(帕斯卡尔性质的恐惧)

尾声

东西方文明比较

↓ 这是意大利耶稣会传教士利玛窦于1602年定居北京绘制的《坤舆万国全图》(彩色)。

这幅世界地图为17世纪巴洛克时代的到来作了准备。

在我国明清之际的思想家黄宗羲、顾炎武和王夫之的头脑里,连做梦都不会梦见有关世界的地图!世界地图是个符号,它是一个民族、一个时代视野和精神的表征。

一、我国的两汉精神

巴洛克时代精神是鲜明、凸显的,有浩瀚、气吞四海之势。其中有巴洛克的实践感觉、精神感觉和感觉的人类性。——这是有了相当对象存在的缘故。

该存在便是西欧的扩张,其中包括海上冒险、开拓新航路和英国革命。存在决定意识。哲学是一个时代最高、最集中和最浓缩的意识,也是意识的精华。

巴洛克哲学是时代的果,也是时代的因。

巴洛克时代和巴洛克哲学常常是互为因果的。

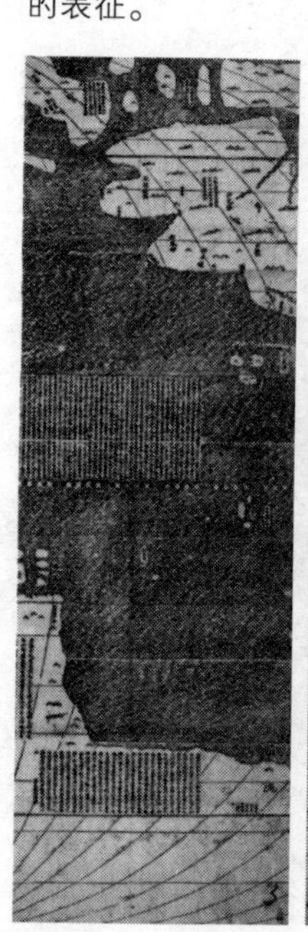

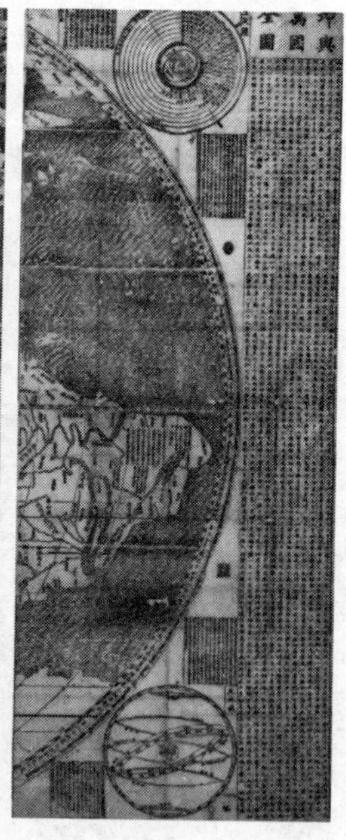

为了把握巴洛克时代精神,我们需要找到一个够格的参考系。我国明末至康乾盛世(约1500—1770)这两百多年是不相称的。在中华文明历史上,它正在走下坡路,开始走向衰败,无法同蒸蒸日上的巴洛克西欧相提并论,相抗衡。也许只有我国的两汉时代精神才能同巴洛克一争高下,作一比较。我国的两汉相当于西欧的古罗马帝国时代。一东一西,遥相呼应。

汉代人的精神视野恢宏开阔，决无宋儒、明儒的狭小、闭塞和小家子气。至于后来的清儒就更不在一个层面上。在人类文明史上的声威和地位，汉民族正是通过两汉精神才奠定的。

两汉精神和巴洛克时代精神有一点颇为相同：

两者都具有承前启后的架势和作用。两汉承先秦的伟大精神，启魏晋六朝的深沉；巴洛克则承古希腊罗马的遗产，启19和20世纪西方工业文明时代的到来。

要了解两汉精神，必作出立体或整体观照：哲学、文治武功、经济、建筑、文学艺术，包括汉代雕塑，如霍去病墓前的石刻作品，浑朴沉雄的风格，完全有资格成为巴洛克雕塑的前辈，同古罗马雕塑语言符号一争高下，或各有千秋。

同样，为了走近、解读和把握巴洛克文明群落，我们也应打通各个“物种”，从整个群落的立体、统一视野去鸟瞰、观照。

比较两汉美学和巴洛克美学便是一个重要方面。把两汉和巴洛克作一比较才是“门当户对”、“旗鼓相当”。因为两者均达到了“宇宙美学”（A Universal Aesthetics）层面。“预定和谐”便是。

在这里我想提到成书于汉代的三部伟大哲学著作（十七和十八世纪的中国拿不出来）：

《史记》《淮南子》和《太平经》。它们是两汉时代精神的精华。

第三部是道家经典之一，成书于东汉中晚期。书中提出了一个最伟大的哲学概念“天文地文人文神文”。（四个“文”字连成一片，为统一体）

今天的中国人把“文”这个汉字作了狭隘的理解：文科、文艺、散文、文笔、文人、文史哲和文风……

《太平经》则把“文”字提升到囊括宇宙万事万物的“四文”高度。在本质上这正是一种“宇宙美学”（A Universal Aesthetics）。

这个哲学美学纲领足以充当巴洛克时代精神一面高高飘扬的旗帜，成为整个巴洛克文明群落的一个伟大、统领性的框架，并有高度概括的力量。

于是两汉精神和巴洛克精神便在这里沟通了起来。真正的哲学精神和哲学智慧是超越时间、空间的永恒光照。

二、十七至十八世纪我国知识分子的精神状况

在欧洲的巴洛克时期，我国知识分子的精神状况怎样？知识分子是今天的说法，传统叫“士大夫”。“士”为一般知识分子；“大夫”则是知识分子兼官僚。——

用“士大夫知识阶层”这个术语也很恰当。

把同一时期的东西方时代状况作点比较会让我们看得较清楚些。俗话说：“比较出真理”。

为简明起见，我把主要七点列在下面：

1. 我国把士人放在社会首位，次重农，再次则为工商。或者说，我国重视士人空谈，于实际无补；轻视农工商，其恶果便是工商业不发达，国家无以富强。而西欧近代资本主义的兴起恰好相反。东西方走的道路截然不同；

2. 西欧是海洋性格的民族，面向辽阔的大海。而我们民族的性格则是大陆的，面向黄土高原和山川，背朝大海，不愿与外国通商，对通商小利，闭门不纳。“闭关锁国”政策正是这种民族性格的集中反映。

3. 我们民族的性格也是农耕文明的：

顺从自然，安分守己，为封闭型；不适应以竞争、进取、开放和创新为特征的近代工业文明社会。或者说，重耕读轻工商是中国社会的大弊病。

4. 巴洛克时代的西方人事事翻新，此时的中国士大夫知识阶层则件件袭旧。

西方人视古者为孩提，视今时如成人；我国士大夫知识阶层则以古为经典，为价值判断的最高最终标准或依据。——这表现在一切方面，包括思维方式、建筑风格、绘画和工艺。

5. 巴洛克时代精神的西欧人是事事争先，不甘落后，以开拓、创新为荣耀、自豪、满足；国人则墨守成规，不知善变，且惧怕变，以稳妥守旧、崇古心理为本。——它来自儒家哲学的教导。

6. 巴洛克时代精神提倡面向广大的外部世界，探索大自然的奥秘。培根的思想正好满足了时代的兴趣和要求。孔子则把研究自然现象称之为“君子不为”的“小道”。

在荀子看来，研究自然现象（尤其是司空见惯的卑微、低贱、不屑一顾的声、光、雷、电、冷热……等自然现象）是“不急之察”，“无用之辩”。

儒家哲学不鼓励探求自然规律，是造成十七至十八世纪这两百年我国科学落后的重要原因之一。

至于科学仪器制造和建立实验室就更无从谈起。十七至十八世纪我国思想家从来就不追问：“燃烧现象的本质是什么？”再就是“为什么打雷时总是先看到闪电，然后才听到雷声？光的传播有速度吗？它比声音传播快吗？快多少？”

明末清初，我中华大地出不了像培根这样的开辟新思维、新天地的思想家。

“知识的状况既不景气，也没有很大的进展。必须给人类开辟一条与历来完全不同的道路……”

这是当年培根的大声呐喊。

作为哲学家，培根认为人类的使命是用理性去支配、握有大自然。他并不盲目拜倒在古人脚下：

古希腊智慧只不过像知识的童年，具有儿童的特性。它能够夸夸其谈，却不能生产，因为它只富有争辩，而没有实际效果。

试问，明末清初我国思想界有人敢站出来对儒家学说发表这样的评论吗？培根的言论才是巴洛克时代的宣言。

↑ 这是《二刻拍案惊奇》话本小说的插图，为明代崇祯（1628—1644）的刊本，恰好是西欧巴洛克初期。

图中有十七世纪初精致的天平和天平架，仅仅是为了众人分银两，满足货币时代的兴趣和要求。

在《新工具》这篇代表作中，培根指出了寻求和发现真理的道路只有两条：

A. 从感觉和特殊事物出发，再上升、飞跃到最普遍的公理；

B. “从感觉和特殊事物把公理引伸出来，然后不断地逐渐上升，最后才达到最普遍的公理。这是真正的道路，但是还没有试过。”

西方的力学、热力学、电磁学和概率论（以及数理统计）——正是走这条路，直到今天。可见，培根思想的影响之深广。

培根认为“扰乱人心的假相有四种”：

种族假相；洞穴假相；市场假相；剧场假相。

种族（即人类这个物种）假相的基础就在于人的天性。坚持人的感觉是衡量事物的尺度是一种错误的论断。

培根则主张以宇宙尺度为根据。

提出这条最高哲学原理需要有多宽广的视野和心胸！——这才是巴洛克时代精神的精华。

后来（从18、19、20世纪直到今天21世纪）西方科技文明的发展一直坚持奉行“以人为衡量万物的尺度”这条最高原理，结果陷入了重重危机，包括气候变化、物种加速大灭绝……

在晚清来华的西方传教士当中，有不少有识之士。比

↑ 黄花梨的天平架和天平，用途仅限于称银两，兼作为一种精巧的工艺品来欣赏。

而在巴洛克实验自然哲学家手中，天平却是探求大自然奥秘和“预定和谐”最简便但又具有决定性意义的化学仪器。

18世纪法国巴洛克伟大化学家拉瓦锡便善于应用天平作为实验研究的得力工具。比如1774年他用锡和铅做了著名的金属煅烧试验，发现加热前后总重量没有变化，从而怀疑“燃素说”的正确性。

东西方对天平的态度截然不同，不是很能说明问题吗?

如1878年，《万国公报》便连载了英国传教士慕维廉（W. Muirhead）介绍培根思想的文章。

另一位传教士也指出培根的《新工具》一书的重要性：它在西方近代科学发展史上具有划时代的地位！

“自培根之书出，其学始兴焉。”

这是来华传教士对培根哲学的总评价，指出它是西方近代科学兴起的一阵起床号角。这嘹亮的号角声也震撼了正在沉睡中的中国士大夫知识阶层的先知先觉者。

7. 当巴洛克先进、全面的教育制度在培根哲学精神的指导下全力培养手脑并用、各个领域的杰出人物时，我国千年传统、守旧的教育依旧是以文字材料为主，内容不外是经、史、子、集等儒家经典，欠缺时代的气息。

就是说，文字（特别是诗词）代表一切：

“登高能赋，可以为大夫。”

直到17世纪，我国知识分子还在一个劲地崇拜《左》、《史》、《庄》、《骚》、杜诗和韩文，视野从不会放眼海外广大世界。更有甚者尽是叹老嗟卑之作：

“古人以文章经世，吾辈所为，风月花酒而已。”

我国的教学内容狭窄、空洞、无用，仅局限在文学、伦理和政治等方面。

或者说，巴洛克的教育目的是使人的个性得到充分、自由的发展，放眼世界；而儒家教育则旨在培养一批沉醉于天朝上国荣光的“井底蛙”。

最后我想说，在东西方人类文明之旅中，我国落后于西方，正始于17世纪。巴洛克于我们是面反省镜，照出我们在历史上的种种缺陷。

← 18世纪法国巴洛克伟大化学家拉瓦锡(1743—1794)。他是手脑并用的自然哲学家。

在化学实验室,他向大自然提问,然后仔细倾听上帝大自然或大自然上帝一声回答。他懂得,只有在对试验结果进行了综合归纳和分析之后,他才能听到上帝的一声真诚回答。于是燃烧的秘密揭开了!——这便是燃烧的氧化学说。

而这时候的中国思想家从来就没有追问过“燃烧的本质是什么?”他们一直沉醉于儒家和道家经典。王夫之(1619—1692)和戴震(1723—1777)便是代表人物。全是连篇的空谈、废话。

十七至十八世纪我国思想家的致命弱点是跳过了“实验加上数学”这个环节,所以才成了迂腐。

→ 清代宫廷大量使用机械钟表,其中有一部分是由内务府造办处奉皇帝旨意制作的御用钟表。

它是以传教士为代表的巴洛克仪器制造文明和以皇帝为代表的东西方文明在清宫接触后所结出的一个小小果实。

仅限于宫廷,而没有走向伟大的实验室,成为计算声、光速度的科学仪器。

当时的中国社会也不需要这种自然哲学仪器。中国思想家也想不到声、光传播的速度以及自由落地的时间问题。

当时的中国士大夫知识阶层(比如进士)不可能把巴洛克的机械钟表接纳为实验仪器,并以此为楔机,再去制造温度计和气压计,成为探索阴阳二气和天道的定量工具。

我们崇古守旧心理太重,创新动力远远不足。

← 圭表、日晷和漏壶等计时器在我国有悠久的使用历史。而欧洲人约在巴洛克初期发明的机械钟表传入我国则是在明末清初。

1601年,万历皇帝得到了意大利著名传教士利玛窦进献的两架自鸣钟,从此我国才开始了使用机械钟表作为计时器的历史。

巴洛克机械钟表传入我国是件大事,理应可以刺激我国科学实验仪器制造业的崛起,但我们失之交臂!(图片为机芯)

研究哲学史的价值[①]

读者手中这本书在本质上是一部有关西方文明哲学史的著作。现在我要问：

研究哲学史的价值在哪里？

讲究快餐的21世纪有必要去回顾17—18世纪西欧哲学史吗？

我之所以说读者手中这本书是有关巴洛克时代精神哲学的著作，因为20世纪英国杰出数学家兼哲学家罗素（B. Russell，1872—1970）有句名言：

"我们要理解一个时代或一个民族，就必须理解它的哲学。"

这便是我紧紧抓住"巴洛克哲学"的原因。也许哲学史专家并不承认"巴洛克哲学"这个术语（不错，它是我的杜撰），只说"17至18世纪西欧哲学"。

在本书稿中，我多次重复、凸出提到"巴洛克时代精神"，正是对"巴洛克哲学"的强调。因为哲学才是时代的喉舌，是时代最强音。

马克思说，哲学是自己时代精神的精华；哲学只求助于理性。

所以巴洛克时代又是一个理性时代，也是百科全书思想盛行的时代。于是便营造了巴洛克文明群落的宏伟架势和雄浑气势。至于我论述的建筑、音乐、绘画、数理化和仪器则属于巴洛克的"实用哲学"（The Applied Philosophy），而不是"纯粹哲学"（The Pure Philosophy）或叫"理论哲学"。

在巴洛克哲学中，德国哲学最有代表性，因为它是直取事物的"心肝"。比如关于宗教哲学（Philosophy of Religion）。核心问题是追问上帝是否存在？关键是回答"上帝是什么？"

① 1978年4月，我正式从中国农业科学院调进中国社会科学院哲学研究所。那年，我读了三本英文版和两本德文版的有关西方哲学史的专著。我写下了读书笔记。开头第一句便是：THE VALUE OF THE STUDY OF THE HISTORY OF PHILOSOPHY。

德国巴洛克哲学说，神就是人。

人只有坚决、虔诚、热心地回到自己的本身，而不是回到“神”那里去，才能获得自己的本质，得到最大的安慰。

“人所固有的本质比臆想出来的各种各样的神的本质要伟大得多，高尚得多。因为神只是人的本身相当模糊和歪曲的反映。”

人应当跑到近在咫尺的人的心胸中去寻找真理，而不是到虚无漂渺的神那里去寻找。

于是巴洛克时代一切最伟大的成就都是按照人的本性需要或人的方式创造出来的。

进入今天的21世纪，人类文明之旅遇到了前所未有的困境和迷茫，比如核电站泄漏危机，归根到底是能源危机。当然还有粮食危机、淡水危机、环境危机和信仰危机……

所有危机的背后是人性或人类本性的危机。

这样，人又要重照镜子，再追问一次：

“我是谁？”（Who am I）

翻开哲学史，包括英国巴洛克哲学家休谟的代表作《人性论》（*Treatise on Human Nature*）。

当然还有康德创造的一个无形的十字架，一个巴洛克哲学最高符号：

我们头顶的星空自然律
我们内心深处的道德律

有人把它译成这样两句：

位我上者，灿烂星空；

道德律令，在我心中。

自然律在本质上是因果性的“必须”（Muβ）；道德律是伦理、道德上的“应该”（Sollen），它仅在人类社会内部有意义。“必须”与“应该”有原则上的区别。两者合在一起才算完整，才是康德的上帝。

按传统划分，康德（1724—1804）属于德国古典哲

↓ 英国巴洛克时代杰出哲学家休谟（D. Hume，1711—1776）。从他的生卒年，我也可以认定他是正宗的巴洛克思想家。

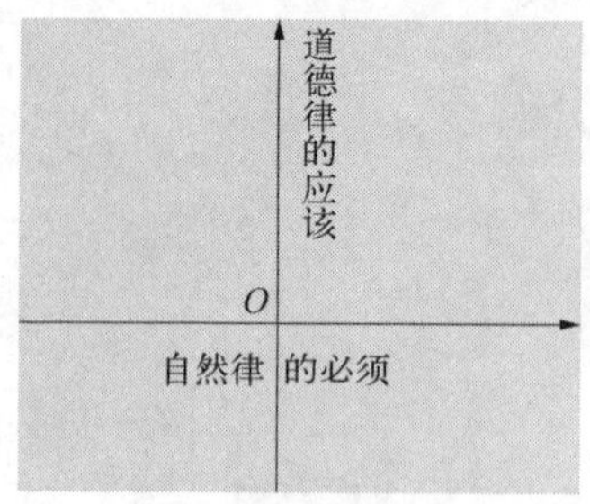

↑ 康德巴洛克哲学最高意义上的"十字架"符号，从中生出巴洛克美学的崇高、神圣和庄严。

这是康德的最大贡献。

↑ 康德，巴洛克最后一个、也是最大一个哲学家。他提出的有关上帝的观念足以代表巴洛克时代的上帝，它与巴洛克时代精神相符，成了整个巴洛克时代精神的符号。

他的哲学思考是从探索自然科学和自然哲学问题开始的，起步的，其中包括天文学和地震学说，年龄刚好是在三十而立之年。所以他的哲学是建立在"天高地厚"基础上的，给人可信或信赖感。

学时期，但依照本书稿的归类，他当属于巴洛克思想家。康德比亚当·斯密小1岁；比休谟小13岁。三人是同时代人。

康德心目中的上帝全然是"巴洛克的上帝"（这又是我杜撰的一个术语，为的是统一起来）。译成英文便是The Baroque God。全部相关西方文献压根就没有这种说法，但我认为它很有用。康德的上帝有三大主要内容：

A. 他的上帝观念是整个宇宙万千现象的"绝对统一体"（Die Absolute Einheit）

B. 他的上帝就是一个永恒不变的"世界秩序"（Die Weltordnung）

C. 他的上帝是自然律同人间道德律相交叉。

可见康德的上帝是巴洛克哲学思想最全面、最高的概括，至矣，尽矣，尽善尽美。

研究哲学史远不止是为了回忆旧事，满足人的怀旧情结，而是为了照亮人类文明之旅现时当前的路和未来进化的方向。

根据我的识读和理解，我对巴洛克整个"文本"（Text）的解释，巴洛克文明群落作为一种文明哲学，是人类灵魂或精神探求的一座高高灯塔和最大安慰。因为一切历史都是当代史。

↑ 东普鲁士，布劳恩贝格小城一所学校的建筑，摄于20世纪初。

↑　康德出生在东普鲁士，整个一生都没有离开过乡土一步。这里的建筑场（主要是巴洛克建筑风格）参与了他的哲学思想形成。

图片是20世纪初所拍摄的教堂和民用建筑，巴洛克建筑遗风犹存，有助于我们理解、解释康德哲学。

→　东普鲁士一座墓地，巴洛克建筑风格理应包括阳宅和阴宅两大部分，合起来才有助于我们走近康德哲学体系。

←　东普鲁士两座小城市（人口一般不会超过三万）的城徽，非常古老，源自中世纪。德国城市，不论大小，都有自己的城徽。它是有意义的符号。

巴洛克时代是一个追求符号、偏爱用符号表征、说话的时代。符号造就了巴洛克微积分、几何学、三角学和代数学，也玉成了巴洛克物理学和化学。

死亡与不朽

——巴洛克墓地雕塑艺术

在东西方思想史上，一切够格的思想家都要对生死结构发表见解。一般有三种看法：

1. 直接对死的涵义作出论述；2. 只谈生；3. 回避说死。

所有这三种见解都只能描述有关死亡种种现象，却无法触及死亡的本质。因为人类的语言够不着死亡。它在语言范围之外。

巴洛克思想家有句箴言：

爱比死亡更强大。

这只是乐观精神的表述。其实宇宙间最最强大的是死神。说爱比死神更强大仅仅是为了安慰自己和他人。

作为巴洛克最后、最大一位思想家康德对死亡作过直接的表述：

> **“谁活在至爱亲朋的记忆里，**
> **他就没有死，而是远行未归；**
> **只有那被遗忘者，才叫死。”**

这段话被后人经常引用，尤其在德国人的讣告上。

康德指出了不朽的涵义。

被历史经常回顾、回忆和评价的人及其作品才是不朽。

本书稿只涉及巴洛克几十位领军人物，远不是全部。

巴洛克时期还有一句格言：

> **“回忆是天堂，**
> **谁也无法把我们从里面赶出来。”**

在撰写本书稿的过程中，我从头到尾都沉醉在回忆中：

“清商随风发，中曲正徘徊。一弹再三叹，慷慨有余哀。”（汉代，无名氏《西北有高楼》）

清商，曲目；中曲，中段。

“学道三十年，未免忧死生。闻弹一夜中，会尽天地情。”（唐代，孟郊《听琴》）

在写作过程中，我所用到的背景音乐只能是巴洛克曲子，它与“预定和谐”有相通处：

“弦与指合，指与音合，音与意合，而和至矣。”（明代诗歌《琴谱》）

* * *

最后，关于巴洛克墓地雕塑艺术，我想有必要说几句。它当在“伟大的巴洛克文明群落”之内。因为有生必有死，有阳气，必有阴气。后者是前者在彼岸的投影。

不过这两者的艺术水平有时是不对称的。

17世纪巴洛克墓地雕塑艺术源自中世纪。一开始，欧洲人的墓地很简陋，十字架这个凸显符号出现得较晚，估计在14—15世纪，即我国明末，据说有驱邪作用。

巴洛克墓地空间设计艺术有个缓慢演化或进化过程。语言符号艺术水平是阶梯式的，渐进的。18世纪要高于17世纪。到达鼎盛时期则是在19世纪中期和末期，地点在法国，当推巴黎几座城市公墓的艺术水平最高，进入20世纪便突然走下坡路，给了我难忘印象。

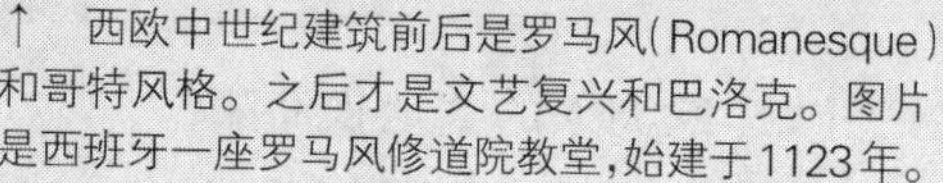

↑ 西欧中世纪建筑前后是罗马风（Romanesque）和哥特风格。之后才是文艺复兴和巴洛克。图片是西班牙一座罗马风修道院教堂，始建于1123年。

它的一切都经历过漫长的演化。请注意图片在下角庭院内有不多的几座坟墓，石材十字架是后来出现的。那或许便是17世纪巴洛克墓地雕塑艺术的前身或原点。

我在欧洲多次漫游，发现古老教堂后面的庭院常有一些17世纪的古墓，墓碑已倾斜，字跡因风雨剥蚀，很难辩认。——这大概就是巴洛克墓地艺术的原点了。死神是不可战胜的，因为时间的箭头永不回头。该箭头体现了“巴洛克上帝”（也是庄子天道或造物者）的强力意志。

↑ 西班牙一座中世纪修道院教堂，罗马风建筑风格。请注意那株小树左右两边有两座没有十字架的墓碑，年代久远，造型简陋。

兴许，这便是巴洛克墓地雕塑艺术的前身。之后才有了巴洛克墓地的语言符号系统（空间设计）。

进入19世纪西欧墓地艺术才达到了顶峰。2007年我在巴塞罗那郊外便见到一座直面地中海的山岗城市公墓，雕塑艺术水平便有惊风雨、泣鬼神的效果，令人骨惊神悚！

← 法国普罗旺斯城市公墓，艺术水平不比巴黎差很多。

这里的19世纪墓地占大多数。它源自18世纪的巴洛克墓地雕塑艺术，却超过、高于它。这时艺术的进步性质或呈阶梯向上状又明显地披露了出来。

艺术女神的规律性并不为人摸透。被琢磨透了，一切都被人洞穿了，那还是艺术女神吗？这也是巴洛克艺术女神的个性。（图片为留法学生苏静拍摄，她曾在庐山手绘建筑特训营培训过，为余工的学生）

→ 巴黎一座19世纪墓地雕塑作品，自“拉雪兹神父城市公墓”，位于巴黎东部，第20区。始建于1804年巴洛克时代刚结束之日。但是整个城市公墓艺术则是双脚站在17—18世纪巴洛克墓地（阴宅）的双肩上，才攀登上了世界墓地艺术水平的顶峰（可以这样说）。

今天这里每年要接待参观者和瞻仰者达200万人之多！我有幸先后在那里识看识读两次。我自然想起它的前辈——巴洛克墓地雕塑艺术。它是整个“伟大的巴洛克文明群落”一个重要“物种”或成员。人们每易忽视它。我则念念不忘，这是我的生死观。死是生的组成部分。生是短暂，死才是永恒。死比生更基本。

↓ 荷兰阿姆斯特丹一座新坟，死者生卒年为1952—2009年，仅活了57岁，苏静摄影，她的视野是整个欧洲墓地世界。

我建议她把镜头延伸到中世纪和巴洛克坟茔，追溯欧洲墓地艺术史的轨迹。

图片墓地空间设计风格受西方后现代主义风格影响，艺术水平不及19世纪。可见艺术女神并不一定与时俱进。就西方墓地艺术水平而言（总起来说），20世纪和21世纪不及19世纪。

→ 19世纪初一座墓地雕塑，自“拉雪兹神父城市公墓”，法国留学生苏静（女）摄影。她的专业是空间设计，也画水彩。

她已留学三年，考察欧洲（法国是重点）的墓地艺术是她的课题之一。2011年暑假她回上海探亲，我们在咖啡屋畅谈了一次。

我建议她注意欧洲墓地艺术的进化轨迹。19世纪的高峰是从巴洛克墓地语言符号系统渐渐演化、发展而来的。

“你应该寻找巴洛克时期的古墓，并用镜头对准它作一特写，”我对苏静说。我们有共同语言。

“名正言顺”
——后记

我要感谢“伟大的巴洛克文明群落”这个广大、浩博和雄浑的书名，它成了我——作为“江边渔夫”——手中的一张大网，将欧洲（主要是西欧）这段重要的文明之旅打捞，并同我国作了一次中西文明比较，为我补上了一课，了断了我内心的这桩心事。

英、德文的哲学概括或哲学化术语分别为Philosophize, Philosophieren。我牢牢握有它们，活学活用。

亚里士多德说过，哲学概括起源于惊讶。

说得很到位。我惊讶西方人所创造的巴洛克文明群落的宏博、伟大和壮丽，我才萌念用一本哲学著作去作出哲学概括。

没有这个关键性动词，便没有读者手中这部书。这是一条“大鱼”。

向大海撒下这种哲学概括性质的“大网”是“我有我的潇洒”，也是我还没有衰老的过硬证明。

更好的说法是：

这部书稿是内心受过创伤的牡蛎产出的一颗珍珠！“十年文革”我是被侮辱和被损害的。我被批斗过，心灵受到过伤害。

在自然界，珍珠是痛苦的产物。它是一粒不受欢迎的沙子或小小的寄生物落进了牡蛎体内而渐渐形成的。

牡蛎体内能分泌出一种闪亮的珍珠质。当沙子钻进牡蛎后，这种珍珠质便开始工作，它一层又一层地覆盖在小沙子表面，保护牡蛎体内不受沙粒的伤害。日复一日，就形成了一颗美丽的珍珠。

所以珍珠是受到外来伤害、痛苦的产物。或者说，没有经历过伤痛的牡蛎是永远无法结出珍珠的！因为珍珠是伤口愈合后的产物。

今天，我完成的这部书稿也包含着我多年前受伤（内伤、内出血）的经历。我用自己分泌出来的“珍珠质”将伤痛变成一颗闪闪发光的东西。

《伟大的巴洛克文明群落》这个书名，这种叫法，这个命名，便足以建我独立之阁、撞我自由之钟,播之久远。

有了这个顶天立地的书名,才成了孔子所说的"名正言顺":

"名不正则言不顺。"

那么,我本人对我这部书稿作何评价呢?在这里,我想起意大利卓越政治家兼思想家马基雅弗里(1469—1527)的一段话:

"有三种理解力:一是独立理解;二是欣赏别人理解的东西;三是既不能独立理解又不能欣赏别人理解的东西。第一种是最优秀的,第二种是有益的,第三种是无用的。"

我相信读者手中这本书是有益的。有益者,启人思。果真如此,我便没有浪费读者的时间。谢谢!

* * *

全书稿完成于2011年5月18日下午,地点在复旦大学光华楼15层"星空大圆厅"咖啡屋。晚6点半我要向物理系学生(其中有不少研究生)发表"物理学与哲学"的专题讲演。

我落座在此,作些提纲式的准备。咖啡屋的氛围一向是沉思默想的建筑空间。比如1845年马克思和恩格斯就是在布鲁塞尔一家叫"白天鹅咖啡馆"的地方构思出了《共产党宣言》的胎观胎动。

顺便说一下,欧洲第一家咖啡馆也是诞生在巴洛克时期。

落座在复旦"星空大圆厅"咖啡屋,我想到一句主旋律务必要向物理系听众重点指出来:

西方近代物理学诞生在十七世纪的巴洛克时代。一开始,物理学和哲学便生生死死纠缠、捆绑在一起,难分难解,就像一辆马车的左右两个轮子,一直走到今天21世纪。

若是没有哲学,物理学是盲目的;

若是没有物理学,哲学是空洞的。

一切够格的物理学家,必须富有哲学气质(All True Physists Must Be Philosophical);

一切够格的哲学家,必须富有科学知识(All True Philosophers Must Be Scientific)。

这才是巴洛克思想遗产最闪光的东西,直到今天。

我国本土至今为什么出不了一个诺贝尔奖得主?

原因很多。其中一个是,我们的科学家少有哲学气质。

庄子的"判天地之美,析万物之理"便是正宗的自然哲学气质。

* * *

关于本书的封面和封底设计，我和编辑借用了杭州“大都建筑与室内设计”（DADU DESIGN）的设计总监（著名空间设计艺术家）程声平的作品。

他和我都是当代新帕拉第奥主义的追随者。这是一个永恒的符号：典雅，高贵，尊严。我指的是人和建筑的尊严。

程先生是我新结识的朋友，并成了忘年交。

哲学工作亲近艺术的好处是使哲学变得可爱。

2011年秋定稿

主要参考文献

1. Harenberg, B.,《人类历史编年史》,德文版,1990年。
2. Priestley《欧洲扩张研究》,纽约英文版,1959年。
3. Willcox, W.B.《作为世界强国的不列颠研究,1485—1945年》,纽约英文版,1950年。
4. Krau, M,《大西洋文明:18世纪的起源》,英文版,1969年。
5. Bauer, H,《巴洛克,一个时代的艺术》,德文版,1992年。
6. Norbery-Schulz《巴洛克,建筑世界史》,德文版,1986年。
7. Tintelnot, H.《巴洛克剧院和巴洛克艺术》,德文版,1959年。
8. Wittkower, R,《意大利巴洛克研究》,英文版,1975年。
9. Kidson, P,《英国建筑史》,英文版,1965年。
10. Hubara, E,《17世纪的艺术》,英文版,1972年。
11. Blunt, A,《法国艺术与建筑,1500—1700》,英文版。
12. Brucher, G,《奥地利的巴洛克艺术》,德文版,1994年。
13. Ackermann, J.S.,《帕拉第奥》,英文版,1966年。
14. Puppi, L.《帕拉第奥》,英文版,1975年。
15. 歌德《意大利之行》,德文版,1998年。
16. 维特鲁威《建筑十书》,英文版,1958年,并参考高履泰的中译文,知识产权出版社。
17. 帕拉第奥《建筑四书》,德文版,1958年。
18. Wölfflin, H.,《文艺复兴与巴洛克》,德文版,1970年。
19. Summerson, J.,《不列颠的建筑,1530—1830》,英文版,1963年。
20. Blunt, A.《意大利的艺术理论,1450—1600》,英文版,1956年。
21. Bussagli, M.,《罗马:艺术和建筑》,英文版,1999年。
22. Munoz, A,《巴洛克的罗马》,英文版,1958年。

23. Anon《巴洛克和洛可可》,英文版,1978年。
24. 柯霍《建筑风格学》,陈滢世译,辽宁科学出版社,2006年。
25. 科尔(E. Cole)主编《世界建筑经典图鉴》,上海人民美术出版社,陈镌等人译,2004年。
26. Millon, H.A.《巴洛克的胜利,1600—1750年欧洲的建筑》,英文版,1999年。
27. Millon, H.A.《巴洛克和洛可可》,英文版,1961年。
28. Pierson, W.H.《美国房屋与建筑:殖民地和新古典风格》,英文版,1970年。
29. Bazin, G.《巴洛克与洛可可》,英文版,1964年。
30. Wittkower, R.《帕拉第奥与英国的帕拉第奥主义》,英文版,1998年。
31. 格劳特《西方音乐史》,汪启章译,人民音乐出版社,1996年。
32. 亚伯拉罕《简明牛津音乐史》,钱仁康译,上海音乐出版社,1999年。
33. Taylor, F.S.《科学简史》,英文版,1959年。
34. Taylor, F.S.《科学世界》,英文版,1970年。
35. Einstein, A.《物理学的进化》,德文版,1958年。
36. Boyer, C.B.《分析几何的历史》,英文版,1956年。
37. Sebba, G.《笛卡尔和他的哲学》,英文版,1959年。
38. Wussing, H,《重要数学家传》,德文版,1983年。
39. Bell, E.T.《数学家》,英文版,1969年。
40. Spoerri, T.《今天看帕斯卡尔》,德文版,1968年。
41. 韦克斯《化学元素的发现》,黄素封译,商务,1965年。
42. Clay, R.S.《显微镜的历史》,英文版,1950年。
43. Howard, A.V.《钱伯斯科学家辞典》,1975年。
44. 莱布尼茨《全卷》,三卷本,德文版,1981年。
45. Lange, E.《哲学家辞典》,德文版,1983年。
46.《中国美学史资料选编》,中华书局,上下册,1980年。
47.《历代诗话》,中华书局,上下册,1981年。
48. 张岱年《中国哲学大纲》,中国社会科学出版社,1982年。